소통의
지혜

집필진

대 표 저 자   성 미 라 (용인예술과학대학교)

편 집 위 원   김 경 미 (강동대학교)

김 진 주 (국제대학교)

박 미 현 (용인예술과학대학교)

연 영 란 (강원대학교)

윤 정 숙 (두원공과대학교)

편 집 저 자   김 윤 영 (안동대학교)

남 수 현 (안동대학교)

신 경 숙 (대경대학교)

안 은 선 (김해대학교)

유 미 진 (충청대학교)

유 시 연 (영진전문대학교)

윤 영 주 (문경대학교)

윤 재 연 (강동대학교)

조 현 나 (서영대학교)

김 승 미 (진주보건대학교)

김 희 현 (춘해보건대학교)

박 민 희 (동서대학교)

이 요 나 (전남과학대학교)

관계 안에서 마음 헤아리기

변화와 역경을 이겨내며 살아가는 우리는 나와 타인이 함께 어우러진 사회적 관계 안에서 성장하게 됩니다. 사회적 동물인 인간은 관계 속에서 서로에게 상처를 주고받게 되는데, 인간이 사회적 존재라는 것은 다시 말해서 사회적 고통을 잘 느끼도록 설계되어 있다는 것을 말합니다.

인간은 대인관계를 통해 소통, 이해, 지혜를 나누고 성장합니다. 긍정적인 대인관계는 우리에게 행복과 만족감을 더해주며 사회적 지지와 안정감을 제공합니다. 또한, 관계를 통해 서로 배우고 성장하며 갈등을 해소하고 협력하여 더 큰 성취를 이룰 수도 있습니다. 그리하여 비로소 우리는 더욱 의미 있는 삶으로 성장하게 되는 것입니다.

반면에 미성숙한 대인관계는 가까운 사이일수록 상대를 잘 안다고 생각합니다. 굳이 말하지 않아도 서로의 마음을 잘 이해한다고 생각하기에 우리는 상대의 의도

를 거침없이 해석하고 상대의 마음을 쉽게 단정합니다. 그러나 그 판단은 얼마나 정확한 것일까요?

이 책은 [관계의 이해]과 [소통의 지혜]로 나누어 구성되었습니다. [관계의 이해]는 독자들에게 대인관계의 긍정적인 성장을 위해 나 자신을 이해하는 방법을 알려주고, 상대방 마음 헤아리기의 중요성에 대해 기술했습니다. [소통의 지혜]에서는 서로 좋은 관계로 나아가는 길을 안내하고자 노력했으며, 효과적인 의사소통을 위한 상황별 전략과 방법 등을 수록했습니다.

저자를 대표하여 이 책을 읽는 독자들이 지금보다 더 성숙한 관계와 소통의 지혜를 위해 이해와 공감을 이끌어낼 수 있는 의식적인 노력이 더해지기를 소망합니다.

2024년 6월
대표 저자 성 미 라

Contents

Part 1 관계의 이해

Chapter **3** **타인 이해하기** · 70

Contents

Part 2 **소통의 지혜**

Chapter **4** **의사소통의 이해** · 100

Chapter 5 의사소통 이론 · 126

Contents

Chapter **8** **상황별 의사소통** · 188

Contents

Chapter **9**　**갈등 다루기** · 228

Chapter 10 비폭력 대화(NVC) · 248

관계의 이해

Part
1

Chapter 01 나 자신 알기

🎯 학습목표

1. 자기 이해의 필요성을 깨달을 수 있다.
2. 자기 이해 방법을 이해하고 설명할 수 있다.
3. 다양한 자기 이해 방법을 통해 자신의 고유함과 가치를 깨달을 수 있다.

💡 개 요

이 장에서는 자기 이해의 필요성에 대해 이해하고 자기 이해 방법을 찾는 시간을 가질 것이다. 자기 이해 방법을 통해 자신의 성격, 흥미, 적성, 가치관, 역량을 알아보고 진정한 자기를 발견할 수 있도록 도움을 주고자 한다. 자기 이해 시간은 자신의 가치, 신념, 사고, 감정, 태도, 동기, 편견, 강점, 한계점 등을 파악하고 다양한 경험을 통해 내면을 발견하고 이해함으로써 진정한 자아로 성장하고 나아갈 수 있도록 하는 데 도움이 된다.

1 자기 이해의 필요성

자기 이해는 바람직한 대인관계를 형성하기 위해 중요하다. 우리는 내가 진짜 누구인지, 이루고 싶은 비전은 무엇인지, 추구하는 가치는 무엇인지 알고 싶어 한다. 자기 이해가 높은 사람은 자아 존중감과 자기 향상은 물론 자신이 처한 문제를 잘 해결하는 편이다. 건강한 사람은 자신을 있는 그대로 수용하고 자신의 감성, 사고, 행동 등의 정신 기능을 이해하여 왜곡 없이 본다.[그림 1-1]

 그림 1-1_ 건강한 자기 이해

자기 이해란 '스스로 자신이 가진 내외적 요인을 탐색하고 다른 사람과의 관계에서 객관적인 검증을 거치면서 자신을 알아가기 위한 자료를 수집하는 과정'이라고 할 수 있다. 이러한 자기 이해의 구성 요인에는 [표 1-1]에 제시된 것과 같이 다양한 개인의 내외적 요인이 포함되지만, 개인으로서 자신을 정확하게 이해하기 위해서는 자기를 구성하는 다양한 요인들에 대한 보다 통합적인 고려가 이루어져야 한다.[1]

★1　http://www.sigmapress.co.kr/shop/shop_image/g13224_1470119654

표 1-1_ 자기 이해의 구성 요인

구 분		내 용
내적 요인	정의적 요인	성격, 흥미, 가치관 등
	인지적 요인	지능, 적성, 능력, 학력 등
	신체적 요인	신체 조건 및 병력 등
외적 요인	개인을 둘러싼 환경들	가족, 친구, 친척, 직장 동료, 지역 사회 환경

예컨대, 어떤 사람이 '나는 누구인가?'라는 질문에 대한 답을 찾았다면 그는 자신의 존재(being)에 대한 정체성을 확인한 것이다. 누구든지 자신의 존재에 대한 정체성을 바르게 인식하지 못하면 살아가는 이유를 모르게 된다. 또한 어떤 사람이 '나는 무엇인가?'에 대한 답을 알았다면 그는 자신의 역할(doing)에 대한 정체성을 확인한 것이다. 사람이 자신에게 맞는 역할을 알지 못한다면 그는 정상적인 사회생활을 할 수 없을 것이다. 따라서 자신이 누구이고 무엇을 해야 할지에 대한 대답을 찾은 사람이라면 자신이 갈 길을 찾는 것은 더 이상 어려운 문제가 아니다.

자기를 이해하는 일은 능동적으로 할 때 의미가 있으며 강제로 시켜서 되는 일이 아니다. 간혹 다른 사람이 만들어 놓은 자리에서 자신에 대해 바라볼 기회도 있지만 그것은 한계가 있다.

자신에 대해 알아보기 위해서는 우선 자신에 대한 사소한 것부터 확인해 보아야 한다. 누군가 자신에게 사소한 것들에 대해 질문하면 어떤 대답을 해야 할지 당혹스러웠던 기억이 있을 것이다. 그럴 때를 대비하여 다음과 같은 질문에 대해 어떻게 대답할 것인지 생각해 보자.

- 내 이름은 어떤 뜻을 가지고 있는가?
- 아주 어렸을 적 내 꿈은 무엇이었나?
- 어떤 일을 하고 싶어서 잔뜩 기대하며 흥분한 적이 있는가?
- 가장 좋아하는 사람은 누구이며 그 이유는 무엇인가?
- 주변 사람들에게 나는 어떤 사람인가?

- 내가 정말 원하는 것은 무엇인가?
- 지금까지 내 인생에서 가장 즐거웠던 순간은 언제였는가?

　자기 이해가 잘된 사람은 자아 존중감이 높기 때문에 자신이 추구하는 목표를 설정하고 선택에 대한 믿음이 있으며 타인에 의해 쉽게 흔들리지 않고 포기하지 않는 성향을 보인다. 자기 이해는 내적 동기 및 자아 존중감과 연결되어 있다. 또한 삶의 질과 행복을 위해서 필수적이다. 자기 이해가 높은 사람은 주변 환경으로부터 스스로 독립된 존재로 인식하여 휘둘리지 않고 스스로 선택한다. 자아 존중감이 높기 때문에 도전적이고 자기 믿음이 강해 쉽게 포기하지 않는 성향을 가진다. 자기에게 맞는 도전은 끈기와 인내, 성취의 수준을 높인다. 이들은 도전에 대한 문제를 쉽게 극복하는 의식의 항체를 가지고 있어 역경을 보다 쉽게 극복하며 자신에 대해 잘 알고 믿고 있기 때문에 두려움을 쉽게 극복하는 경향이 있다. 자기 이해와 비슷한 용어로 사용되고 있는 자기 인식(self-awareness)은 개인의 독특성을 인정하는 것으로 타인을 이해하기 전에 먼저 자신을 이해하는 것이다.
　자기 인식을 하기 위해서는 자기 평가(self-examination)를 해야 하는데, 이것은 불안을 야기시킬 수도 있고 불편할 수도 있다. 자기 평가는 혼자 또는 타인의 도움

으로 할 수 있으며 개인적 가치와 관련된 문제와 과거의 유사한 상황과 관련될 수 있다. 타인의 의견이 없는 자기 평가는 자신에 대한 편견을 낳을 수 있다. 그러므로 객관적이고 현실적인 피드백을 위해 믿을 수 있는 사람의 도움을 받아 자기 평가를 하는 것이 가장 좋다. 자기 평가를 위해서는 내면을 성찰해야 하고 자신의 개인적 신념과 태도, 동기를 파악해야 한다.

참만남의 관계로 발전시키지 못하는 이유는 자기를 잘 노출하지 않으려는 성향과 자기 이해가 부족한 것이 원인일 수 있다. 파월(Powel, 1969)은 이에 대해 "만약 내가 누구인지에 대하여 있는 그대로 이야기할 경우 상대방이 싫어하고 배척할까 두려워하기 때문"이라고 했다. 자기 자신을 노출시키지 않음으로써 상처받을 위험 없이 안전할 수 있다는 것이다. 그리고 내가 나 자신에 대해 오해하여 진정한 나를 상대에게 보여 주지 못하기 때문이라고도 볼 수 있다.

자신에 대한 인식을 증가시키기 위해서는 먼저 자신의 내부에서 들려오는 소리에 귀를 기울여야 한다. 이는 자신의 참된 감정이나 욕구 등을 확인하는 것이다. 그리고 다른 사람의 말을 경청하고 타인으로부터 배워야 한다. 마지막으로 자신을 표현하거나 자신의 중요한 측면을 타인에게 나타내 보여야 한다. 남들에게 자신을 표현하지 않으면 어느 누구도 자신에 대해서 알 수 없다. 자기표현을 할 수 있다는 것은 인격이 건전하다는 것을 의미하며 자기표현은 건전한 인격을 형성하는 방법이다.

② 자기 이해의 방법

현재의 '나'를 제대로 이해하기 위해 가장 먼저 해야 할 일은 자신을 얼마나 알고 있는지 스스로 점검해 보고 나만 모르는 특징을 점검해 보는 것이다. 이것을 자기 인식(자기 점검, self-awareness)이라고 한다. 내가 무엇을 좋아하고 어떤 것을 그토록 갈망하는지, 어떤 것을 꼭 이루고 싶어 하는지, 어떤 일을 재미있게 잘하는지, 어떤 사람과 어울리기를 좋아하는지, 어떤 삶을 살고 싶은지 등에 대해 진지하게 생각해 볼 필요가 있다. 또한 자기를 이해한다는 것은 타인을 이해하는 첫 번째 단계이다. 우리는 타인을 올바르게 이해하고 정확하게 바라보면서 주변 사람들이 필요로 하는 일에 도움을 주어야 하기 때문에 항상 타인을 어떻게 바라볼 것인가는 매우 중요하다.[2]

① 감정의 처리 방식

내가 감정을 어떻게 다루는지 알아보는 것은 감정적인 인식을 향상하고 대인관계를 더 풍부하게 만들어준다. 감정에 대한 인식을 통해 긍정적이고 건강한 대화를 나눌 수 있게 될 것이다.

② 성격 유형과 성향

MBTI나 다양한 성격 유형 테스트를 통해 나 자신의 성격 특성을 파악하는 것은 내가 왜 특정 상황에서 어떻게 반응하는지를 이해하는 데 도움이 된다. 이를 통해 효과적인 의사소통 방식을 찾을 수 있다.

③ 자기 성찰

일상의 바쁜 생활에 빠져 자기 성찰의 시간이 부족할 때가 많다. 꾸준한 자기 성찰을 통해 내면의 욕망이나 불안 등을 발견하고 자아를 발전시키는 기회로 활용해야 한다.

---

[2] 조성진, 지희진(2016), 인성함양과 자기계발, 양성원, p. 9

④ 변화에 대한 열린 자세

우리는 종종 편한 것에 안주하고 변화를 꺼리는 경향이 있다. 그러나 변화는 성장의 시작이자 새로운 가능성의 문이 열리도록 하는 것이다. 좀더 도전하면서 새로운 경험을 통해 성장하는 데 열린 자세를 취해야 한다.

⑤ 자신에 대한 긍정적인 인식

자신에게 자주 부정적인 평가를 하는 경우가 많다. 자신을 긍정적으로 평가하고 인정하는 것은 자신감을 키우고 스스로에게 더 나은 삶을 제공한다. 자주 자신에게 칭찬해주는 습관을 가져야 한다.

자기 이해를 위한 다양한 방법이 있다. 인간에 대한 이해를 도모할 수 있는 전문 서적, 전문가와의 상담 등은 자신의 모습을 돌아보거나 심층적인 이해를 하는 데 도움이 된다. 또한 다양한 심리 검사는 자신에 대한 객관적인 평가를 통해 다양한 특성들을 이해할 수 있게 해준다. Holland, MMPI, LCSI 등이 있는데, 이것들은 적성과 흥미, 성격 관련 각종 검사를 통해 자신을 객관적으로 바라보고 이해할 수 있게 해준다. 이러한 검사들이 나를 이해할 수 있는 작은 부분일 뿐이지만 이러한 작은 이해라도 집단 활동에서 자신을 이해하는 데 큰 도움이 될 수 있다. 그 이유는 모든 검사는 타인과의 관계, 환경과의 상호 작용 속에서의 자신에 대한 이해를 반영하고 있기 때문이다. 성격 유형과 직업 영역의 흥미, 자신의 역량 사이의 관계는 [그림 1-2]와 같다.[3]

---

[3] http://www.sigmapress.co.kr/shop/shop_image/g13224_1470119654

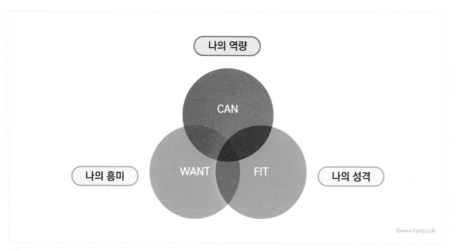

🗨 그림 1-2_ 성격 유형과 직업 영역의 흥미, 자신의 역량 사이의 관계

자기 이해 방법에 대해 구체적인 방안 7가지를 소개한다.

첫째, 나 자신을 어떻게 생각하는지 파악한다. '나'라는 존재의 장단점이 무엇인지, 나를 긍정적으로 보는지 부정적으로 보는지 등을 파악하는 것으로, 자아존중감을 알아가는 단계이다.

둘째, 자신의 욕구를 안다. 자기가 정말 원하는 욕구가 무엇인지를 알아가는 것이다. 쉽게는 매슬로의 욕구 단계(생리적 → 안전 → 사랑과 소속감 → 존경 → 자아실현)를 생각해 보면 된다. 사람은 자기의 욕구가 어디를 향하는지를 아는 것이 중요하다.

셋째, 나에게 영향을 준 환경에 대해 평가한다. 사람은 주변 사람, 거주 환경, 상호 작용 등을 통해 영향을 받는다. 현재 자신의 생각이나 가치관, 행동을 살펴보고 이런 생각들이 어떻게 형성되어 왔는지를 생각해 보는 것이다.

넷째, 타인에 대한 이해와 수용의 정도를 알아본다. 자기 성찰을 하다 보면 자기 자신에 대해서도 정말 모른다는 것을 발견하게 된다. 타인을 이해하고 받아들인다는 것은 훨씬 더 어려운 일이다. 내가 좋아하는 유형의 사람은 어떤 사람이고, 내가 싫어하는 유형의 사람은 어떤 사람인지부터 정립해가는 것이 중요하다.

다섯째, 비차별적이고 비판단적 행동과 태도에 대해 고민한다. 다양한 대상자

속에는 다양한 형태의 사람들이 있기 마련이다. 내가 어떤 편견과 선입견을 가지고 있는지, 왜 그런 편견과 선입견을 가지게 됐는지를 먼저 알아가야 한다.

여섯째, 책임 있는 자기주장의 정도를 파악한다. 사람은 각기 성격이 다르기 때문에 남을 이해하거나 수용하는 정도에 따라 자기주장의 모습은 다양하게 나타난다. 어떤 방법이든 잘못된 것은 아니지만, 남을 이기는 존재가 아니라 도움을 주는 사람이 되기 위해 남을 존중하고 자기 의견을 명확히 전달해 줄 수 있는 기술이 필요하다.

일곱째, 자기 통제의 정도를 이해한다. 사람은 누구나 존중받기를 원한다. 어느 누구도 자기를 가치 없는 존재로 만들고 싶어 하지 않는다. 그러므로 상대방과의 대화나 주변의 환경으로 인해 화가 날 때 나는 어떻게 하는지, 그것이 옳은 것인지, 만약 그렇지 않다면 어떻게 변화해야 하는지를 정립해 가는 것이 필요하다.[4]

③ 자기 탐색 과정

① 성 격

성격이란 용어의 의미는 매우 다양하다. 대체로 한 개인의 내면에서 비교적 안정되고 오래 존속되며 생애를 통틀어 일정하면서도 변동이 가능하고, 어느 정도는 유전의 영향을 받고 어느 정도는 학습되는 독특한 특성으로 정의된다.[5] 예컨대 사람들은 어떤 사람의 행동을 보고 '활발하다', '수줍어한다', '마음이 따뜻하다', '차갑다', '능동적이다', '수동적이다', '시끄럽다', '조용하다' 등의 표현을 사용한다. 이런 특성은 개인의 특징적인 특질을 말하는데, 성격은 개인의 행동을 구분하는 이런 특성들의 조합이다.[6]

국내에서 성격으로 번역되어 사용되고 있는 '퍼스널리티(personality)'라는 말의 어원은 '페르소나(persona)'라는 용어에서 파생되었다. 페르소나는 희랍의 배우들이 쓰던 가면을 뜻하는 것으로 복합적인 한 개인의 정신적, 정서적, 행동적 특성을 말한다. 성격은 조직 또는 체제이며 역동성이 있고 고정성, 항상성을 공통적으로 가지고 있다. 성격은 시간과 상황에 걸쳐 지속적이며 한 개인을 다른 사람과 구별해 주는 특징적인 사고, 감정 및 행동 양식이다.[7]

성격은 한 사람이 세상에 대하여 반응하는 행동, 태도, 동기, 경향, 사고방식 및 감정으로서 개인의 심리적 특징과 독특성이 있고, 둘째, 시간과 상황에 걸친 지속성을 가지며 한 개인의 생활 속에서 일관성을 보이는 것이다. 즉 성격은 관찰되는 것이 아니라 관찰된 행동이나 사고들을 기초로 추리된 경향성을 말하며, 한 개인에 대하여 예언성과 안정성을 부여한다. 성격은 개별적인 특징들을 단순히 모아 놓은 것이 아니라 조직이다. 성격은 적극적이고 능동적인 과정이며 심리적 개념이지만, 생리적 측면과도 긴밀히 연결되어 있다. 또한 그 사람이 세계와 어떻게 관계를 맺는가를 결정하는 내부의 원인적 힘으로 행동과 감정 등 여러 방식으로 드러나며 반복과 일관성으로 내부의 모습이 표현되는 양상(patterns)으로 나타난다. 개인의 성격은 오랜 시간에 걸쳐 형성되는 것이다.

[4] https://blog.naver.com/an11778/60206661515
[5] https://namu.wiki/w/%EC%84%B1%EA%B2%A9
[6] 조성진, 지희진, 인성함양과 자기계발, p. 14~20
[7] 김주엽 외 공저(2012), 조직행위론(제3판), 경문사, p. 124~127

② 적 성

일정한 훈련에 의해 숙달될 수 있는 개인의 능력을 뜻한다. 지능이 일반적이고 포괄적인 능력의 가능성을 지칭하는 데 반해 적성은 구체적인 특정 활동이나 작업에 대한 미래의 성공 가능성을 예언하는 데 주안점을 둔다. 따라서 학력이나 성취도까지도 넓은 의미의 적성에 포함된다. 적성은 유전적 요인이 있지만 환경적 요인도 무시할 수 없다. 개인의 노력 여하에 따라 개발이 가능하므로 여러 가지 경험을 통해 자신의 적성을 발견하고 적극적으로 개발하려는 노력이 필요하다.

누군가 우리에게 "네가 진짜 원하는 것이 뭐야?"라고 물으면 머뭇거리다 "없어요."라고 말하는 경우가 많다. 적성 찾기는 사실 쉽지 않다. 왜냐면 적성 찾기는 자기 탐구이고, 자신에 대해 진지하게 생각해 봐야 알 수 있는 것이기 때문이다. 적성은 '만족'이라는 기제가 잘 발달되어 있는 분야를 뜻한다고 말하며 비록 실패하더라도 다양한 경험을 통해 자신의 적성을 살펴보는 것이 중요하다고 강조한다.

적성을 '성품에 맞는'으로 이해하면 '성품'을 알기 위해서는 먼저 '나'를 알아야 한다. 그러므로 적성을 찾는 일은 '나'를 알아가는 과정이다. 내가 누구인지 알아야 나에게 '맞는 것'과 '적합한 것'을 발견할 수 있다. 나아가 '나'를 알아가는 일은 꿈을 꾸는 첫 단추이자 평생의 과업이기도 하다. 단순히 의자에 앉아 생

각만 해서 찾을 수 있는 것도 아니고, 그렇다고 경험이 많다고 저절로 찾아지는 것도 아니다. 자신이 있어야 할 Power Place를 스스로 찾고자 하는 노력이 필요하다.★8

적성을 찾는 것은 자신의 흥미, 장점, 성향과 일치하는 분야나 활동을 찾는 과정이다. 적성을 찾는 데 도움이 될 수 있는 몇 가지 방법을 여기서 소개한다.

(1) 나의 적성을 찾기 위한 질문

적성을 '능력'으로 제한해서 이해하지 말자. 내 적성이 무엇인지를 다른 방식으로 질문해 보자.

❶ 어디에 관심이 있고 흥미를 느끼며 어느 곳에 능력을 잘 발휘할 수 있는가?

❷ 설사 실패하더라도 다시금 관심이 가는 것은 무엇인가?

❸ 자주 만족을 느끼는 일, 활동, 분야 등은 무엇인가?

❹ 어떤 일이 있어도 끝까지 해내고 싶은 것은 무엇인가?

(2) 적성 찾는 방법

❶ **자기 분석** : 자신의 관심사, 가치관, 성격 특징 등을 면밀히 분석해 본다. 어떤 종류의 활동이나 분야에서 더욱 흥미를 느끼는지 생각해 보고 자신이 가진 장점과 기술들도 고려해 본다.

❷ **경험 탐색** : 다양한 경험을 쌓아가며 자신에게 맞는 분야를 찾아본다. 다른 사람들과 대화하거나 다른 직업 혹은 취미를 시도해 보면서 자신에게 어떤 것이 잘 맞는지 파악할 수 있다.

❸ **능력 및 기술 평가** : 자신의 강점과 능력을 평가하고 발전시킬 수 있는 기회를 찾아본다. 이러한 평가와 개발 프로그램은 학교, 직업 상담 기관, 온라인 자료 등에서 제공받을 수 있다.

★8   https://blog.naver.com/chbaek1207/220977637196

❹ **타인의 조언 및 피드백** : 가까운 친구, 가족 혹은 전문가들에게 조언이나 피드백을 구한다. 타인의 시각과 경험은 새로운 관점을 제공하고 당신의 강점과 가능성에 대한 통찰력을 줄 수 있다.

❺ **탐구와 연구** : 웹사이트, 도서관, 온라인 강좌 등에서 관심 있는 주제나 분야에 대해 탐구하고 연구한다. 이를 통해 새로운 정보와 아이디어를 습득할 수 있으며 스스로에게 맞는 분야를 발견할 수도 있다.

❻ **시간과 인내** : 적성을 찾는 과정은 시간과 인내가 필요하다. 그 과정은 여러 옵션 중에서 최적의 선택지를 찾기 위해서 실험하고 조정하는 과정이다.

③ 흥미

흥미(interest)는 어떤 활동이나 사물에 대해 특별한 관심이나 주의를 가지게 하는 정서적 특징을 의미한다.[9] 흥미에 대한 정의는 학자마다 다양하나 흥미가 인간 행동의 방향과 강도를[10] 결정하는 중요한 요인이라는 것은 공통적인 견해이다.[11] 흔히 우리가 어떤 일을 하면서 '재미가 없다'거나 '재미가 있다'라고 말하게 되는데 재미 있는 일에 대해서는 누가 시키지 않아도, 어떤 보상을 해주지 않더라도 그 일에 몰두하게 된다. 흥미란 특정한 대상에 관심을 쏟고 열중하려는 경향성을 말하며 그것은 대상에 대한 지속적인 관심(interest) 또는 주의(attention)와 좋아하는 느낌(feeling of like), 방향성(direction), 관련된 활동(activity)으로 구성된다. 이러한 흥미는 개인마다 다양하며 환경적인 요인에도 영향을 받을 수 있다.

개인의 흥미를 이해하기 위한 하나의 방법으로 흥미를 평가하는 심리 검사를 활용해볼 수 있다. 흥미에 관한 심리 검사는 자신의 흥미 영역을 탐색하고 진로를 결정하는 과정에 도움을 줄 수 있으며, 개인의 흥미에 대한 과학적인 분석과 다양한 직업 세계에 대한 폭넓은 정보 또한 제공해준다. 이러한 심리 검사들 중에 대표적인 것으로 홀랜드(Holland) 직업 흥미 검사와 스트롱(Strong) 직업 흥미 검사가 있다.[12]

Holland(직업 선호도) 검사는 개인의 관심과 흥미, 성향, 생활 경험을 측정하여 적합한 직업을 안내하는 검사이다. 본 검사는 흥미, 성격, 생활 경험을 묻는 세 가지 검사로 구성되어 있다. 개인의 현재 보유 능력이나 학력, 전공, 자격, 가치관 등은 반영하지 않고 오로지 흥미 성향과 성격, 생활사 등에 관련한 정보만을 제공한다. 따라서 검사 결과를 토대로 직업이나 진로를 결정하고자 할 때 검사 결과에 반영되지 않은 자신의 능력, 자격, 적성, 가치관 등을 함께 고려할 필요가 있다. 본 검사 결과는 개인이 직업이나 직무를 선택할 때 참고 자료로 활용할 수 있으며, 자기소개서 작성이나 면접 준비 시 자신을 객관적이고 구체적으로 소개하기 위한 기초 자료로 활용할 수 있다.[그림 1-3]

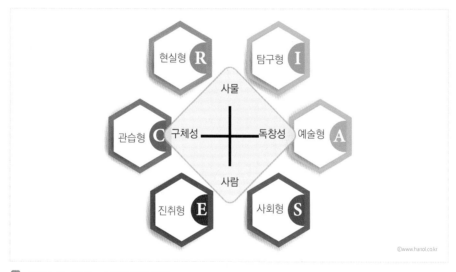

💬 그림 1-3_ Holland 직업 적성 검사

★9 http://www.work.go.kr/consltJobCarpa/jobPsyExam/jobPsyExamIntro.do
★10 https://blog.naver.com/hi2040/191692902, 커리어넷 http://www.career.go.kr/cnet/front/main/main.do
★11 Silvia, Paul (2006) Exploring the Psychology of Interest. University of Oxford.
★12 Strong Vocational Interest Blanks manual. Stanford, CA : Stanford Univ. Press.

❶ **현실적**(realistic type)

실용적이고 구체적인 일을 좋아하는 사람들에게 해당된다. 몸을 움직여 밖에서 일하거나 기계, 도구, 동물에 대한 체계적인 조직 활동을 선호하는 반면에 인간 친화적이거나 예술성이 요구되는 분야나 관련 직업을 피하려는 성향을 지닌다. 전통적인 가치를 고집하며 제도적으로 제한된 환경에서 일하기를 좋아하고 실질적인 사고를 선호한다.

❷ **탐구적**(investigative type)

과학적, 지적 탐구를 즐기는 사람들이 흥미를 느끼는 영역이다. 눈앞에 놓인 현상에 대해 비판적이고 분석적으로 관찰하며 창조적이고 체계적으로 탐구하는 것을 좋아하는 특성을 보인다. 정보를 모아 사실과 이론을 밝혀내거나 자료를 분석하고 해석하기를 즐긴다. 그러나 반복적이고 규칙적인 활동이나 집단 내에서 리더십을 발휘해야 하는 일을 싫어하는 경향이 있으며, 인간적인 감정이나 사회적인 환경에 대한 민감성이나 적응력은 둔감한 편이다

❸ **예술적**(artistic type)

예술적 자질이나 자기표현 기회를 중시하는 사람들이 흥미를 느끼는 영역이다. 이런 유형의 일을 좋아하는 사람들은 고정된 틀이 짜여 있지 않고 융통성이 있는 환경을 선호한다. 창의적이며 심미적인 활동과 영역에 대한 선호도가 높다. 그러나 이 유형은 관습에 의한 일 처리나 순서에 의한 체계적인 활동 등에는 취약하거나 관심이 없는 편이다.

❹ **사회적**(social type)

다른 사람들과 함께 일하며 사람들을 교육하거나 돕고 정보를 알려주는 일을 좋아하는 사람들이 흥미를 느끼는 영역이다. 이들은 집단적으로 일하고 다른 이들과 책임을 나누며 대체로 의사소통 능력이 우수하다. 남과 대화를 통해 감정을 교환하고 문제 풀기를 즐긴다. 일반적으로 이 유형은 사물보다는 사람들 간

의 관계를 지향하는 경향이 강해 기계나 도구 등을 활용한 업무에 대해서는 관심이 적다.

❺ 진취적(enterprising type)

경제적 성취나 조직의 목표 달성을 위해 남을 이끌거나 영향을 미치면서 관리하는 일을 좋아하는 사람들이 흥미를 느끼는 영역이다. 자기 관점을 남에게 설득하고 리더십을 발휘할 수 있는 일을 즐긴다. 이 유형은 사람들을 지도 관리하여 주어진 과제를 성취해 내는 성향을 지니며 타인을 통제할 수 있는 능력을 가치 있게 생각하지만, 남을 돕는 일에 대한 수행력은 떨어진다.

❻ 관습적(conventional type)

정확성을 요구하는 체계적 활동을 좋아하는 사람들이 흥미를 느끼는 영역으로 사무적인 일과 관련된 경우가 많다. 대체로 큰 조직에서 일하기를 좋아하고 잘 계획되어 있는 명령 체계에 따라 일하는 것을 편하게 느낀다. 이 유형은 애매하거나 낯설고 불확실한 문제나 창의성이 필요한 과제의 수행에 대해서는 회피하거나 부적응적인 경향이 있다. 이들은 자신을 평가할 때 사무적인 능력을 가지고 있으며 질서정연한 것을 선호한다.

④ 가치관

가치관은 특정한 행동 방식, 존재 양식이 그 반대의 것보다 개인적, 사회적으로 더 바람직하다는 기본적인 신념을 말한다.[13] 또한 사회 사상과 일상생활 의식의 결합 속에서 형성되며, 그 개념은 두 가지의 측면을 내포한다.[14] 첫째는 그것은 어떠한 행위가 옳고 그르냐에 관한 도덕적 판단의 기준이 된다. 둘째는 어떠한 상태가 행복하고 불행한지를 판단하는 기준이 된다. 양자는 서로 함께 생활이나 행동을 판가름하는 기준이 된다.[15] 자신의 가치관을 제대로 정립해 두면 무언가를 성취하거나 인생의 방향을 설정하는 데에도 많은 도움이 된다. 가치관은 삶을 어떻게 이끌어갈 것인지 또 직업적으로는 어떤 선택을 할 것인지 등 인생 전반의 많은 고민에 대한 나침반이 되어줄 것이다. 또한 선택의 기로에 섰을 때나 삶이 막막할 때 가치관에 대해 정확히 고찰하고 그것에 맞게 행동하면 올바른 선택을 할 수 있게 된다. 내 가치관을 잘 파악해야 삶의 전체적인 틀을 제대로 계획할 수 있다.

(1) 가치관을 결정하는 가치가 중요한 이유

❶ 가치는 정서와 밀접하게 연관되어 있다.

가치는 개인의 정서에 상당한 영향력을 미친다. 예를 들어, 자유라는 가치를 중요하게 여기는 사람이 개인의 자유를 침해받는다면 분노할 수 있다.

❷ 가치는 행동에 동기를 부여한다.

가치는 행동에 영향을 미친다. 예를 들어, '사회적 인정'이라는 가치를 중요시하는 사람은 사회적으로 인정받기 위해 더 좋은 직장에 들어가려 하고, 더 많은 돈을 벌려고 노력한다.

❸ 가치는 특정 상황이나 행동에 제한을 받지 않는다.

가치는 쉽게 변하지 않는 특징을 가지고 있다. 당신이 중요시하는 '자유'라는 가치는 학교에서나 직장에서나 사회에서나 가정에서나 변하지 않는 초월적인 개념이다.

④ 가치는 삶의 기준이 된다.

가치는 삶의 기준으로 작용한다. 인간은 무엇이 옳고 그른지, 무엇이 좋고 나쁜지, 무엇을 수용하고 피해야 하는지를 본인의 가치를 기준으로 선택한다.

⑤ 가치는 중요도에 따라 우선순위가 정해진다.

가치에는 중요도가 있다. 어떤 사람은 '재산'을 '자유'보다 더 중요시하는 반면, 어떤 사람은 '자유'나 '개인적 목표'라는 가치를 '재산'이나 '성공'보다 더 중요하게 생각한다.

⑥ 가치는 상대적 중요도에 따라 모든 행동의 방향이 결정된다.

사람은 가치의 상대적 중요도에 따라 행동한다. 예를 들어, 슈바이처 박사는 대학교수와 목사라는 안락한 삶을 버리고 아프리카에 가서 봉사활동을 했다. 그의 가치는 '재산'이나 '사회적 인정'과 같은 가치가 아닌 '도움', '의미 있는 삶', '사랑'과 같은 박애 정신에 있으며 그것에 입각하여 행동을 결정했다.

가치가 중요한 이유는 어떤 직업과 어떤 기업을 선택할지를 고민하는 당신의 커리어 방향성에 나침반 역할을 수행하기 때문에 중요하다. 다음은 내 가치관을 탐구하는 방법이다.[16]

★13　Rokeach, M. (1973). The nature of human values. Free press.

★14　The Nature of Human Values. By Milton Rokeach. New York : The Free Press, 1973. p. 438

★15　https://ko.wikipedia.org/wiki/가치관

★16　https://ko.wikihow.com/개인의-가치관을-정의하는-방법

(2) 내 가치관 탐구하기

❶ 삶에서 중요하게 여기는 것들을 기록해 본다.

가족이나 친구 등 분명 내가 삶에서 중요하다고 생각하는 것들이 몇 가지 있을 것이다. 5~10분 정도 내 인생에서 중요하다고 느껴지는 것들에 대해 생각해 보고 최소 5개 이상을 적어보자. 예를 들어, '가족', '창의적인 생각', '다른 사람들을 돕는 일', '동물을 아끼는 마음', '새로운 것 배우기' 등이 있다.

❷ 내가 살아 있음을 느끼게 해주었던 경험 3~5가지를 생각해 본다.

정말 중요한 일을 할 때는 그 순간 나도 모르게 정신없이 몰두하게 된다. 어떤 행위를 하면서 내가 진짜로 살아 있다는 감정을 느꼈던 경험이 있는지 생각해 보자. 꼭 '행복'한 경험이 아니어도 된다. 내 가슴을 뛰게 했던 일, 내가 깊게 몰입했던 일이 무엇이었는지 돌아보고 그 경험에 비추어 나에게 중요한 가치가 어떤 것들인지 잘 생각해 보자.

예를 들어, '친구가 다쳤을 때 내가 도와줬던 일', '학교에서 봉사상을 받았을 때', '새끼 고양이를 키우던 때' 등 무엇이든 좋다. 그다음 내가 왜 친구를 도와주면서 정말 살아 있음을 느꼈는지를 잘 생각해 본다. 누군가를 돕는 것에서 느끼는 그 뿌듯함이 좋았을 수도 있고 친구의 회복에 도움이 될 만한 일들을 고민하며 발휘했던 내 창의력에 기분이 들떴을 수도 있다.

❸ 내 팔순 잔치 때 사람들이 나에게 해줬으면 하는 말을 생각해 본다.

이런 상상을 통해 내 삶을 돌아보고 또 앞으로 어떤 인생을 살고 싶은지 결정할 수 있게 된다. 내가 80세가 됐을 때 어떤 일들을 이룬 사람이길 바라는지 생각해 보자. 내가 삶에서 진정으로 중요하게 여기는 것이 무엇인지를 알게 될 것이다. 아래와 같은 질문에 답해 보자.

- 팔순 잔치에 어떤 손님들이 올까?
- 사람들은 내 어떤 점을 좋아할까?
- 나는 사람들의 삶에 어떤 영향을 준 사람일까?

- 내 인생에서 이룬 것들은 무엇이 있을까?
- 앞의 질문들에 대한 내 대답이 가리키는 가치들은 무엇일까?

❹ 다른 사람들의 어떤 점을 동경하는지 생각해 본다.

먼저 내가 존경하는 사람을 두세 명 정도 떠올린다. 가족, 친구, 정치인, 연예인, 가상 인물 그 누구라도 좋다. 그런 다음 그 사람들이 이룬 업적이나 가진 능력, 재능 등 내가 그들의 어떤 점을 동경하는지 생각해 본다. 그리고 내 관점에서 가치 있어 보이는 것들이 무엇인지 골라내면 그것들이 바로 내가 가진 가치관이 된다. 예를 들어, 나는 마틴 루터킹 목사의 용기와 옳은 일에 자신을 바치는 헌신과 이타적인 마음을 동경하고 있을 수도 있다.

❺ 내가 삶에서 정말 원하는 것들이 무엇인지 기록해 본다.

종이를 반으로 접거나 선을 그어서 칸을 둘로 나눈다. 그런 다음 종이의 왼쪽에는 아래의 질문에 대한 답을 적고, 오른쪽에는 그 대답에서 알 수 있는 가치들을 적는다. 내용이 길어지면 길어질수록 좋다. 그만큼 나에 대해 더 많이 알 수 있다.

- 내가 성취하고 싶은 것은 무엇인가?
- 내 삶 또는 커리어 내에서 되고 싶은 것은 무엇인가?
- 내가 갖고 싶은 것들은 무엇인가?

- 내가 해보고 싶은 일들은 무엇인가?
- 나는 어떻게 시간을 보내고 싶은가?
- 나의 목표, 포부는 어떤 것들이 있는가?

⑥ 나만의 가치 목록을 작성해 우선순위를 파악한다.

다양한 가치들을 나열한 목록을 보도록 하자. 이 중 내가 중요하다고 생각하는 단어에 표시해 보자. 그리고 그중에서도 나에게 가장 의미 있는 것을 꼽아 나만의 가치 목록을 만들어 보자.

⑦ 내가 고른 가치 중 가장 중요한 10가지를 선정한다.

위에서 제시한 가치관 탐구 단계를 수행한 뒤 정말로 중요하다고 생각되는 가치 10가지를 꼽는다. 그리고 가장 중요한 순으로 1~10까지 번호를 매겨 목록을 작성해 보자. 이 목록을 잘 활용하면 삶의 전반에서 혹은 커리어에서 중요한 결정을 내려야 할 때 도움을 받을 수 있다. 시간이 지나면서 중요하다고 생각하는 가치나 그것들의 우선순위가 바뀌는 것은 자연스러운 일이다. 사람은 항상 배우고 성장하고 또 변화하는 존재이기에 가치관이 변하는 것 또한 당연한 것이다.

(3) 내 삶과 커리어를 가치관과 일치시키기

❶ 내가 생각하는 이상적인 삶을 그려 본다.

내게 중요한 가치들을 모두 실현한 삶을 살 때의 나는 어떤 모습일지 생각해 본다. 어디에서 어떤 일을 하며 살지, 여가 시간에는 무엇을 하며 보낼지 등 내

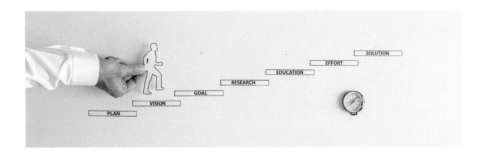

가 골랐던 가치들과 최대한 일치하는 삶을 상상해 본다.

주 단위나 일 단위로 구체적으로 상상해 보는 것도 좋다. 내가 생각하는 이상적인 일주일은 어떤 모습일까? 어떤 일을 하며 보낼지, 누구와 함께일지 생각해 본다.

❷ 내 가치관에 부합하는 직업을 찾아본다.

내 가치관에 들어맞는 직업을 탐색함으로써 삶의 의미와 목적을 찾을 수도 있다. 매일 즐기면서 할 수 있는 일이 무엇이 있을지, 어떤 환경에서 어떤 사람들과 함께 일하고 싶은지를 생각해 보고 그런 가치관에 부합하는 직업을 찾아본다.

주변 사람들을 돕고 지역 사회에 영향력을 미치며 살고 싶다면 비영리 재단이나 정부, 공공 기관이나 사회적 기업 등 공공의 이익을 추구하는 기관과 관련한 일을 찾아본다.

❸ 이상적인 삶을 살기 위해 해야 할 일의 목록을 작성한다.

내가 꿈꾸는 삶을 살기 위해 해야 할 일을 3~5가지 정도 떠올려 보고 실천하기 쉬운 것부터 단계별로 나눈다. 그중 오늘 당장 할 수 있는 일 하나를 꼽아 실천해 본다. 내 가치관과 부합하는 삶과 커리어를 위해 작은 것부터 하나씩 매일 실천하도록 노력한다.

사람마다 속도의 차이는 있을 수 있으나 시간이 지나면서 점점 내가 꿈꾸던 삶이 실현되는 것을 느낄 수 있을 것이다.

❺ 역 량

역량(competence)은 고도의 복잡한 상황을 잘 헤쳐나갈 수 있는 능력을 말하며, 이는 인지적인 능력뿐만 아니라 동기적, 윤리적, 사회적, 행동적 영역까지 포괄한다. 역량은 능력(ability)과 기능(skill)을 합한 개념으로서 한 사람이 전문적이고 관리적인 위치에서 효과적으로 기능하기 위해 요구되는 능력, 행위, 태도와 지식

들의 묶음이며, 어떤 일을 남보다 잘해낼 수 있는 경쟁력을 말한다.[17] 역량(competence)은 평균적인 직무 수행자와 우수 성과자 사이에 성과 차이를 가져오는 내적 특성이다.[표 1-2] 또한 조직의 비전과 전략 구현에 핵심이 되는 과업을 달성하는 데 필요한 핵심적인 행동 특성으로서 조직에서 높은 성과를 내는 사람들이 효과적으로 활용하는 지식, 기술, 태도의 통합체를 의미한다.[18]

스펜서와 스펜서(Spencer & Spencer, 1993)는 '역량'을 어떤 직무나 상황에서 준거에 따라 효율적이고 뛰어난 수행을 나타내는 데 인과적으로 관련된 내적인 특성이라고 정의했다.[19] 또한 '역량'을 다양한 상황에서 나타나는 지속적 행동 및 사고방식으로 규정하고 동기(motives), 특질(traits), 자기 개념(self-concept), 지식(knowledge), 기술(skill)의 다섯 가지로 정의했다.[20]

표 1-2_ 역량의 개인적 특성

개인적 특성	정 의
동기	· 조직에서 성공을 이끄는 개인의 두드러진 행동, 특성, 팀의 프로세스, 조직 자체의 뛰어난 능력과 가치 체계
특질	· 업무에서 우수한 수행이나 결과를 나타내는 수행자의 특성에 기초함
자기 개념	· 조직의 비전, 미션, 목표 달성과 연계되며, 직무 수행에 효과적이고 성공적인 결과를 가져오는 개인의 내재적 특성
지식	· 직무나 역할 수행에서 뛰어난 수행자와 관련된 개인의 능력
기술	· 규정된 기준에 따라 신체적 또는 정신적 직무 활동을 수행하는 능력

출처 : Spencer & Spencer, 1993

스펜서와 스펜서(Spencer & Spencer, 1993)는 역량의 요소를 다음과 같은 빙산(Iceberg) 모델을 통해 제시했다.[그림 1-4] 기술과 지식은 수면 위에 드러난 부분으로 후천적인 학습을 통해 개발이 용이하며 그에 대한 평가도 쉽다. 반면 자아 개념, 특질, 동기는 수면 아래 위치한 부분으로 해당 요소는 측정하기 어려울 뿐만 아니라 선천적 성격이 강해 개발이 어렵다. 그림에 나타난 수면으로부터의 깊이 차이처럼 자아 개념, 특질, 동기 사이에도 측정 및 개발의 난이도에 차이가 존재한다. 이러한 수면 아래의 세 가지 요소는 복잡하게 얽혀 특정한 상황에서 개인의 행동 '의도'를 형성하며 그 의도에 따라 개인은 행동하게 된다. 따라서 기술과 지식 외 수면 아래에 위치한 역량을 진단(평가)하기 위해서는 개인이 취하는 행동을 관찰해야 한다.

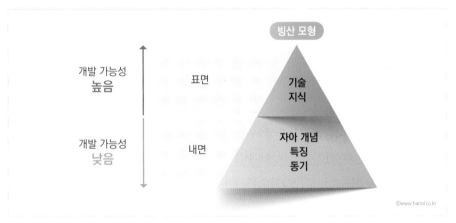

 그림 1-4_ 핵심 역량의 내면 및 표면(Spencer & Spencer, 1993)

★17 Slocum, J. W. & Helliegel, K. (2007). Fundamentals of organizational behavior, Inter student edition, China : Thomson South-western. p. 4

★18 David C Mc Clelland (1973) Testing for Competence Rather than for Intelligence. American Psychologist.

★19 Spencer, L.M. and Spencer, S.M. (1993) Competence at Work : Models for Superior Performance. John Wiley & Sons, New York.

★20 김은희(2014), 한국 대학생의 21세기 생애역량 준비도, 석사학위 논문, 이화여자대학교 대학원

알아두기 미래 간호 인재 양성에 필요한 핵심 역량★21

급변하는 의료 환경 속에서 복잡하고 다양한 미래의 건강 요구에 대응하고, 다학제 간 팀 중심으로 이루어지는 의료 서비스 안에서 미래의 4차 산업 혁명 시대를 이끌어 갈 수 있는 양질의 간호 인재가 갖추어야 할 핵심 역량

- **개인 사고 역량**(Personal thinking competencies): 개인이 상황을 인지하고 판단하는 데 필요한 지적 역량으로 비판적 사고, 문제 해결 능력, 창의성 등
- **직무 역량**(Task competencies): 간호사로서 실제 업무를 수행하거나 업무에 접근하기 위한 방법을 모색하는 데 필요한 역량으로 지식 및 기술의 통합 및 적용, 협력, 근거 기반 실무, 의사소통, 정보 기술 활용 능력, 건강 정책, 질 향상, 안전 등
- **전문직관 역량**(Professionalism competencies): 국내외 건강 관리 전달 체계 내에서 전문직인으로서의 역할과 관련한 역량으로 리더십, 전문직 표준/윤리적 법적 책임 의식, 전문직관, 자원 관리 능력, 연구, 자기 계발 능력 등
- **사회 정서 역량**(Socio-emotional competencies): 자신과 타인의 감정과 정서를 인식하여 상황에 맞게 자신을 적절하게 표현하고 조절하는 역량으로 자기 조절 및 관리, 배려, 성실함, 타인 존중 등

개인 사고 역량, 직무 역량, 전문직관 역량, 사회 정서 역량을 함양함으로써 보편적 지식 및 기술의 습득·심화·융합 능력을 갖추고, 대상자 및 사회 구성원과의 소통, 공감, 나눔, 협력을 실천하며, 간호 전문직 발전을 위하여 지속적으로 노력할 수 있는 전문직 간호사 및 글로벌 리더의 육성이 가능할 것으로 기대함

표 1-3_ 자기 탐색을 위해 활용할 수 있는 도구

번호	검사명	소요 시간	검사할 수 있는 곳
1	MBTI(성격 유형 검사)	60분	KPTI 온라인 심리 검사 센터
2	Strong 직업 흥미 검사	60분	KPTI 온라인 심리 검사 센터
3	Holland 적성 탐색 검사	60분	한국가이던스
4	직업 적성 검사	60분	한국고용정보원 워크넷(http://www.work.go.kr)
5	직업 가치관 검사	20분	한국고용정보원 워크넷(http://www.work.go.kr)
6	직업 선호도 검사(L형)	60분	한국고용정보원 워크넷(http://www.work.go.kr)
7	창업 적성 검사	20분	한국고용정보원 워크넷(http://www.work.go.kr)
8	대학생 진로 준비도 검사	20분	한국고용정보원 워크넷(http://www.work.go.kr)
9	구직 준비도 검사	20분	한국고용정보원 워크넷(http://www.work.go.kr)
10	진로 개발 준비도 검사	20분	한국고용정보원 워크넷(http://www.work.go.kr)
11	주요 능력 효능감 검사	20분	한국직업능력개발원 커리어넷(http://www.career.re.kr)
12	기타 진로 관련 검사	방문	각 대학 학생생활연구소/상담센터/종합인력개발센터

　　자신을 객관적으로 점검하고 탐색하는 데 활용할 수 있는 방법은 다양하다. [표 1-3]에 소개된 검사들은 자신을 탐색하는 데 자주 활용되는 대표적인 것들이다.[22]

　　개인의 성격을 이해하는 한 가지 방법으로 MBTI(Myers Briggs Type Indicator) 성격 유형 검사가 있다.[23] 융(Jung)의 성격 유형 발달 이론에 의하면 아이들은 태어날 때부터 자신의 성격 유형 형성에 바탕이 되는 선천적 경향을 가지고 태어나며 나이가 들어감에 따라 점차적으로 자신의 뚜렷한 신호 경향에 따라 성격 유형을

★21　Bang, K. S. (2021), 서울대학교 간호대학 BK '미래 간호인재 양성사업단'. Perspectives in Nursing Science, 18(1), 28-32.

★22　조성진(2015), 진로설계와 코칭리더십, 정민사, p. 234

★23　김정택, & 심혜숙(1995), MBTI 성장프로그램 안내서, 서울: 한국 심리검사 연구소, p. 19

표 1-4_ MBTI의 4가지 선호 지표

지 표	선호 경향	지 표
외향(E) Extroversion	• 에너지 방향(주의 초점) • 에너지의 방향은 어느 쪽인가?	내향(I) Introversion
감각(S) Sensing	• 정보 수집(인식 기능) • 무엇을 인식하는가?	직관(N) iNtuition
사고(T) Thinking	• 판단과 결정(판단의 기능) • 어떻게 결정하는가?	감정(F) Feeling
판단(J) Judging	• 행동 양식(생활 양식) • 채택하는 생활 양식은 무엇인가?	인식(P) Perceiving

발달시켜 나가게 된다고 한다. MBTI 검사는 이러한 융의 이론적 근거[24]를 바탕으로 하여 만들어진 것으로 현재 전 세계적으로 널리 사용되고 있는 성격 유형 검사이다. MBTI에서는 [표 1-4]와 같이 네 가지로 선호 지표를 분류하고 있으며 보다 자세한 내용은 '2장 나 자신 진단하기'에서 다룬다.

★24 조성진(2015), 진로설계와 코칭리더십, 정민사, p. 234

대인관계와 소통의 지혜

02 나 자신 진단하기

🎯 **학습목표**

1. 에니어그램을 통해 자신의 성격을 이해할 수 있다.
2. MBTI 성격 유형을 기술하고 대인관계에 적용할 수 있다.
3. TCI를 통해 자신의 기질과 성격을 파악할 수 있다.

💡 **개 요**

이 장에서는 에니어그램, MBTI 성격 분석, TCI 평가 도구를 통해 내면에 숨겨진 자기를 발견하고 개인 성장, 대인관계, 의사소통 스타일, 의사 결정 및 갈등 해결의 통찰력을 얻을 수 있다. 또한 자신에 대한 탐구를 통해 타인을 이해하고 공감함으로써 더욱 풍부하고 조화로운 관계를 조성할 수 있게 된다. 자신의 잠재성을 찾아 더 나은 방향으로 개선하고 보다 만족스러운 삶을 향해 자신의 고유한 특성을 활용할 수 있게 될 것이다.

1 숨겨진 나의 발견 : 에니어그램

에니어그램(Enneagram)은 아홉 가지로 이루어진 성격 유형과 각 유형들의 연관성을 표시한 기하학적 도형이다. 에니어그램이란 아홉이라는 뜻의 그리스어 에니어(ennea)와 그림이라는 뜻의 그라모스(grammos)에서 유래되었으며 아홉 개의 점으로 이루어진 그림이라는 뜻이다.[그림 2-1] 에니어그램에서 인간은 어린 시절부터 유전과 성장에 중요한 역할을 하는 부모나 친척, 친구와 같은 타인과의 관계 속에서 성격 유형이 형성된다고 본다. 형성된 기본 성격은 좀처럼 변화되지 않으나 건강하거나 건강하지 못하거나에 따라 역동성을 나타낸다.[1]

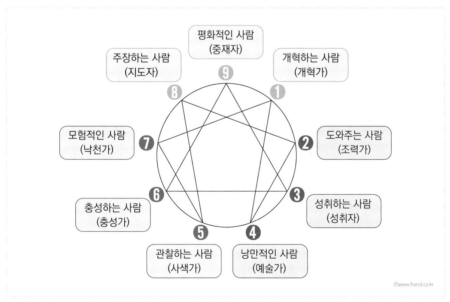

💬 그림 2-1_ 에니어그램 9가지 유형의 모형

📎 ★1 안효자 외(2021), 인간관계와 의사소통, p. 60

① 에니어그램의 의미와 목적

에니어그램은 9가지 유형의 특징적인 성격과 나와 다른 성격의 사람들을 만날 때 주의해야 할 점들을 알려주는 유용한 도구이다. 이것은 어떻게 자신의 근본적인 성격 안에 묶여 있는지 볼 수 있도록 도와줌으로써 자신의 진정한 깊은 내면을 볼 수 있게 한다. 또한, 자기 성격 유형의 주된 문제를 이해하며, 좋은 대인관계를 만드는 데 도움을 주는 동시에 단점에 대한 해결책을 찾도록 해준다.

에니어그램은 사람들의 성격이 '다름'의 문제이지 '틀림'의 차원은 아니라는 것을 말하는 것으로 이것을 활용하는 목적은 다음과 같다.[2]

첫째, 자신의 성격 유형을 이해하여 개선한다. 인간은 자신의 성격을 명확하게 들여다보고 이해함으로써 성장과 발전을 이룰 수 있다.

둘째, 타인의 성격 유형을 이해함으로써 인간관계를 개선한다. 타인의 성격 유형을 이해하며 서로의 차이를 인정한다면 긍정적인 인간관계를 만들 수 있다.

셋째, 자아 통합과 균형을 지지한다. 자신에게 내재된 성격에 대한 이해를 바탕으로 이를 균형적으로 발전시켜 자아를 통합할 수 있다.

넷째, 자신의 기질적 재능과 소질을 개발한다. 에니어그램을 활용하면 다양한 구성원들로 이루어진 조직의 역동을 이해하고 긍정적인 상승 효과를 이룰 수 있는 조직의 역동을 만드는 데 기여할 수 있다.[3]

② 에니어그램의 날개와 화살

에니어그램의 날개는 나의 유형 양쪽 옆에 있는 유형들이며 화살은 나의 유형과 선으로 연결된 두 가지 유형이다. 나의 성격은 날개 유형과 화살 유형의 영향을 받는다. 평화롭거나 변화와 성장의 순간에는 날개와 화살 유형의 긍정적 특성을 받아들이고, 스트레스 상황에서는 부정적 특성이 나타나게 된다. 9가지 유형에서 자신의 유형과 두 유형의 날개와 두 유형의 화살을 제외한 나머지 네 가지 유형의 특성은 가족이나 지인을 통해서가 아니면 접하기 어렵다. 에니어그램

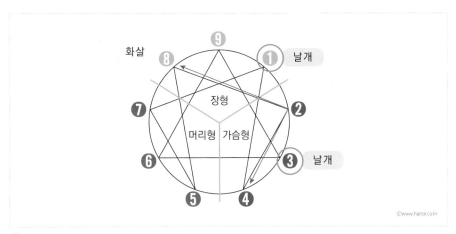

💬 그림 2-2_ 에니어그램 날개와 화살, 힘의 세 가지 중심

의 궁극적인 목적은 스스로 성장하기 위해 의도적으로 날개와 화살의 긍정적인 면은 받아들이고 부정적인 면은 피하려고 노력하는 것이다.[4] [그림 2-2]

★2 레니 바론, 엘리자베스 와켈리 지음(2021), 주혜명, 한병복, 김재원, 염지선 옮김(2021), 나를 찾는 에니어그램 상대를 아는 에니어그램, 연경문화사 p. 7
★3 양경희 외(2021), 건강한 인간관계를 위한 의사소통 기술. 한국간호연구학회 편, Pacific Books. p36~37
★4 레니 바론, 엘리자베스 와켈리 지음(2021), p. 11

③ 힘의 세 가지 중심

나 자신이 어떤 유형인가를 알기 위해서는 먼저 내가 어떤 중심에 속하는지 찾아야 한다. 힘의 세 가지 중심에는 장, 가슴, 머리가 있다.

장 중심 유형은 8, 9, 1유형으로 본능이 중심을 이루며 힘이 중요하다고 생각하기 때문에 자기중심적인 성향을 보인다. 이들이 주로 느끼는 감정은 분노이다. 분노를 다루기 위해 노력하지만 현실에 저항하기 때문에 공격과 관련된 문제를 가지고 있다.[그림 2-3]

💬 그림 2-3_ 장 중심 유형

가슴 중심 유형은 2, 3, 4유형으로 힘의 중심이 인간의 감정에 있으며 타인 배려형 성격 유형이다. 가슴 중심 유형의 감정은 불안과 수치심이다. 사람들과의 관계를 유지하면서 집단에 속해 있을 때는 안심하며 편안함을 느끼지만, 타인에게 인정받고자 하는 욕구가 강하기 때문에 인정받지 못할 때는 적대심을 갖는 것이 특징이다.[그림 2-4]

머리 중심 유형은 5, 6, 7유형으로 사고와 논리 중추가 발달한 사람이다. 미래 중심적이며 뇌와 신경계에 무게 중심이 있다. 머리 중심 유형의 감정은 두려움이다. 두려움을 다루기 위해 노력하지만, 불안과 안정의 공통된 문제를 가지고 있다. 세상을 살아가기 위해 전략과 공식을 만드는데, 이것이 막혀 있을 때 두

💬 그림 2-4_ 가슴 중심 유형

려움을 느낀다. 하지만 의존을 극복하려고 시도하며 미래에 관심이 많다.[그림 2-5] 중심이 같은 사람끼리는 비교적 쉽게 소통할 수 있다. 물론 다른 중심을 가진 사람과도 친밀한 이해관계를 형성한다면 균형 잡힌 성격을 만드는 데 큰 도움을 받을 수 있다.[5]

💬 그림 2-5_ 머리 중심 유형

★5 레니 바론, 엘리자베스 와켈리 지음(2021), p. 9

④ 에니어그램 성격 유형별 인간관계

(1) 관계 중심 장형

❶ 8유형- 주장하는 사람

독립적이고 강해지려고 노력하며 세상에 영향력을 행사하려는 욕구에 따라 행동한다. 자신감과 에너지가 넘치고 결단력이 있으며 남을 잘 보호해주는 긍정적인 모습이 있는가 하면 자기중심적이고 남을 지배하려고 하며 지나치게 공격적이고 소유욕이 강한 부정적인 모습도 있다.

이런 사람은 다른 사람의 의견을 무시하는 경향이 있기 때문에 이들을 대할 때는 자기 뜻대로 하지 못하게 당당히 의견을 표현해야 한다. 또한, 화가 많이 난 것 같으면 일단 화가 가라앉기를 기다리는 것이 좋으며 맞대응하지 않는 것이 좋다. 정직하고 솔직하게 속마음을 털어놓고 자신의 생각을 이야기하도록 한다.

❷ 9유형 – 평화적인 사람

이들은 조화를 이루며 살아가기 원하고 갈등은 피하며 사람들과 잘 지내고자 하는 욕구에 따라 행동한다. 무엇이든 잘 받아들이고 인내심이 많으며 공감을 잘한다. 다른 사람을 판단하지 않고 잘 지지해 주며 무엇이든 수용하려는 사람이다. 그러나 자기주장을 잘 표현하지 못하거나 강박적이거나 지나치게 순응하려는 모습도 있다.

9유형에게는 감정을 표현해 주는 것이 좋으며 결정의 순간에는 시간이 걸려도 기다려 주는 것이 좋다. 공손히 부탁하면 잘 받아들이지만 명령하듯이 말하면 몹시 불편해하며 반항하기도 한다. 이들에게는 거절이 관계를 끝내는 것이 아니라는 것을 알려주어야 하며 남이 원하는 것을 따르기보다 자기 욕구를 표현할 기회를 주도록 한다.

❸ 1유형 - 개혁하는 사람

자신을 더 나은 방향으로 발전시키고 바르게 살고자 하는 욕구에 따라 행동하며 꼼꼼하고 까다로운 완벽주의 성향이 강하다. 긍정적인 모습일 때는 도덕적, 생산적, 이상주의적이며 정직하고 신뢰할 수 있으나 부정적인 모습일 때는 판단하고 통제하려 하며 융통성이 없고 고집이 강한 편이다.

1유형들은 공정한 것을 좋아하고 항상 예의를 지킨다. 이들에게는 갈등이 생기면 비판보다는 진심으로 이해하고 있다는 것을 보여 주는 것이 좋다. 모든 일에 체계적이고 질서정연하며 시간을 잘 지키는 것을 좋아한다. 이들에게는 항상 완벽하지 않아도 된다고 다독여 준다.

(2) 느낌 중심 가슴형

❶ 2유형 - 도와주는 사람

사람들에게 사랑받고 가치 있게 대우받고 싶은 욕구에 따라 행동한다. 긍정적인 감정 표현을 좋아하고 주변 사람에게 의존하는 경향이 있다. 긍정적인 모습으로 다정하고 따뜻하며 적응을 잘하고 항상 고마워한다. 그리고 감정을 잘 알아차리고 표현을 잘하는 친근한 모습이다. 반면 소유욕이 강하며 진실하지 못할 때도 있고, 때론 신경질적이고 돌려서 말하거나 감정을 드러내놓고 표현하기도 한다. 다른 사람을 조정하려고 하는 부정적인 모습도 있다.

2유형과 잘 지내려면 독립과 의존 사이에서 갈등할 때 좋아하는 일을 함께 하면서 자유와 여유를 주되, 자신이 도움받는 방법을 배우도록 격려하는 것이 좋

다. 이들은 다른 사람들 앞에서 자기를 좋아한다는 것을 표현해 주기를 원하지만, 상대방이 듣고 싶어 하는 말보다 자신이 느끼는 것을 솔직하게 말하도록 하는 것이 도움이 된다.

❷ 3유형 - 성취하는 사람

사람들에게 인정받기 위해 성공을 추구하며 생산적이고 효율적인 사람이 되고 싶은 욕구에 따라 행동한다. 자신의 느낌보다 다른 사람의 반응과 평가에 더 집중하는 경향이 있다. 열정이 넘치고 효율적이며, 낙관적이고 책임감이 강하며 통솔력이 있다. 반면 자기중심적이며 가식적인 모습이 있고 겉모습을 중시하며 지나치게 경쟁적이다. 또한 허영심이 있고, 방어적이고 기회주의자이며 다른 사람에게 앙심을 품는 부정적인 모습이 있다.

3유형은 그들의 성공과 성취를 인정해 주고 근면성과 성실함을 높이 평가해 주는 것을 좋아한다. 이들에게는 자신의 생활도 즐길 수 있도록 격려해 주되, 조언은 정직하게 객관적으로 하는 것이 좋다. 목적에 의한 인간관계가 아니라 깊은 관계로 발전할 수 있도록 도와주어야 한다.

❸ 4유형 - 낭만적인 사람

자신의 느낌을 이해하려고 하는 사람이다. 찾지 못하거나 잃어버린 것, 인생의 의미를 찾고 싶은 욕구에 따라 행동한다. 일상적이거나 평범한 것을 벗어나려 하고 상상력이 풍부하며 예술적인 감성을 지녔다는 점에서 낭만적이다. 표현력이 탁월하고 창의적이며, 재치와 품위가 있고 따뜻하게 타인을 잘 지지하는 긍정적인 모습이 있다.

반면 신경질적이고 위축되고 자신에게만 몰입하며, 쉽게 상처받고 우울해하기 때문에 정서적인 돌봄이 필요하다. 때론 비판적이며 자기 마음대로 하려는 부정적인 모습도 있다. 4유형들은 그들의 창의성과 감수성, 감정의 깊이를 높이 평가해 주어야 한다. 사교적인 모습을 강요하지 말고 진심으로 직언해 줄 사람이 필요하다고 알려준다.

(3) 행동 중심 머리형

❶ 5유형 – 관찰하는 사람

무엇이든 알려고 하고 이해하려고 하며 두려움이 많고 사람들의 존재에 지나치게 예민하다. 정보를 모으고 혼자서 자기 관심사를 추구하는 것을 좋아한다. 또한 차분하고 호기심이 많으며 통찰력이 있고 친절하다. 반면 부정적인 모습으로는 논쟁을 좋아하고 고집스럽고 거만하며 타인을 판단하려고 한다. 인간관계에 거리를 두면서 사람들을 멀리하며 인색한 모습을 보이기도 한다.

5유형들에게는 단도직입적으로 간결하게 말해야 하고 일이나 생각에 몰두하는 동안에는 혼자 조용히 있도록 시간과 자리를 배려해 준다. 이들은 자신에게 관심이 집중되는 것을 싫어한다. 이들에게는 감정을 내세우지 말고 객관적으로 문제를 해결하도록 도와주어야 한다. 자신의 생각과 판단이 모두 정답이 아님을 알려주고 다른 사람의 의견도 들을 수 있도록 격려해 준다.

❷ 6유형 – 충성하는 사람

안전하고 싶은 욕구에 의해 행동한다. 보통 조심성과 불평이 많으며 권위 있는 사람의 보호를 받으려고 노력한다. 6유형은 공포에 순응하는 유형과 공포에 대항하는 유형으로 나눌 수 있으나 대부분 두 가지 특성을 함께 지니고 있다. 긍정적인 모습은 호기심이 많고 충직하고 연민이 있으며, 책임감이 강하고 정직하여 믿을 수 있다. 남을 잘 보살펴 주고 동정심이 있다. 반면 부정적인 모습은 불안해하고 통제하거나 방어적이다. 예측할 수 없으며 지나치게 조심스러워 때론 편집증 증세의 모습이 나타날 수 있다.

6유형들은 그들의 충직, 지성, 연민, 재치, 비상사태나 위기 상황을 극복하는 능력을 높이 평가해 준다. 이들은 아첨이나 이유 없는 친절, 빙빙 돌려서 말하는 것을 싫어하며, 화를 낼 때 같이 화를 내면 불난 집에 부채질하는 것과 같기 때문에 한발 물러서서 분노가 가라앉기를 기다리는 것이 좋다.

❸ 7유형 - 모험적인 사람

행복을 원하고 사회에 공헌하기 좋아하며 고통과 어려움을 피하고자 하는 욕구에 의해 행동한다. 많은 일을 계획하고 바쁘게 움직이면서 자기 불안을 거부하거나 억누르게 된다. 긍정적인 모습을 보일 때는 열정적이고 활력이 넘치고 쾌활하며 매력적이다. 또한 호기심이 많고 상상력이 풍부하여 재미를 추구하고 밝게 생각하는 경향이 있다. 반면 부정적인 모습일 때는 자기중심적이고 충동적이며 고집스럽고 방어적이다.

7유형들은 어려움을 부정하거나 감추는 경향이 있기 때문에 자신의 감정을 더 차분히 돌아보고 내면의 두려움을 인지하도록 도와주어야 한다. 충동적으로 약속하거나 행동하지 않도록 주의를 주며, 지나치게 무례하거나 상대와 맞지 않는다면 한발 물러서서 떨어져 지내는 것도 좋다. 단 모든 문제에서 물러서지 않도록 해야 한다.

⑤ 에니어그램 활용 시 유의할 점

- 자기의 유형은 자신이 찾는다.
- 현재의 모습보다는 어린 시절 모습을 기준으로 자신의 유형을 찾는다.
- 자신의 유형을 내세워 자기 행동을 정당화하거나 성격을 고정시키지 않도록 한다.
- 더 나은 자기 이미지를 위한 목적으로 에니어그램을 이용하지 않는다.
- 타인을 유형 번호로 단정하고 판단하지 않는다.
- 모든 유형이 장단점을 갖고 있으며 어떤 유형이 우월하거나 열등한 것이 아니다.
- 성격은 고정된 것이 아니라 지속적으로 변화하는 역동적인 것이다.
- 다른 유형의 삶의 방식을 이해하고 아름다운 점을 배우도록 한다.[6]

2 ● 나의 대인관계 특성 : MBTI

1 MBTI의 정의 및 이해

MBTI(Myers-Briggs Type Indicator, MBTI)는 칼 융(Carl G, Jung)의 심리 유형 이론을 근거로 캐서린 브릭스(Katharine C. Briggs)와 이사벨 마이어스(Isabel B. Myers), 피터 마이어스(Peter Meyers)까지 3대에 걸쳐 70년 동안 연구 개발된 비진단성 성격 유형 검사이다. MBTI 검사는 모든 사람은 저마다 다르지만 어떤 공통된 특징에 따라 4개의 척도에 근거하여 16가지 성격 유형으로 분류하고 있다. 사람들의 다양한 행동이 우연에 의한 것이 아니라 몇 가지 기본적인 선호 경향의 차이에서 비롯되었다고 본다.

융의 심리 유형 이론은 인간 행동이 그 다양성으로 인해 종잡을 수 없는 것같이 보여도 사실은 아주 질서정연하고 일관된 경향이 있다는 데서 출발했다. 그리고 인간 행동의 다양성은 개인이 인식하고 판단하는 특징이 다르기 때문이라고 한다. 여기에서 인식이란 개인이 사물, 사람, 사건 또는 아이디어를 깨닫게 되는 모든 방법이며 감각과 직관으로 나누어 정보를 수집한다. 판단은 인식한 내용을 바탕으로 사고와 감성을 기준으로 두고 결론을 내리는 방식이다.[그림 2-6][7]

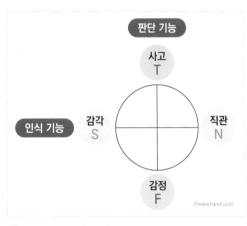

💬 그림 2-6_ 융(Jung)의 심리 유형론

★6 김정숙, 위휘, 김덕진, 정명실 공저(2021), 인간관계와 의사소통, 수문사, p. 56
★7 Jung의 심리유형론(주, 한국MBTI연구소)

② MBTI의 4가지 선호 지표

융의 심리 유형론에 따르면 선호 경향이란 선천적으로 인간에게 잠재되어 있는 경향성을 말한다. 사람은 오른손과 왼손을 다 쓸 수 있으나 갑자기 손을 내밀어야 할 경우 오른손잡이는 오른손이, 왼손잡이는 왼손이 먼저 나간다. 이는 자기가 편한 쪽을 먼저 사용하려는 경향이 있고 더 편하고 선호하는 방향으로 일할 때 능률을 높일 수 있기 때문이다. 이처럼 사람은 자기가 선호하는 기능이나 태도를 자주 사용하게 된다. MBTI 검사는 두 가지 반대되는 경향 가운데 어떤 것을 주로 사용하는가를 알아보는 것이다. 또한 자기 이해를 바탕으로 자신의 선호 경향성에 따른 성격, 진로, 심리적 특성 등을 알려주며 에너지의 방향, 인식 기능, 판단 기능, 생활 양식이라는 4가지 선호 경향에 따라 16가지 성격 유형으로 구성되어 있다.[8][그림 2-7]

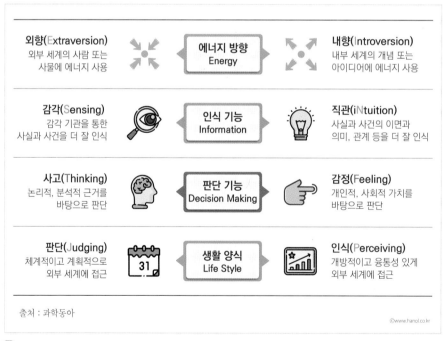

출처 : 과학동아

©www.hanol.co.kr

💬 그림 2-7_ MBTI의 4가지 선호 경향

③ 16가지 성격 유형과 심리 유형론

MBTI 도구를 만든 목적은 사람들이 일상생활에서 쉽게 이해하고 활용할 수 있도록 하는 것이다. 융의 이론에 의하면 16가지 성격 유형은 4가지 선호 지표 각각의 한쪽 선호들의 조합으로 이루어진다. 위 [그림 2-7]의 유형 도표의 세로줄은 심리 기능의 선호를 나타내는데, 심리 기능이란 개인이 외부와 상호 작용하는 데 있어서 그 자신의 고유한 반응 양식을 가지게 되는 일관된 내재적 심리 경향성이라고 볼 수 있다.

기능별로 ST, SF, NF, NT의 네 가지로 분류하며 특징이 다르게 나타난다. 이 사벨 마이어스(Isabel Myers)는 직업 선택 등에 가장 많이 영향을 주는 인식 기능과 판단 기능에 초점을 맞추고 있기 때문에 심리 기능 유형이 선호 집단 중 가장 중요하다고 생각했다.

★8 김정택, 심혜숙(2015), MBTI 16가지 성격유형의 특성, 어세스타

ISTJ 세상의 소금형	ISFJ 임금 뒤편의 권력형	INFJ 예언자형	INTJ 과학자형
한번 시작한 일은 끝까지 해내는 사람들	성실하고 온화하며 협조를 잘하는 사람들	사람과 관련된 뛰어난 통찰력을 가지고 있는 사람들	전체적인 부분을 조합하여 비전을 제시하는 사람들
ISTP 백과사전형	ISFP 성인군자형	INFP 잔다르크형	INTP 아이디어 뱅크형
논리적이고 뛰어난 상황 적응력을 가지고 있는 사람들	따뜻한 감성을 가지고 있는 겸손한 사람들	이상적인 세상을 만들어 가는 사람들	비평적인 관점을 가지고 있는 뛰어난 전략가들
ESTP 수완 좋은 활동가형	ESFP 사교적인 유형	ENFP 스파크형	ENTP 발명가형
친구, 운동, 음식 등 다양한 활동을 선호하는 사람들	분위기를 고조시키는 우호적인 사람들	열정적인 새로운 관계를 만드는 사람들	풍부한 상상력을 가지고 새로운 것에 도전하는 사람들
ESTJ 사업가형	ESFJ 친선 도모형	ENFJ 언변 능숙형	ENTJ 지도자형
사무적, 실용적, 현실적으로 일을 많이 하는 사람들	친절과 현실감을 바탕으로 타인에게 봉사하는 사람들	타인의 성장을 도모하고 협동하는 사람들	비전을 가지고 사람들을 활력적으로 이끌어가는 사람들

©www.hanol.co.kr

💬 그림 2-8_ MBTI 16가지 성격 유형의 특성

유형 도표의 가로줄은 태도 지표로 에너지 방향을 나타내는 외향과 내향(E-I), 외부 세계에 대처하는 생활 양식인 인식과 판단(J-P)의 조합으로 구성되며 IJ, IP, EP, EJ의 네 가지로 분류되어 있다.[9][그림 2-8]

(1) 심리 기능

❶ ST 기능의 특징(실질적이고 사실적인 유형)

ST 기능은 인식을 위해 감각을 사용하고 판단은 주로 사고에 의존한다. 실제적이고 현실적인 데이터를 중요하게 여기며 오감(보고, 듣고, 만지고, 맛보고, 냄새 맡기)을 통해 직접적으로 수집하고 확인한다. ST 유형은 자신이 신뢰하는 것이 사고이기 때문에 원인에서 결과에 이르기까지 직선적이고 논리적인 추론 과정과 객관적인 분석을 거쳐 현실적으로 대안을 제시한다.

🔍 보완점

ST의 반대는 NF이다. 보완해야 할 점은 직관과 감정으로 상대의 창의적인 대안에 열린 마음으로 대하는 것이다. 또한 상대방의 감정을 고려하여 부드럽게 지적하고 칭찬을 많이 할 필요가 있다.

❷ SF 기능의 특징(동정적이고 우호적인 유형)

SF 기능은 감각형(S)의 현실성, 구체성, 사실성과 감정형(F)의 인간 중심, 공감, 감정 고려의 특징이 조합된 기능이다. 조직 내에서 인간성을 중요하게 생각하고 인간적인 아름다움과 따뜻함이 있는 사람들이다. 사람들에게 친절하고 타인의 감정을 고려하며 실제적인 도움을 주는 것을 좋아한다. 상대방에 대한 비난이나 비판 없이 개방적이고 진실한 접근으로 의사소통하며 공동의 의견 일치를 위한 과정을 중요하게 여긴다. 또한 가설보다는 구체적이고 실제적인 것에 초점을 둔다.

🔍 보완점

SF의 반대는 NT이다. 보완해야 할 점은 직관 및 사고와 관련된 부분이다. 변화에 대해 열린 마음을 가지며 감정과 인간관계에서 벗어나 객관적이고 공정할 필요가 있다.

★9 Isable Briggs Myers, Mary H. McCaulley Naomi L. Quenk, Allen L. Hammer 지음, 김정택, 심혜숙 역(2015), MBTI Form M 매뉴얼, 어세스타, p. 37~48

③ NF 기능의 특징(열정적, 통찰적인 유형)

NF 기능은 직관형(N)의 미래 가능성, 상상, 창조성과 감각형(F)의 인간 중심, 공감, 감정 고려의 특징이 조합된 기능이다. 통찰력이 있고 자신과 타인의 자아 성장에 관심이 많다. 조직 내에서 조화로운 관계를 형성하고 인간적인 따뜻함을 가지고 주의 깊게 경청한다. 상대방이 이해할 때까지 의미와 의도를 명료화시키며 사람에게 중요한 가치를 다루고 강점을 칭찬한다. 평온하고 긍정적인 상호작용을 하며 따뜻하게 지지한다.

🔍 보완점

NF의 반대는 ST이다. 구체적인 사실들을 나열해 볼 필요가 있으며 감정과 인간관계에서 벗어나 객관적이고 공정할 필요가 있다. 현재 현실적으로 무엇이 더 수행되어야 하는지 자문해보고 세부적인 사항 중 자신이 못 보고 있는 것이 무엇인지 살펴볼 필요가 있다.

④ NT 기능의 특징(논리적, 창의적인 유형)

NT 기능은 직관형(N)의 미래 가능성, 상상, 창조성과 사고형(T)의 업무 중심, 논리성, 분석적 특징이 조합된 기능이다. 이 기능의 특징은 큰 그림을 보는 통찰력이 있고 미래의 가능성을 논리적 근거에 의해 바라본다는 점이다. 창조적이고 분석적이며 혁신할 준비가 되어 있으며 지적 호기심이 높아 학구적인 사람들이다. 원칙에 따라 큰 그림을 우선적으로 고려하며, 다양한 대안을 염두에 두어 전략을 짜고자 한다. 새롭고 다른 것들을 시도하려 하며 근본적인 원칙들을 이성적으로 설명한다.

🔍 보완점

NT의 반대는 SF이다. 세부 사항 중 빠뜨린 것이 있는지 확인할 필요가 있으며, 구체적인 사실들을 나열해 보고 현재 현실적으로 더 수행해야 하는 것이 무엇인지 찾아본다. 상대방의 감정을 고려하여 부드럽게 지적해야 하며 칭찬을 많이 해주는 것이 좋다.[10]

(2) 태도 지표

❶ I-J 유형 (결정 지향적 내향형)

내관적이고 끈기 있다. 의사가 확고하여 무엇을 쉽게 믿지 않으며 확실하고 강력한 자료나 결론에 선행하는 확실한 데이터가 제공되지 않으면 변화시키기 쉽지 않다. 이러한 사람들은 농담도 미리 준비해서 무겁게 한다.

❷ I-P 유형 (적응력 있는 내향형)

내관적이고 작은 일에도 적응을 잘한다. 그러나 중요한 문제에는 확고해서 쉽게 움직이려 하지 않는 태도를 보인다. 업무의 효율성을 중시하며 업무 환경의 변화에 잘 적응하는 반면 직업에 있어서의 우유부단함, 불만족, 몇몇 인간적인 어려움과 관계상의 어려움으로 상처받기 쉬울 수 있다.

❸ E-P 유형 (적응력 있는 외향형)

탐험적이고 활동적이며 에너지가 넘치고 사교적이다. 다양한 경험을 추구하는 태도를 가지고 있으며 새로운 경험들을 찾는다. 외부에서 에너지를 끌어들이며 외부 세계와 상호 작용하는 자신들의 능력에 대해 낙관적이다. 이들은 극강의 자유로움과 활동성으로 행동하고 체험하면서 배우고자 한다. 누군가나 무언가에 통제되는 것을 매우 힘들어 한다.

❹ E-J 유형 (결정 지향적 외향형)

행동을 추진하고 빠르게 움직이며 결정 지향적이다. 솔선수범하고 일 처리에 있어서도 주도적인 입장을 취한다. 천성적인 리더로써 판단 능력이 뛰어나 쉽게 결론에 이르도록 하여 관련된 일들을 성취하는 것으로 나타난다.[11]

★10 성기원·최영임·황승숙 공저(2022), MBTI와 함께하는 대인관계 능력. 다온출판사, p. 70~82 (주)한국MBTI연구소

★11 Isable Briggs Myers, Mary H. McCaulley Naomi L. Quenk, Allen L. Hammer지음, 김정택, 심혜숙 역(2015), MBTI Form M 매뉴얼, 어세스타, p. 37~48

④ MBTI 활용 시 유의할 점

- MBTI는 성격에 대한 결론을 내리는 잣대가 아니라 자기 탐색을 돕는 하나의 도구이다.
- 성격 유형이 모든 것을 설명해 주지는 않는다. 16개의 각 성격 유형 안에서도 아주 다양한 성격적 특성들이 있고 각자의 독특성과 가치를 가지고 있어서 똑같은 ISTJ 유형이라도 완전히 동일한 유형을 가진 사람은 존재할 수 없다. 즉 동일한 유형의 사람이 많아도 그 유형 안에서 자신만의 고유한 특성이 있다는 것이다.
- 유형이 모든 문제를 설명하지는 않지만, 다른 사람들의 개인적인 가치를 좀 더 깊이 이해할 수 있게 하여 그들의 말과 행동에 대해 논리적으로 설명할 수 있는 모델을 제공해 준다.
- 어떤 유형도 다른 유형보다 더 우수하다고 평가할 수는 없다. 모든 유형은 그 자체의 장점과 개발해야 할 점을 모두 가지고 있기 때문이다.
- 유형 개발의 목표는 선호하는 기능은 더 발달시키고 덜 선호하는 기능은 어느 정도 활용할 수 있는 상태로 개발하는 데 있다.

③ 나의 성격과 기질 발견(TCI)

① TCI 소개

　기질 및 성격 검사(Temperament and Character Inventory, TCI)는 미국 워싱턴 대학교 교수 클로닝거(C. R. Cloninger)의 심리 생물학적 인성 모델에 기초하여 개발된 검사로 한 개인의 기질 및 성격을 측정하기 위한 검사이다. 이것은 기질을 측정하는 4개의

💬 그림 2-9_ 기질 및 성격

척도와 성격을 측정하는 3개의 척도 등 모두 7개의 기본 척도로 이루어져 있다.

클로닝거(Cloninger)의 심리 생물학적 인성 모델에서는 인성(Personality)을 이루는 두 개의 큰 구조로 기질(Temperament)과 성격(Character)을 구분하고 있다.[그림 2-9] TCI는 기존의 다른 인성 검사들과 달리 한 개인의 기질과 성격을 구분하여 측정할 수 있으며, 기질과 성격의 분리로 인해서 인성 발달에 영향을 미친 유전적 영향과 환경적 영향을 구분해 인성 발달 과정을 이해하는 데 도움을 준다.

② 기질 및 성격

기질은 자극에 대해 자동적으로 일어나는 정서적 반응 성향이다. 유전적으로 타고난 것으로 인성 발달의 중요한 기본 틀이 된다. 반면, 성격은 의식적으로 추구하는 목표와 자기 개념에서의 개인차와 관련되어 있다. 성격은 기질이라는 기본 틀을 바탕으로 환경과 상호 작용 속에서 형성되는 것이며 사회 문화적 학습의 영향을 통해 일생 동안 지속적으로 발달한다. 성격은 기질에 의한 자동적인 정서 반응으로 조절된다. 즉, 타고난 기질과 환경 속에서 만들어진 성격으로 개인의 고유한 인격(personality)을 종합적으로 확인할 수 있다.

③ 7개의 기질 및 성격 척도

TCI를 통해 측정할 때 기질 차원은 4가지 차원이 있다. 즉 새롭거나 신기한 자극, 잠재적인 보상 단서에 끌리면서 행동이 활성화되는 자극 추구, 위험하거나 혐오스러운 자극에 대해 행동이 억제되고 위축되는 위험 회피, 사회적 보상 신호(타인의 표정 및 감정 등)에 강하게 반응하는 사회적 민감성, 지속적인 강화가 없어도 한번 보상된 행동을 꾸준히 지속하려는 인내력이 있다.

3가지 성격 차원은 자신이 선택한 목표와 가치를 이룰 수 있도록 상황을 만들어 가는 능력의 자율성, 자기 자신을 사회의 통합적인 한 부분으로 지각할 수 있는 정도의 연대감, 우주 만물과 자연을 수용하고 동일시하며 이들과 일체감을 느끼는 능력에서 개인차의 자기 초월 차원이다.

이러한 7가지 기질과 성격의 차원들이 서로 상호 작용하면 한 개인의 삶이 적응해가는 양상을 만들어낸다. 7개의 기질 및 성격 척도와 각각의 하위 척도들이 측정하는 내용이 무엇인지 알면 높은 점수를 보이는 사람과 낮은 점수를 보이는 사람이 각각 어떤 특징이 있는지 확인할 수 있다.[12]

(1) 4가지 기질 차원의 특징과 장단점

❶ 자극 추구

자극 추구(novelty seeking) 차원이 높은 사람들의 장점은 새롭고 낯선 것일지라도 열정적으로 탐색하는 것이다. 단점은 욕구가 좌절될 때 쉽게 화를 내거나 의욕을 상실한다는 것이다. 반면 자극 추구 차원이 낮은 사람들의 장점은 신중하고 좌절을 잘 견디며 매사에 체계적이다. 단점으로는 느리고 융통성이 없다.[13]

❷ 위험 회피

위험 회피 차원이 높은 사람의 장점은 위험이 예상되는 상황에서 미리 조심스럽게 세심한 대비를 하기 때문에 실제 위험이 생겼을 때 사전 계획과 준비가 큰 도움이 된다. 그러나 위험이 현실적이지 않을 때에도 불필요한 걱정을 한다는 단점이 있다. 반면 위험 회피 차원이 낮은 사람은 위험과 불확실성에 직면했을 때 자신감이 있고 낙관적이어서 큰 고통 없이 열정적인 노력을 하는 장점이 있지만, 무모한 낙관주의로 인해 위험에 둔감한 것은 단점으로 작용한다.[14]

❸ 사회적 민감성

사회적 민감성(reward dependence) 차원이 높은 사람은 사회적 보상 신호와 타인의 감정에 민감하기 때문에 따뜻한 사회적 관계를 더 쉽게 형성하고 타인의 감정을 더 잘 이해할 수 있는 장점이 있다. 단점은 타인에 의해서 자신의 견해와 감정이 곧잘 영향을 받기 때문에 객관성을 상실하는 경우가 많다.

사회적 민감성 차원이 낮은 사람은 감정적 호소로부터 독립성을 유지할 수 있기 때문에 다른 사람의 좋은 기분을 위해 현실을 이탈하지 않고 객관적인 견해를 유지할 수 있는 장점이 있다. 그러나 이러한 사회적 분리 성향이 자신에게 유익한 사회적 친분 관계를 맺는 데 방해가 되는 단점도 있다.[15]

❹ 인내력

인내력(persistence) 차원이 높은 사람은 높은 인내력으로 보상 확률이 일정하게 안정적일 때는 적응적인 행동 책략이 될 수 있다는 장점이 있다. 그러나 보상이 우연히 주어지거나 빠르게 변화하는 상황에서는 인내력이 부적응적인 책략이 될 수 있다. 인내력 차원이 낮은 사람은 보상이 빠르게 변하는 상황에서 적응적인 책략이 될 수 있는 반면, 보상이 자주 있지 않거나 장시간 후에 보상이 주어지는 상황에서는 부적응적인 책략이 될 수 있다.

[12] 민병배, 오현숙, 이주영 공저(2007), TCI 기질 및 성격검사 매뉴얼. 마음사랑, p. 6, p. 15
[13] 민병배, 오현숙, 이주영,(2007), p. 15, p. 17
[14] 민병배, 오현숙, 이주영(2007), p. 19
[15] 민병배, 오현숙, 이주영 공저(2007), p. 21

(2) 3가지 성격 차원의 특징 및 장단점

❶ 자율성

자율성(self-directedness)의 정의는 자신이 선택한 목표와 가치를 이루기 위해 자신의 행동을 상황에 맞게 통제, 조절, 적응시키는 능력이다. 자율성을 높이는 것은 중요하다. 자율성 차원이 높은 사람은 자신이 선택한 목표에 맞게 행동을 조절할 수 있는 능력을 가진 사람이다. 그러나 권위 있는 다른 사람으로부터 자신의 목표나 가치와 어긋나는 명령이나 지시를 받았을 때 그 명령에 따르기보다는 이에 도전하기 때문에 때론 반항아로 비칠 수 있다. 자율성 차원이 낮은 사람은 자신의 개인적 목표나 가치에 따라 행동하기보다는 외부 환경의 자극과 압력에 반응하여 행동이 이끌리는 경향을 보인다.

❷ 연대감

연대감(cooperativeness)이란 다른 사람과의 관계 속에서 타인의 상황을 이해하고 조화롭게 지내는 능력을 말한다. 연대감 차원이 높은 사람은 팀워크에 있어서 조화롭고 균형 있는 관계를 이루는데, 독자적으로 행동하기를 선호하는 사람들에게는 보기 힘든 자질이다. 연대감 차원이 낮은 사람은 독자적으로 행동하는 것을 더 선호하는 특징이 있다. 이러한 특성은 또래나 동료들과의 사회적 관계를 이루는 데 장애가 된다. 예를 들어 학급의 리더가 자율성은 높지만 연대감이 낮다면 그 리더는 공감과 동정심, 윤리적 원칙의 결여로 독재적인 지도자로 보이게 된다.

❸ 자기 초월

정신적인 세계에 몰두하거나 우주 만물과 자연을 수용하여 동일시하며 이들과 일체감을 느끼는 능력을 말한다. 자기 초월(self-transcendence) 점수가 높은 사람은 최선을 다했는데도 불구하고 실패했을 때 이를 기꺼이 받아들이며 성공뿐 아니라 실패에도 감사할 줄 아는 겸손한 사람으로 보인다. 그러나 때로는 순진한

마술적 사고와 주관적 이상주의에 빠진 사람이라고 비판받기도 한다. 자기 초월 점수가 낮은 사람은 자신이 현재 가진 것만으로는 만족할 수 없는 사람으로 비치며, 매사에 합리적이고 과학적인 객관성을 추구하며 물질적 성공을 이룬 사람이라고 칭송받기도 한다. 특히 고통과 죽음을 평온하게 받아들이는 게 어려워 노년기에 부적응을 경험하기도 한다.[16]

④ TCI의 해석

TCI는 한 개인의 인성과 감정에 대한 구체적이고 포괄적인 정보와 각자의 다양한 삶의 경험에 반응하는 행동 및 대인관계를 맺는 방식을 제공한다. 한국형 TCI에서는 기질 유형과 성격 유형은 각각 27개의 유형으로 분류하여 3분 분할 점으로 나타낸다. 검사 결과는 T 점수와 백분위 점수로 나타나는데, H(High)는 T 점수 55점 이상(백분위 점수 70점 이상), M(Medium)은 T 점수 45점 이상~55점 이하(백분위 점수 30점 이상~70점 이하), L(Low)은 T 점수 45점 이하(백분위 점수 30점 이하)로 해석한다.[표 2-1]

실질적으로 성격의 자율성과 연대감 백분위 점수가 모두 30점 미만이거나 자율성과 연대감의 합산 백분위 점수가 30점 미만인 경우, 적응상의 어려움을 보

★16 민병배, 오현숙, 이주영(2007), p. 23~28

표 2-1_ 한국판 TCI의 유형 분류를 위해 사용된 3분 분할점 점수표

구 분	T 점수 범위	백분위 점수 범위	비 율
High(높음)	55 < T	70 ≤ P	30%
Medium(중간)	45 ≤ T ≤ 55	30 < P < 70	40%
Low(낮음)	T < 45	P ≤ 30	30%

이고 미성숙하며 성격 장애를 보일 가능성이 높다고 평가한다. TCI 검사를 통해 백분위 점수 중앙에서 많이 벗어난 것들에 대한 내용들로 개인이 가진 기질의 취약성과 강점을 파악하여 성격을 조절할 수 있도록 하며, 성격의 발달과 성숙을 통해 자신을 변화시켜 나갈 수 있도록 할 수 있다.

⑤ TCI 활용과 유의할 점

- TCI 점수가 같은 점수라도 대상자의 호소 문제, 현재 처한 상황, 전반적인 적응 수준에 따라 다르게 해석될 수 있으므로 전문가는 결과지와 대상자와의 면담을 종합하여 해석한다.
- TCI 검사는 대상자가 솔직하게 응답할 수 있도록 주변의 방해를 받지 않는 공간에서 검사자의 지도 감독하에 실시하도록 한다.
- 평균에 가까운 점수를 보이는 대상자일수록 상황에 따라 반응이 달라질 수 있다는 점을 고려한다.
- 개인의 기질 유형은 그의 고유한 행동 양식을 기술해 줄 수 있을 뿐 그 행동의 성숙 혹은 미성숙까지 예언하지 못한다.
- 기질 차원은 개인의 성격 장애의 하위 유형을 잘 예측해 주지만, 성격 장애의 유무 및 정도를 말해주지는 않는다.[17]

[17] 민병배, 오현숙, 이주영 공저(2007), TCI 기질 및 성격검사 매뉴얼. 마음사랑, p. 66~76

대인관계와 **소통의 지혜**

Chapter 03

타인 이해하기

🎯 학습목표

1. 조하리의 창을 통해 나와 타인의 대인관계 유형을 파악할 수 있다.
2. 매슬로의 욕구 이론을 통해 나와 타인의 욕구에 대해 살펴보고 이해할 수 있다.
3. 타인과 通하는 유형과 通하지 않는 유형을 파악할 수 있다.
4. 바람직한 주장적 표현에 대해 살펴보고 적용할 수 있다.

💡 개 요

이 장에서는 '조하리의 창'의 4개 유형을 파악하고 자기 공개와 피드백의 측면에서 나와 타인을 이해하도록 한다. 매슬로의 욕구 위계는 생리적 욕구, 안전의 욕구, 소속감과 사랑의 욕구, 존중의 욕구, 자아실현의 욕구가 있으며 이 5단계는 하위 욕구가 충족되어야 그다음의 욕구에 관심을 갖게 된다는 것을 이해하도록 한다. 나아가 타인과 通하는 유형과 通하지 않는 유형을 이해하여 타인의 마음에 공감할 수 있도록 한다.

1 너와 나의 시선으로 보기

여우는 입을 다물고 오랫동안 어린 왕자를 바라보았다.

"제발⋯ 나를 길들여 줘!" 여우가 말했다.

"그러고 싶은데⋯ 난 시간이 없어. 친구를 찾아야 하고 또 알아야 할 것도 많아." 어린 왕자가 대답했다.

"누구나 자기가 길들인 것밖에는 알 수 없어." 여우가 말했다. "사람들은 이제 아무것도 알 시간이 없어. 그들은 가게에서 미리 다 만들어진 물건을 사지. 그러나 친구를 파는 가게는 없어. 그래서 사람들은 친구가 없어. 친구를 갖고 싶다면 나를 길들이렴!"

"어떻게 해야 하는데?" 어린 왕자가 물었다.

"참을성이 있어야 해." 여우가 대답했다. "처음에는 나한테서 조금 떨어져 그렇게 풀밭에 앉아 있어야 해. 내가 곁눈질로 너를 봐도, 너는 말을 하지 마. 말은 오해의 근원이지. 그러나 하루하루 조금씩 가까이 앉게 될 거야⋯."

이튿날 어린 왕자는 다시 왔다.

"어제와 똑같은 시간에 왔으면 더 좋았을 거야." 여우가 말했다.

〈이하 생략〉

생텍쥐베리의 《어린 왕자》에 나오는 어린 왕자와 여우는 급격하게 변화하는 경쟁 사회 속에서 피상적인 대인관계를 맺으며 마음속 깊이 고독을 품고 살아가는 '너와 나' 그리고 '우리'들의 자화상이다.

인간은 혼자서 살아갈 수 없는 나약하고 외로운 존재이다. 그래서 타인과 관계를 맺고자 하는 소망을 갖는다. 그런데 어떠한 이유로 혼밥(혼자 먹는 밥)과 혼술(혼자 마시는 술)을 즐기는 나홀로족 현상이 점차 늘어가는 것일까? 아마도 관계 속에서 더 이상 상처받기를 원하지 않는 우리 마음에서 비롯된 것이 아닐까 한다.

인간의 심리적 갈등과 고통은 대부분 '너와 나 사이'인 대인관계 문제 속에서 파생된다. 대인관계는 미로와 같이 매우 복잡하고 미묘해서 대부분은 미로 속에서 헤맨다. 대개 대인관계에서 인정과 사랑의 욕구는 쉽게 좌절되기 마련이므로 우울, 불안, 분노, 절망감과 같은 부정적인 감정을 흔히 경험하게 된다. 특히, 믿었던 타인으로부터 소외되고 따돌림을 당하는 일처럼 힘든 일은 없다. 그래서 우리는 고독과 소외를 두려워한다.

반면, 대인관계는 행복과 만족감의 근본적 원천이기도 하다. 타인과의 신뢰로 사랑과 애정을 주고받을 때 우리는 안정감과 행복감을 경험한다. 부모, 친구, 교사, 동료, 이성으로부터의 인정과 사랑은 나를 가치 있는 존재로 느껴지게 하고 인생을 살아갈 의미가 있는 것으로 느껴지게끔 한다.

이처럼 너와 나에게 있어 행복과 불행의 원천인 대인관계는 '너와 나 사이'의 상호 작용이므로 성숙한 대인관계를 위해서는 그 대상이 되는 주요한 타인, 나아가 전반적인 인간에 대한 깊은 이해가 필요하다. 타인은 어떠한 욕구를 지니고 있고, 어떠한 생각과 감정을 가지고 어떠한 행동으로 반응하며, 나의 말과 행동이 타인에게 어떤 영향과 변화를 주는지 등에 대한 이해가 깊을수록 대인관계는 효과적이며 원활하게 유지된다.

'너'와 '나', '우리'에 대한 폭넓고 깊은 이해가 성숙한 대인관계의 필수 조건이다. 친밀하고 깊이 있는 대인관계는 저절로 이루어지는 것이 아닌 대인관계에 대한 깊은 관심과 더불어 실천적인 노력과 실제적인 훈련을 통해서 이루어지는 소중한 결실이다.

나의 삶 속에서 주요한 영향을 미치는 사람일수록 '의미 있는 타인(significant others)'이 된다. 그렇다면 과연 의미 있는 타인은 어떠한 기준에 의해서 평가될 수 있을까?

사람마다 평가의 기준이 개인적 경험에 따라 다를 수 있으나 일반적으로 의미 있는 타인은 개인의 인생관과 세계관에 주요한 영향을 주고 있는 사람이거나 주었던 사람이다. 부모, 형제, 친구, 교사, 연인이나 배우자 등이다. 특히, 어릴 때 양육을 담당하고 사회화 과정에서 일차적으로 관여했던 부모, 즉 주 양육자가 가장 의미 있는 타인이라고 볼 수 있다.

타인은 긍정적인 측면과 부정적인 측면에서 한 개인에게 중요한 존재가 될 수 있다. 긍정적인 의미에서의 타인은 나를 있는 그대로 인정하고 지지해주며 함께 있을 때 편안하고 재미있는 사람이거나 나의 내재된 잠재력을 성장시키고 실현할 수 있도록 도와주는 사람을 말한다. 생각해 보자. 지금껏 있는 그대로 나를 바라봐주고 흔들림 없는 사랑을 준 상대가 누구인가? 바로 부모일 것이다. 그런데 이와 반대로 부모는 부정적인 의미에서의 타인도 될 수 있다. 부모라는 이름으로 나에게 씻을 수 없는 깊은 상처를 주었거나 나의 삶을 가로막는 경우가 그렇다. 가정에서 술만 먹으면 폭군으로 변하는 아버지는 내 삶을 많이 힘들게 했으므로 부정적인 의미에서의 중요한 타인이라 할 수 있다. 긍정적이든 부정적이든 의미 있는 타인은 우리의 인생관과 세계관에 중요한 영향을 미치게 된다.

① 조하리의 창

나는 어떠한 대인관계를 맺고 있는가? 나는 타인에게 얼마나 내 모습을 드러내는가? 대인관계를 심화시키는 중요한 요인인 자기 공개(self-disclosure, 자기 개방)는 대인관계에서 나 자신을 타인에게 드러내는 것으로, 이것은 사람마다 차이가 있다. 반대로, 타인이 나에 대해서 어떻게 생각하는지를 나는 잘 알고 있는가? 즉, 대인관계에서 타인이 나를 어떻게 느끼고 있는지를 잘 이해하고 있는 것도 역시 중요하다. 타인의 메시지를 있는 그대로 거울처럼 비춰주는 반영하기(mirroring)의 사소통 기법처럼 타인의 시선 속에서 나를 있는 그대로 비춰 보는 일은 중요하

다. 타인을 통해서 나에 대한 피드백(feedback)을 받게 되면 나에 대한 이해가 깊어지고 나의 행동에 대한 조절 능력도 더욱 향상될 수 있다.

'자기 공개'와 '피드백'의 측면에서 나와 타인 간의 이해의 폭을 넓혀주는 유용한 도구가 '조하리의 창(Johari's window)'이다. 이는 미국 심리학자인 조셉 루푸트(Joseph Luft)와 헤리 잉햄(Harry Ingham)이 개발한 모형으로 두 사람의 이름을 따서 'Johari', '마음의 문을 연다'라는 의미에 창이라는 용어를 덧붙여 '조하리의 창'이라고 명명되었다.

조하리의 창은 자기 공개와 피드백의 특성을 보여주는 4개 영역으로 구분한다. 4개 영역은 개방형(나도 알고 남도 알고 있다, open area), 주장형(나는 모르는데 남은 알고 있다, blind area), 신중형(나는 아는데 남은 모른다, hidden area), 고립형(나도 모르고 남도 모른다, unknown area)으로 나뉜다.[그림 3-1]

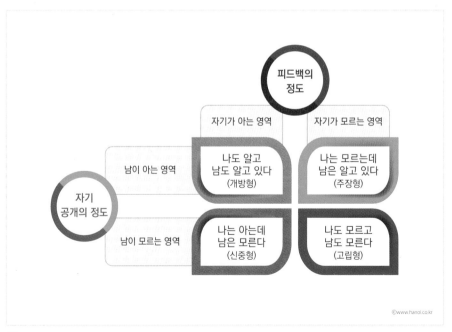

💬 그림 3-1_ 조하리의 창(Johari's window)

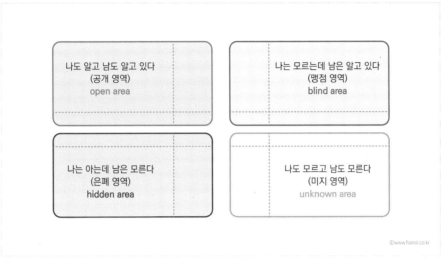

| 나도 알고 남도 알고 있다 (공개 영역) open area | 나는 모르는데 남은 알고 있다 (맹점 영역) blind area |
| 나는 아는데 남은 모른다 (은폐 영역) hidden area | 나도 모르고 남도 모른다 (미지 영역) unknown area |

©www.hanoi.co.kr

💬 그림 3-2_ 대인관계 유형

　첫째, 개방형(공개 영역)은 나도 알고 있고 타인에게도 알려져 있는 나에 대한 정보를 의미한다. 둘째, 주장형(맹점 영역)은 나는 모르지만 타인은 알고 있는 나의 정보를 의미한다. 나만의 특이한 말버릇과 성격, 독특한 표정과 행동 습관 등 '남들은 알고 있지만 나는 모르는 나의 모습'과 같다. 셋째, 신중형(은폐 영역)은 나는 알고 있지만 타인에게는 알려지지 않은 정보를 의미한다. 나의 단점 혹은 약점이나 감추고 싶은 비밀처럼 타인에게 숨기고 있는 나의 정보를 의미한다. 넷째, 고립형(미지 영역)은 나도 모르고 타인도 모르는 나의 정보를 의미한다. 심연의 바닷물처럼 깊은 무의식의 정신 세계와 같이 전혀 알 수 없는 나에 대한 정보가 미지 영역에 해당한다. 그러나 나의 정신 세계와 행동에 대해 끊임없이 고민하면서 관심을 갖고 나를 관찰한다면 미지 영역은 나에게 의식화될 수 있다.

　어떠한 시선으로 너와 나를 보느냐에 따라 마음의 창 모양은 각각 다르다. 마음의 창을 구성하는 4개 영역의 넓이는 한 개인이 대인관계에서 나타내는 자기 공개와 피드백의 정도에 따라 달라진다. 어떤 영역이 가장 넓은가에 따라 대인관계 유형은 [그림 3-2]와 같이 4개 유형으로 구분된다.

(1) 대인관계의 유형

❶ 나도 알고 남도 알고 있다(개방형)

공개 영역(open area)이 가장 넓은 유형이다. 적극적으로 자기를 개방하고 타인의 정보도 피드백을 받아 원만한 대인관계를 형성해 나가는 유형이다. 솔직하고 개방적이어서 자기표현을 능숙하게 할 줄 알고 타인의 말에도 귀 기울여 경청할 줄 아는 사람들로, 타인에게 호감과 친밀감을 주어 인기가 있다. 다만, 지나치게 공개 영역이 넓은 사람은 말이 많고 무례하고 경박한 사람으로 보일 수 있으므로 나처럼 타인은 개방적이지 않다는 것을 인식해야 한다. 나의 성향을 잘 알고 이해함으로써 내가 선택한 일에 집중해야 성공할 확률이 높다.

❷ 나는 모르는데 남은 알고 있다(주장형)

맹점 영역(blind area)이 가장 넓은 유형이다. 나의 기분과 주장을 잘 표현하고 자신감이 있어 솔직하고 시원시원한 사람으로 보이는 유형이다. 그러나 타인의 반응에 무관심하거나 둔감하고 때로는 독단적이고 독선적인 사람으로 보일 수 있어 대인관계에서 갈등이 일어나기 쉽다. 대부분의 사람은 자신이 아끼고 사랑하는 아주 친밀한 타인에게만 진심을 말해주는 경향이 있다. 그런 까닭에 자기주장이 강한 사람은 친밀한 관계를 형성하기가 어려워 나의 모습에 대해 진솔하게 말해줄 상대가 없어 나를 이해하기가 한층 더 어렵다. 따라서 주장형은 타인의 말에 진지하게 귀를 기울이는 노력이 필요하다. 원활한 대인관계를 위해 타인과의 관계에서 진솔한 대화를 이어가도록 하는 정성을 기울여야 한다.

❸ 나는 아는데 남은 모른다(신중형)

숨겨진 영역(hidden area)이 가장 넓은 유형이다. 타인에 대해서 수용적이고 속이 깊고 신중한 유형이다. 타인의 이야기는 잘 경청하는 반면 나의 이야기는 잘 하지 않는 사람들로 타인에게 손해 보는 느낌, 가까이하지 않으려 하는 느낌을 갖게 한다. 대체로 계산적이고 실리적인 경향이 있고 적응을 잘하는 편이나 관계에 대한 기본적인 불안감이 있어 자기를 개방하기 어려워하므로 내면적인 고독감이 있다. 자기 개방을 통해 타인과 좀 더 넓고 깊이 있는 교류를 가져야 나의 역량과 기능을 충분히 발휘할 수 있다.

우리는 용기를 내어 마음의 문을 열어야 외롭거나 초조하지 않게 살아갈 수 있다. 타인과의 관계를 통해 자기를 표현하고 소통할 기회가 없다면 스스로 내 생각이나 감정을 믿는 데에도 어려움이 발생한다. 내 마음을 열 생각은 못한 채 타인이 자신에게  다가오지 않는다고 원망하기 쉽다. 나만이 알고 있는 나의 성향, 열정과 꿈, 불안감과 고독감, 외로움과 상처 등을 과감하게 표현하는 한 번의 용기가 뜻밖에도 나에게 손을 내밀어 주는 따뜻한 사람을 만날 수 있도록 할 수 있다. 나를 감추려 하면 할수록 타인과의 관계는 점점 더 멀어질 테지만, 반대로 내가 먼저 나를 보여주면 타인이 관심을 가지고 내게 손을 내밀어 줄 것이다.

❹ 나도 모르고 남도 모른다 (고립형)

미지의 영역(unknown area)이 가장 넓은 유형이다. 혼자 있는 고독감을 즐기면서 대인관계에 소극적인 유형이다. 타인과 접촉하는 것을 불편해하거나 무관심하여 고립된 생활을 하는 경우가 많다. 고집이 세고 자기 주관이 지나치게 강한 사람도 있으나 대부분은 심리적인 측면에서의 고민이 많고 부적응적인 삶을 살아가는 사람들이 많다. 고립형은 갑작스럽게 경험하는 사건이나 적극적으로 참여하는 교육 및 상담을 통해 새로운 의미를 이해하고 깨닫게 되는 통찰의 기회를 늘리는 것이 필요하다. 즉, 대인관계에서 좀 더 적극적이고 긍정적인 태도를 가질 필요가 있다. 진솔한 자기 개방과 자기표현은 건강한 사람의 특성 중 하나이다. 내가 타인에게 진술한 접근을 하면 할수록 타인도 정직하게 말하고 행동하는 경향이 있다.

2 서로의 욕구 알기 : 매슬로의 욕구 이론

인본주의에서는 인간을 자신의 문제를 해결하고 잠재력을 실현하며 긍정적으로 자신의 삶을 변화시킬 능력을 지닌 자율적 존재로 보며, 개인의 주관적 견해나 경험에 따라 행동이 변화한다고 주장한다. 즉, 개인이 자신과 자기 주변의 환경을 어떻게 인식하고 해석하는지에 따라 행동이 달라진다고 믿는다.

1967년 미국심리학회 회장을 맡았던 에이브러햄 매슬로(Abraham Maslow, 1908~1970)는 처음에 행동주의 심리학자였으나 이후에 관찰 가능한 행동과 환경의 영향에 대해서만 강조하는 행동주의적 관점에 반대했다. 그는 심리학이 인간의 병리학적 측면보다는 건강한 본성에 더 큰 관심을 가져야 한다고 주장했다. 인간의 건강한 면을 이해해야 비로소 정신적으로 병든 것에 대해 이해할 수 있다는 것이 그의 신념이었다.

매슬로는 인간 각자는 자기 잠재력을 발달시키고 성장시키며 완성시킬 수 있는 본능적 욕구를 가지고 태어난다고 보았다. 또한 인간이 균형을 유지하거나 좌절을 회피하는 것에만 관심을 갖기보다는 인간의 성장에 더 많은 관심을 보였다. 매슬로의 주요 공헌은 동기가 어떻게 위계적으로 구성되는가에 대한 분석과 건강한 성격에 대한 연구를 바탕으로 자아실현의 중요성을 강조한 점이다.

1 욕구 위계

매슬로는 인간이 행동을 활성화시키는 다섯 가지 욕구(즉, 생리적 욕구, 안전의 욕구, 소속감과 사랑의 욕구, 존중의 욕구, 자아실현의 욕구)를 타고났다고 주장했다.[그림 3-3] 그는 욕구가 그 자체로서 본능적인 것이고 욕구 위계에 의해서 동기화된다고 제안했다. 욕구는 본능적이지만 그 욕구를 충족시키기 위해 우리가 하는 행동은 선천적인 것이 아니라 학습에 의한 것이므로 욕구 충족을 위한 행동은 사람마다 큰 차이를 보이게 된다는 것이다.

그림 3-3_ 매슬로의 욕구 위계

다섯 가지 욕구는 위계적이므로 개인은 하위의 욕구가 어느 정도 충족되어야 그다음의 욕구에 관심을 갖게 된다. 즉 생리적 욕구가 어느 정도 만족되어야 안전에 관심을 갖게 된다는 것이다. 안전감을 달성하면 사랑하고 사랑받는 것을 수용하게 되며 사랑의 욕구가 만족되면 자존감을 추구한다. 자존감을 달성한 후에 우리는 궁극적으로 자아실현(self-actualization), 자신의 잠재력 충족을 추구하게 되는 것이다.

(1) 생리적 욕구

모든 욕구 중에서 가장 기본적이고 강력한 욕구는 유기체의 생존 및 유지와 관련된 생리적 욕구(physiological needs)이다. 인간의 생존을 위해 필요한 음식, 물, 수면, 성 등에 관한 생리적 욕구는 다른 욕구에 비해서 가장 기본적이며 강력하다. 극도의 빈곤 지역에 거주하는 사람들의 경우, 생존 그 자체가 절대적인 관심사가 되며 이들에게는 먹는 것과 살아남는 것이 우선적인 욕구가 된다. 이들에게 자아실현의 욕구는 꿈같은 이야기이거나 사치로 느껴질 수 있다. 생존의 문제가 어느 정도 충족되면 다음 욕구인 안전의 욕구를 추구하게 된다.

(2) 안전의 욕구

질서 있고 안정적이며 예측할 수 있는 세상에 대한 욕구가 안전의 욕구(safety needs)이다. 안전의 욕구를 만족하려면 안전, 안정감, 보호와 질서를 느끼면서 공포와 불안으로부터 벗어나야 한다. 기본적으로 인간은 생리적 욕구가 어느 정도 충족되면 다음으로 안전의 욕구를 우선적으로 갈망하게 된다. 오랜 내전 지역에 거주하는 사람들이나 끊임없는 부부 싸움에 노출된 자녀들의 경우, 안전에 대한 욕구가 충족되지 못해 무척 불안한 심리적 상태이므로

자신의 신체적·심리적 안전을 갈망하게 된다. 매슬로는 안전의 욕구가 유아와 신경증을 보이는 성인에게 있어서 매우 중요한 욕구라고 주장했다. 또한 규칙과 질서가 전혀 없는 지나친 허용은 오히려 아이의 안전 욕구를 위협하므로 아이로 하여금 걱정과 불안을 야기한다고 생각했다. 따라서 아이에게는 자유와 함께 그들이 대처할 정도의 제한이나 규칙이 있어야 한다. 생리적 욕구와 함께 안전의 욕구는 유기체의 생존을 위한 가장 기본적인 욕구라고 할 수 있다.

(3) 소속감과 사랑의 욕구

생리적 및 안전의 욕구와 같이 유기체에게 필요한 기본적인 욕구가 어느 정도만 충족되면 사람은 소속감과 사랑의 욕구(belonging and love needs)를 갈망하게 된다. 인간은 다른 사람과 친밀한 관계를 맺고 싶어 하고 특정 집단에 소속되기를 원하는 사회적 동물이다. 이러한 소속감과 사랑의 욕구를 충족시킬 수 있는 최초 및 최소의 사회적 관계가 바로 가족이다. 현대 사회에서 가족의 해체 및 1인 가족의 증가는 소속감과 사랑의 욕구가 충족되기 어렵게 만들고, 이로 인해 현대인은 극심한 외로움 속에서 심리적 어려움을 겪기 쉽다. 매슬로 역시 과학 기술

이 발달된 현대 사회에서 소속감 및 사랑의 욕구가 충족되기가 더욱 어려워졌다고 지적했다.

(4) 존중의 욕구

개인이 소속감과 사랑의 욕구를 충족하면 다음으로 존중의 욕구(esteem needs)를 갖게 된다. 매슬로는 존중의 욕구를 충족하기 위해서는 두 가지 욕구, 즉 자신으로부터의 존중과 타인으로부터의 존중이 필요하다는 점을 지적했다.

존중의 욕구를 이루기 위해 개인은 유능감, 자신감, 숙달감, 성취감, 독립심 등을 가져야 한다. 또한 자신에게 중요한 타인(대개 부모나 형제, 친구)으로부터의 인정과 존중이 필요하다. 존중의 욕구를 충족시킨 사람은 자신의 힘과 가치에 대해 확신을 가지는 반면, 존중의 욕구가 결여된 사람은 자신이 남보다 못하며 무능하다고 생각한다. 따라서 존중의 욕구가 결여되면 삶의 여러 가지 문제에 맞설 수 있는 자기 확신이 부족하게 되고, 더 나아가 자아실현을 충족하기 힘들게 된다. 참된 자기 존중은 자신의 능력과 경쟁력에 대한 현실적인 판단 위에 기초해야 한다고 매슬로는 지적했다. 자기 자신에 대한 존중과 함께 타인의 인정으로 자기 존중의 욕구가 충족된 개인은 욕구의 마지막 단계인 자아실현의 욕구를 갈망하게 된다.

(5) 자아실현의 욕구

욕구 위계의 마지막 단계이고 최고 단계로서의 자아실현 욕구(self-actualization needs)는 자신의 잠재력과 능력을 인식하고 충족시키는 것을 말한다. 모든 인간은 인생을 살아가는 동안 자신의 잠재력을 충족시킬 만한 자아실현의 기회를 갖는다.

자아를 실현하기 위해서는 다음의 전제 조건이 필요하다. 첫째, 사회와 자기 자신의 구속에서 자유로워야 하고, 둘째, 생리적 욕구와 안전의 욕구에만 집착해서는 안 되며, 셋째, 가족 및 타인들과 친밀감을 느끼면서 서로 간에 사랑을 주고받을 수 있어야 한다. 마지막으로 무엇보다도 자신의 강점과 약점에 대한 현실적 자각을 갖추어야 한다.

② 욕구의 특성

❶ 욕구 위계에서 하위에 있는 욕구가 더 강하고 우선적이다. 즉 하위에 있는 욕구일수록 강도와 힘이 세고 우선순위가 높다.

❷ 욕구 위계에서 상위의 욕구는 생존을 위해 덜 필요하기 때문에 그러한 욕구의 만족은 지연될 수 있다. 즉 상위의 욕구를 만족시키지 못하더라도 하위의 욕구를 충족시키지 못했을 때처럼 즉각적인 비상사태나 위급한 반응은 일어나지 않는다. 이런 점에서 하위의 욕구를 '결핍 욕구(deficiency needs)'라고 한다.

❸ 욕구 위계에서 상위의 욕구는 생존을 위해 덜 필요하지만, 상위의 욕구가 충족되었을 때 갖게 되는 성취감이 보다 건강한 삶을 만들 수 있기 때문에 상위의 욕구를 '성장 욕구(growth needs)' 또는 '존재 욕구(being needs)'라고 한다.

❹ 욕구 위계에서 상위의 욕구 만족은 신체적·심리적으로 생산적이고 유용하다. 상위의 욕구는 보다 심오한 행복감과 마음의 평화, 내적인 성취감을 주기 때문이다.

❺ 상위의 욕구를 갈망하기 위해서 하위의 욕구가 100% 만족되어야만 하는 것은 아니며 개인마다 만족하는 정도도 다르다.

③ 자아실현

매슬로는 심리적인 문제가 있는 임상 사례가 아니라 건강하고 창의적인 사람들을 연구함으로써 자아실현에 대한 자신의 아이디어를 발전시켰다. 자아실현을 이룬 친구나 동료로부터, 그리고 널리 알려진 역사적 인물(예 : 링컨, 아인슈타인, 루즈벨트, 간디)로부터 발견할 수 있었던 특성을 확인하여 자아실현을 이룬 사람들만의 성격 특징을 보고했다.

자아실현자들은 자기 수용적이고 개방적이고 자발적이며, 자애롭고 남을 보살피며 다른 사람의 견해로 인해서 위축되지 않았다. 또한 자기중심적이 아니라 문제 중심적인 관점을 가지고 있었다. 수많은 피상적인 관계보다는 자신의 삶에서 중요한 소수와 깊이 있는 관계를 즐겼다. 일상의 의식을 뛰어넘는 영적이고 개인적인 정상 경험(절정 경험, peak experience)을 자주 했다.

(1) 자아실현자의 특성

❶ **현실의 효율적 지각** : 자기 주변의 세계 및 사람들을 명확하고 객관적으로 지각하는 능력이 있다.

❷ **자신, 타인, 자연의 수용** : 자신의 강점뿐만 아니라 약점까지도 왜곡하지 않고 있는 그대로 받아들이며, 실패한 일에 대해서도 지나친 부끄러움이나 죄책감을 갖지 않는다.

❸ **자발성, 단순성, 자연성** : 그들의 행동은 개방적이고 솔직하며 자연스럽다. 또한 주관이 뚜렷하고 행동은 인습에 사로잡혀 있지 않다.

❹ **자신 외의 문제에 초점** : 자신의 인생에 대한 사명감을 가지고 열심히 일하면서 큰 기쁨과 흥분을 경험한다. 자신보다는 문제에 초점을 두며 자신이 하는 일의 성장 가치에 집중한다.

❺ **초연함 및 사적 자유 욕구** : 때로는 고독을 느끼지만, 고독에 압도되지 않으면서 사적인 자유를 즐긴다. 그들은 독립적이고 자율적이기 때문에 때론 자신만의 시간을 가지면서 사색하며 타인의 지지 및 애정에 매달리지 않는다.

❻ **인식의 신선함** : 주위의 세계를 늘 새로움, 놀라움, 경외심을 갖고 받아들이고 경험하는 능력이 있다.

❼ **정상 경험**(절정 경험) : 강렬한 무아경, 놀라움, 경외심, 즐거움을 자주 경험한다.

❽ **사회적 관심** : 이들에게는 동정과 공감의 사회적 관심이 성격의 구성 요소 중 하나이다. 타인을 자신의 형제처럼 대한다.

❾ **깊은 대인관계** : 이들의 우정은 보통 사람들의 우정보다 매우 강하며 깊다.

❿ **민주적 성격 구조** : 지극히 관대하여 모든 사람을 받아들이며 인종적이거나 종교적 혹은 사회적 편견이 없다.

⓫ **창의성** : 자기 분야에 있어서 창의성과 독창성을 갖고 있고 자발적이며 실수를 두려워하지 않는다.

(2) 자아실현에 이르는 행동

❶ 어린애와 같이 온전히 몰두하고 집중한다.

❷ 확실하고 안전한 방법에 집착하기보다 새로운 방법을 찾는다.

❸ 경험을 평가하는 데 있어 자신의 느낌을 소중히 한다.

❹ 정직하고 일에 대한 책임감을 가진다.

❺ 자신의 견해가 대부분의 다른 사람과 달라 소외되어도 그것을 수용한다.

❻ 결정한 것은 무엇이든지 열심히 한다.

❼ 자신의 단점을 찾아내려 하고 그것을 고치려고 노력한다.

④ 결핍 및 성장 심리학

매슬로는 인간 행동을 설명하고 이해하려는 심리학을 크게 두 종류로 구분했다. 그 두 가지는 결핍 심리학(deficiency psychology)과 성장 심리학(growth or being psychology)이다. 결핍 심리학은 기본적 욕구 충족에서의 인간 행동에 관심을 두는 반면, 성장 심리학은 자아실현 욕구 충족에서의 인간 행동을 연구한다. 이러한 분류에 따른 몇 가지 내용을 살펴보면 다음과 같다.

(1) 자아실현자의 특성

결핍 욕구는 유기체 내에 있는 부족한 어떤 것을 충족시키려는 욕구를 말하며 욕구 위계 중에 우선적으로 만족되어야 하는 욕구들이다. 여기에는 생리적 욕구와 안전의 욕구, 소속감과 사랑의 욕구, 자존의 욕구가 있다. 결핍 욕구는 부족할 경우 그것을 충족시키려는 욕구가 강렬해지지만 부족 부분이 어느 정도만 채워지면 그에 대한 욕구는 감소하게 된다. 결핍으로 인한 긴장을 해소하고 평형을 회복하려고 한다. 결핍 욕구가 강할수록 타인 지향적이 되는데, 결핍 욕구가 타인에 의해 충족되기 때문이다.

성장 욕구(존재 욕구)는 욕구 위계에서 가장 상위에 있는 자아실현의 욕구를 말한다. 여기에는 유기체가 자신의 잠재력을 발휘하여 자신이 가치롭게 여기는 목표를 추구하려는 욕구, 아름다움을 추구하고(심미적 욕구) 새로운 것을 배우려는 욕구(인지적 욕구) 등이 있다. 성장 욕구는 기본적 욕구가 충족된 후에 나타나는 욕구이며, 충족되어도 그 욕구가 감소하지 않기 때문에 충족되었을 때 욕구가 감소하는 결핍 욕구와 구별된다. 예컨대, 알고자 하는 욕구가 큰 사람은 배워도 배움에 대한 욕구가 줄어들지 않고 끊임없이 연구하고 배우고 싶어한다. 성장 욕구가 강하면 자율적이고 자기 지시적이 되는데, 자아실현 욕구는 자신만이 충족할 수 있는 욕구이기 때문에 그렇다.

(2) 결핍 사랑과 성장 사랑

'결핍 사랑'은 결핍 욕구, 특히 소속감과 사랑의 욕구가 충족되지 못해서 생긴 사랑으로 사랑하는 사람으로부터 자신이 원하는 사랑을 얻지 못할까 봐 두려워하여 사랑하는 사람에게 매우 의존적인 모습을 보인다. 결핍 사랑은 상대가 자신의 욕구를 충족시켜 주기 때문에 사랑하는 것으로 이기적인 욕구에서 시작된 사랑이다. 결핍 사랑은 자존심, 섹스를 위한 욕구, 고독의 두려움 등에서 비롯된다.

반면에 '성장 사랑'을 하는 사람은 결핍에 괴로워하지 않고 사랑을 갈구하지 않는다. 그는 사랑하는 사람에게 의존하지 않고 독립적이다. 성장 사랑을 하는 사람은 사랑을 주고받는 것이라고 생각하며 자신의 성장만큼 사랑하는 사람의 성장에도 관심을 보이는 이타적인 사랑을 한다. 다음은 성장 사랑을 잘 묘사한 글이다.

> 사랑한다는 것은 관심(interest)을 갖는 것이며 존중(respect)하는 것이다. 사랑한다는 것은 책임감(responsibility)을 느끼는 것이며 이해하는 것(understanding)이고 주는 것(give)이다.
>
> 에리히 프롬(Erich Fromm, 1956)

3 ⊶ 타인과 통(通)하기 : 通하는 유형과 안 通하는 유형

상냥 씨는 누구에게나 친절하고 겸손하다. 주변 사람들은 상냥 씨를 두고 너무 착해서 '법이 없어도 사는 사람'이라는 평을 한다. 어려운 일이 생기면 누구든 상냥 씨에게 달려간다. 거절하는 법을 모르는 상냥 씨는 과제 속에 파묻혀 지내다가 가장 늦게 보고서를 제출하기 일쑤다. 착하고 인정 많기로 소문난 상냥 씨는 과연 자신에 대해서 만족하고 있을까?

상냥 씨는 친구들에게 거금을 빌려주고 되돌려 받지 못하는 것이 한두 번이 아니다. 용돈 문제로 부모님과 말다툼이 잦아졌고 생활비 충족을 위해 아르바이트를 하는 중이다. 그녀는 학교에서 친구들의 요청을 들어주면서도 한편으로는 자신은 '늘 피해만 보고 산다.'는 생각을 하곤 한다. 그러면 친구들이 미워지고 짜증이 나서 자기도 모르게 불쑥 화가 나기도 한다. 그리고는 그들을 원망하는 자신의 모습에 환멸을 느낀다. 어떤 때는 상대방에게 마음에도 없는 말로 비위를 맞추려고 애쓰는 자신이 한심스럽기까지 하다.

소심 양은 태어날 때부터 내성적이고 얌전하다. 어쩌다 호감이 있는 이성을 만나도 그 앞에서는 말 한마디 하지 못하고 당황하여 데이트 기회를 놓치기 일쑤였다. 이럴 때면 '말 한마디 못할 정도로 난 왜 이렇게 못났을까?' 하고 자책한다. 그런데 어느 날 소심 양에게 호감이 있다며 적극적으로 다가와 데이트 신청을 한 이성이 있었다. 소심 양은 너무 떨리고 설레었다. 그런데 혹시라도 만나서 차이면 어쩌나 하는 고민들로 인해 답장을 늦게 하게 되었다. 이후에 첫 데이트에서도 설레는 감정을 추스르느라 제대로 눈도 못 마주치고 말도 제대로 하지 못했다. 소심 양은 데이트 분위기가 좋았고, 데이트 내내 조심성 있게 최선을 다하면서 상대를 감동시켰다고 생각했다.

이 둘은 어떻게 되었을까? 상대는 소심 양이 본인에게 전혀 호감이 없다고 생각하여 다시 만나지 말자고 통보했다. 소심 양은 언제나 공손하고 조심성 있게 행동해 왔는데, 상대에게 사람에게 관심이 없고 무시한다는 오해를 받게 된 것이다. 깜짝 놀란 소심 양은 새파랗게 질렸다. 그리고 보니 평소에도 소심 양은 '답답하다', '속을 알 수 없다'는 말을 자주 듣곤 했다.

한편 자만 군은 똑똑하고 리더십도 있으며 무슨 일에서건 승부욕이 강하다. 대기업 직원인 자만 군은 직장 동료들과 약간의 갈등이 발생해도 본인의 생각이나 의견을 굽히지 않고 버럭 화를 내거나 언성을 높이곤 한다. 부모님과 형제 사이에서도 본인의 감정을 그대로 표출해서 본인을 대하는 가족들의 태도가 예전 같지 않다는 것을 느끼고 있다. 인정도 있고 의리도 있지만 맺고 끊는 것이 확실하고 손해보지 않으려는 성격 때문에 감정 통제가 어려워 호불호가 있는 성격이라는 것을 스스로도 잘 알고 있다. 본인의 성격을 고쳐보고 싶지만 마음대로 되지 않아 고민이 된다.

둥글 씨는 자기의 이름처럼 비교적 원만한 성격의 소유자다. 말수가 많은 편은 아니지만, 자신의 소신을 피력할 때는 확실하게 말하고 자기의 뜻을 관철한다. 대화할 때는 상대방을 지그시 응시하면서 가끔씩 미소 지으며 긍정적인 신체 반응을 보낸다. 누군가가 둥글 씨에게 비판하면 그 말을 신중하게 경청은 하지만 중립적인 입장에서 가볍게 듣는 것처럼 보인다. 감정에 동요되지 않고 비교적 단순하게 처리하므로 그의 객관적 태도에 사람들은 경탄한다. 때때로 싱거운 유머도 구사하면서 주변 사람들을 마치 어린아이 다루듯이 부드럽게 대하며 그 마음을 잘 읽어준다. 그런 까닭에 사람들은 둥글 씨에게 '좋다'거나 '싫다'는 말을 솔직하게 할 수 있다. 그와 의견 대립이 생기더라도 끝에 가서는 기분 좋게 타협이 이루어지는 경우가 많기 때문이다.

💬 그림 3-4_ 타인과 통하기 : 대인관계 유형

그렇다면 위 네 사람의 사례에서 어느 유형이 통하는 유형이고 어느 유형이 안 통하는 유형이라고 생각하는가? 상냥 씨와 소심 양은 억제된 인간으로서 소극적인 성격의 사람이고 자만 군은 공격적인 인간으로서 다혈질적인 성격의 소유자로 보인다. 반면 둥글 씨는 소신이 있고 독립적인 인간으로서 자기주장적인 성격의 사람으로 보인다. 상냥 씨, 소심 양, 자만 군 모두는 둥글 씨와 같은 의사소통 능력과 대인관계 기술을 구사하고 싶을 것이다.[그림 3-4]

둥글 씨와 같은 유형의 특성을 심리학 용어로 '주장적'이라고 표현한다. 본인이 원하는 바를 상대방에게 허심탄회하게 나타내어 존엄성과 권리를 지키면서 동시에 상대방의 인격과 권리도 침해하지 않는 대화법을 말한다. 더 나아가 호의적이고 친밀한 관계를 유지할 수 있는 의사소통의 특징을 가지고 있어 소위 말하는 타인과 通하는 유형이다.

어떤 이는 상대방의 의사나 권리는 전혀 고려하지 않고 본인의 생각과 요구만 강요하고 고집한다. 이럴 때 사람들은 자기주장이 강하다고 말한다. 우리나라를 비롯하여 중국, 일본 등과 같은 아시아 국가에서는 이와 같이 '주장(主張)하다'에 대한 잘못된 관념이 있다. 그러나 심리학에서 말하는 개념은 다르다. 그러한 행동은 엄연히 타인에게는 '공격적'인 행동이다. 자기의 입장이나 생각은 강력하게 어필했으나 상대방의 인격과 권리를 존중하지 않는 표현이므로 상대방에게 무례함이나 모욕감 또는 불편을 끼칠 가능성이 높기 때문이다.

주장적인 표현을 할 때의 바람직한 방법은 자기를 내세우되 상대방의 마음을 충분히 헤아려줌으로써 상대방의 인격과 권리를 동시에 존중해 주는 표현을 사용하는 것이다. 즉, 상대방의 마음에 공감해 주면서 자기를 주장하는 것이다. 이것을 '공감적 주장(共感的 主張, empathic assertion)'이라고 한다.

① 소극적(비주장적), 공격적, 주장적 표현

앞에서 살펴본 바와 같이 대인관계에서 나타내는 표현 양식을 인격적인 존중과 권리 면에서 구분하자면 크게 소극적 표현, 공격적 표현, 주장적 표현으로 구분할 수 있다.

- **소극적**(또는 비주장적) **표현** : 상대방을 배려한 나머지 자신이 나타내고자 하는 바를 충분히 표현하지 못하여 자신의 권리와 인격에 손해를 가져오는 표현
- **공격적 표현** : 자신의 욕구, 생각, 감정 등을 표현할 때 상대방의 인격과 권리 등을 배려하지 않아 피해를 주는 표현으로 욕설과 협박 등의 언어 폭력이 해당함

- **주장적 표현** : 상대방의 인격과 권리 등에 피해를 주지 않으면서 자신의 욕구, 생각, 감정들을 나타내는 표현

소극적(비주장적), 공격적, 주장적 표현의 특징을 비교하면 다음과 같다.[표 3-1]

✦ 표 3-1_ 자기표현의 종류

구 분	소극적(비주장적) 표현	공격적 표현	주장적 표현
행동 특성	· 타인의 입장만 배려함 · 타인이 자신의 욕구와 인권을 침해하도록 허용함 · 자신의 욕구와 권리를 솔직하게 표현하지 못함(자기 부정적) · 먼저 대화를 시작하지 않음 · 현실을 외면함	· 자기의 입장만 배려함 · 타인의 욕구와 인권을 무시하고 희생시킴 · 자기의 욕구를 성취하기 위해 과격한 표현을 함(자기 본위적) · 상황을 무시하고 자신만이 옳다고 내세움 · 상대를 비판, 위압하거나 창피를 줌	· 자기의 입장을 배려하되 타인의 권리와 인격을 존중함 · 자기의 욕구를 성취하되 타인의 권리를 침해하지 않음(자기 형상적) · 예의를 갖추되 건설적인 비평을 함
감정	· 자신에 대한 실망과 자책 · 상대방에 대한 원망과 증오	· 처음에는 승리감과 우월감, 이후에는 죄책감	· 자기존중감
결과	· 자신의 욕구를 성취하지 못함 · 대인관계가 소원해짐	· 자신의 욕구를 성취함 · 상대방에게 분노, 복수심을 심어주고 관계가 파괴됨	· 자신의 욕구를 성취함 · 상호 존경
예시	**상냥 씨** …… 어, 글쎄……. 하는 수 없다. 그래, 내가 해 줄게.	**자만 군** 야, 너 생각이 있어? 그런 쓸데없는 소리를 하다니 네가 대학생이야? 어처구니가 없다.	**둥글 씨** 내가 과제를 대신하는 것은 윤리적으로 어긋나는 행동이라서 안 될 것 같아. 아무리 바쁘더라도 네가 해야겠다. 과제 끝나고 만나자!

때론 상황에 따라 약자의 입장이 되어서 강자와 갈등 상태에 놓이게 될 수 있다. 그러나 약자의 위치에 있을지라도 우리는 상대방에게 억눌리거나 눈치보지 않고 의연하게 강자와 대면하여 우리의 소신과 입장을 피력할 수 있고 협조와 타협을 이끌어 낼 수 있다. 그것이 멋진 대화의 기술이요 주장적인 표현이다.

너와 나, 우리 모두는 자기의 성격과 기질에 따라 타인과의 대인관계 속에서 대개 소극적, 공격적, 또는 주장적으로 자기표현을 하기 마련이고 그것이 자신의 고유한 대인관계의 양식으로 굳어지는 경향이 있다. 그런데 내가 비주장적 표현을 하게 되면 내 의도와 달리 상대방이 승자가 되고 내가 패자가 되는 쪽을 선택하는 꼴이 된다. 그러고 나서 나는 상대방에 대한 원망과 자기혐오의 감정을 느끼게 될 소지가 많다. 이와 반대로 내가 공격적으로 임하게 되면 내가 승자가 되고 상대방이 패자가 되도록 몰아붙여서 처음에는 나도 모르게 우쭐한 감정을 가질 수 있다. 그러나 결국에는 둘 사이의 관계가 악화되어 두 사람 모두 패자가 되는 경우가 많다. 결국 소극적인 표현도 공격적인 표현도 패자의 쓴맛을 보게 한다.

그러므로 의견 대립이 생길 때 서로 할 말을 허심탄회하게 피력하고 인격을 존중해 주면 강제적으로 어느 한쪽이 패자가 되었다는 느낌을 갖지 않고서 만족스럽게 타인과 통할 수 있다. 이러한 윈-윈(win-win) 관계는 주장적인 자기표현의 기술을 서로가 구사할 수 있을 때 가능하다.

그런데 문제는 주장적인 자기표현을 잘해 내기가 그리 쉽지 않다는 것이다. 특히 자신감이 부족하고 불안이 심한 사람이 어떻게 상대방의 눈치를 보지 않고 의연하고 담담하게 자신의 심정을 말할 수 있을까? 또 자기 본위의 생각에 사로잡혀 걸핏하면 큰소리로 상대방을 위협하고 화부터 내는 사람이 어떻게 차분하게 마음을 가라앉히고 편안한 어조로 말할 수 있을까? 공격적인 성향의 사람은 분노 감정을 통제하는 기술이 필수적이다.

② 주장적 표현의 기본 요소

주장적 표현은 자기에게 주어진 권리를 행사하되 상대방의 권리를 침해하지 않아야 한다. 이와 같은 인권(人權)의 개념은 일찍이 알버티(Alberti & Emmons)와 부어(Bower & Bower) 등이 강조해 왔다. 이런 개념에 근거하여 주장적 표현의 기본 요소를 살펴보면 아래와 같다.

- 상대방에 대한 예절을 지키며 상대방의 말을 경청한다.
- 먼저 상대방을 공감적으로 이해한다.
- 자신이 주장하는 이유를('나-전달법'과 함께) 간단히 설명한다.
- 서로가 받아들일 수 있는 타협안을 제시한다.
- 자신의 마음속에 있는 바를 정직하게 참지 않고 가급적이면 대화 초반에 상대방에게 직접 나타낸다.
- 상대방과 대화할 때 서두르거나 횡설수설하지 않는다.
- 상대방과의 거리(약 50~100cm)를 적절하게 유지한다.
- 상대방이 알아들을 수 있도록 또렷하고 큰소리로 단호하게 그리고 자연스러운 억양으로 말한다.
- 시선을 적절하게 맞춘다.
- 진지한 표정 및 몸짓과 이완된 자세로 말한다.

③ 주장적 표현을 할 때 고려해야 할 상황적 요소

주장적 표현의 기본적 요소는 개인이 표현하고자 하는 내용, 상대방과의 친숙도에 따라 실제 행동으로 나타날 수도 있고 그렇지 못할 수도 있다. 주장적 행동은 상황이나 장면에 따라서 크게 영향을 받는다. 구체적인 상황적 요소는 다음과 같다.

- **상대방의 조건에 따라** : 상대방의 성별, 연령, 사회적 지위
- **상대방과의 친숙도에 따라** : 형식적 관계(예 판매원), 반복적인 중요한 관계(예 : 교사),

친밀한 관계(◉ 친한 친구)

- **대화의 내용에 따라** : 부탁하기, 거절하기, 칭찬하기, 칭찬받기, 비평하기, 비평에 대처하기, 데이트 신청과 거부

④ 주장적 표현을 할 때의 기본 자세

소극적(비주장적), 공격적 유형의 사람들이 주장적으로 되기 위한 자세에 대해 알아보자.

(1) 소극적(비주장적) 유형

- 자신의 인간적 권리와 존엄성을 확실하게 인식한다.
- 상대방의 눈치를 보고 기가 죽어 움츠러들려고 하는 자신의 표정, 자세, 목소리에 주의를 기울인다.
- 마음속으로 자기의 권리를 인정하는 말을 독백한다. 그리고 자기 암시를 한다.
- 마음속으로 강한 자기가 되기로 단단히 각오한다. 지금부터는 본의 아니게 남의 눈치를 살피고 비위를 맞추면서 손해보거나 양보하지 않겠다고 스스로 결단한다. 위엄과 품위를 지키며 정당한 예우를 받겠다고 작정하고 그렇게 되도록 자신에게 기합을 넣는다.
- 거울 앞에 서서(또는 서 있다고 상상하며) 자신이 할 말을 주장적으로 표현하는 법을 연습해본다. 이때 길게 중언부언하거나 변명하지 않는 간결한 문장을 준비한다. 그리고 자신의 목소리와 자세를 다양하게 변화시켜 가면서 연습한다.[그림 3-5]
- 실제 장면에서 주장적으로 자기 의사를 표현한다.
- 그 결과 성공적으로 자기주장을 했는지, 유익한 소득이 있었는지의 여부에는 일체 신경 쓰지 않기로 한다. 주장적 행동을 새로이 시도해보았다는 사실 하나만으로도 이미 성공한 것이다. 대인관계의 양식에 새로운 변화가 시작되었다고 굳게 믿고 자기를 칭찬, 격려, 강화하도록 한다.

(2) 공격적 유형

- 성급하게 화부터 내는 기질이 인격 완성에 해가 되며 가까운 주변 사람들에게도 심리적인 상처를 준다는 점과 그것이 궁극적으로는 자기 인생에 커다란 손해를 가져다준다는 점을 확실하게 인식한다.

- 상대방과 대화할 때 자기도 모르게 도발적이고 강렬한 눈빛이 되거나 위협적인 말로 상대방을 지배하려는 자세를 취하고 있지 않는지 관심을 기울인다. 그리고 그것을 알아차린다.

- 기존의 신념과는 다른 생각으로 바꾸고 나서 자기 암시의 독백을 한다.

- 마음속으로 온화하고 품위 있는 자신이 되기로 각오한다. 지금까지 공격적으로 상대방을 제압하여 우위에 서려 했던 방식이 사실은 존경과 신뢰를 얻지 못하는 행위였다는 것을 잘 인식하고 그런 태도는 앞으로 지양하겠다고 다짐한다.

- 거울 앞에 서서(또는 서 있다고 상상하며) 자기가 할 말을 부드럽고 담담하게 표현하는 방법을 연습해 본다. 온화한 눈빛으로 상대방을 지그시 바라보며 친절하고 낮은 목소리로 천천히 말하는 것을 연습한다.[그림 3-5]

- 실제 장면에서 품위 있는 신사와 숙녀의 매너로 자기 의사를 표현한다.

- 새로이 변화된 부드러운 자신에 대해 만족하며 그 모습을 강화한다.

소극적 유형의 주장적 표현을 연습한다.

신체를 이완하고 기합을 준다. 의연하게 말하기를 연습한다.

소극적(비주장적) 유형

공격적 유형의 주장적 표현을 연습한다.

신체를 이완한다. 그리고 부드럽게 말하기를 연습한다.

공격적 유형

©www.hanol.co.kr

그림 3-5_ 주장적 표현을 할 때의 기본 자세

⑤ 주장적 표현의 4단계

주장적 표현을 위한 4단계를 활용하여 반응을 구조화하는 것이 도움이 된다.

1단계	2단계	3단계	4단계
공감 표현하기	감정/상황 기술하기	기대하는 바 말하기	결과 제시하기

그림 3-6_ 자기주장적 표현 사례

대인관계와 **소통의 지혜**

소통의 지혜

Part
2

의사소통의 이해

🎯 **학습목표**

1. 의사소통의 정의와 기능을 설명할 수 있다.
2. 의사소통 유형과 종류를 설명할 수 있다.
3. 의사소통 구성 요소와 장애 요인을 설명할 수 있다.

💡 **개 요**

　의사소통이란 생각, 감정, 메시지를 주고 받는 과정이자 나아가 사회적 관계 속에서 상호 작용하는 것이다. 의사소통은 정보 전달의 기능, 정서 표현과 친밀감의 기능, 사회화 기능, 의사 결정 기능, 자기 인식의 기능 등이 있다. 의사소통 유형은 크게 언어적 의사소통과 비언어적 의사소통이 있다. 언어적·비언어적 의사소통이 일치되지 않을 때는 혼란을 주며 소통이 어려워질 수 있으므로 상황에 적절하게 사용하는 것이 중요하다. 의사소통의 구성 요소와 장애 요인을 알고 효과적으로 의사소통할 수 있는 방법을 연습하는 것이 필요하다.

1 의사소통의 정의

"인간은 사회적 동물이다."라는 아리스토텔레스의 말처럼 인간은 홀로 살아갈 수 없고 사회적 공동체를 형성하여 살아갈 수밖에 없는 존재이다. 인간은 다른 사람들과의 끊임없는 상호 작용으로 관계를 유지해 나간다.

매슬로(Abraham Maslow)는 인간의 기본적 욕구 중 사회적 욕구를 강조했다. 인간은 사회적 욕구를 충족하기 위해 친족 관계, 애정 관계, 남녀 관계, 친구 관계 등의 다양한 인간관계를 형성하고 유지한다. 여기에서 중요한 역할을 하는 것이 바로 의사소통이다. 즉, 인간은 의사소통을 통해 다양한 관계를 형성하고 연결시킨다. 인간이 겪고 있는 문제의 대부분은 인간관계의 문제이고, 인간관계의 문제는 곧 의사소통의 문제라고 할 수 있다. 의사소통을 잘한다면 대인관계에서 친밀감과 만족을 얻고 개인의 삶을 성장시킬 수 있다. 원활한 의사소통과 원만한 인간관계는 우리 삶의 질과 만족을 높이는 수단이 된다. 반면 의사소통이 원활하게 이루어지지 않으면 인간관계 문제와 갈등의 주요 원인이 되고 삶의 질을 저하시키며 정신 건강에 좋지 않은 영향을 받게 된다.

미국의 작가 스튜어드 체이스(Stuart chase)는 "우리는 커뮤니케이션 바다에 살고 있다. 그러나 물속에 사는 물고기가 물속에 있는 것을 모르는 것처럼 우리도 이를 깨닫지 못하고 있다"라고 말했다. 이처럼 인간은 끊임없는 의사소통을 하면서도 의사소통의 의미, 방법, 내용에 대한 중요성을 심각하게 생각하지 않고 살아간다. 전자 통신의 발달로 초연결 사회로 진입한 4차 산업 혁명 시대에 의사소통은 사회적 소통망(SNS)과 스마트폰 등을 매개로 하여 다양해지고 있고 증가하고 있다. 그에 따라 의사소통의 중요성과 영향력 또한 더욱 커지고 있다.

의사소통의 사전적 의미를 살펴보면 '意(뜻 의)', '思(생각 사)', '疏(트일 소)', '通(통할 통)'으로 의사(意思), 즉 '뜻과 생각'이, 소통(疏通), 즉 '막힘 없이 서로 트이고 통한다'는 의미이다. 의사소통(communication)이란 '공통'이라는 뜻의 'communis'에서 유

래되었다. 'com'은 together의 의미로 '함께하다', '공유하다'는 뜻이고 'unica-tion'은 '하나가 되다'라는 뜻으로 communication은 '함께 공유해 하나가 되는 것, 공동의 것으로 만들다'라는 의미를 가지고 있다. 급변하는 현대 사회에서 자신의 지식, 사상, 감정, 생각 등을 상대방에게 얼마나 잘 표현하고 전달하느냐 또는 상대방으로부터 정보를 얼마나 잘 받아들이는가는 다양한 인간관계에서 신뢰를 쌓을 수 있는 가장 기본적인 자세라고 할 수 있다. 타인과의 의사소통이 원활하지 못하면 자신이 속해 있는 학교, 조직, 회사 등 공동체 생활에서 많은 어려움을 겪을 수밖에 없다.

의사소통의 개념은 다양하게 정의되고 있다. 사람들이 상징을 통해 의미를 만들고 해석하기 위해 상호 작용하는 체계적 과정(J. T. Wood, 2017)[1], 둘 이상의 사이에 언어적, 비언어적 수단을 통하여 감정, 태도, 사실이나 정보, 생각, 행위 등을 상호 교류하면서 전달하는 과정(금진호 외, 2021)[2], 두 사람 이상의 사람들 사이에 생각, 의견, 감정, 사실, 느낌 또는 정보를 전달하고 피드백을 받으며 상호 작용하는 일련의 과정(김종두 외, 2019)[3] 등이라고 하였다. 이를 종합해 보면 두 사람 이상의 사람들 사이에서 언어적, 비언적 수단을 통하여 생각, 감정, 메시지를 주고받는 과정이며 그것을 통해 서로 참여하고 소통하여 하나가 된다는 의미이다. 그 의미를 넓게 확장하면 인간은 의사소통을 통해 정보를 주고받고 나아가 사회적 관계 속에서 상호 작용하며, 그 과정에서 표현과 이해뿐만 아니라 다양한 감정들을 경험하게 된다. 집단의 경우에도 마찬가지이다.

의사소통은 인간과 인간 사이뿐만 아니라 인간과 동물, 인간과 모든 사물 사이에서도 일어날 수 있다. 그러나 대부분의 의사소통은 교류적이므로 사람과의 관계 속에서 메시지를 주고받는 과정에서 이루어지는 것을 말한다고 할 수 있다.

2 의사소통의 기능

대다수의 사람은 살아가면서 다양한 사람들과의 많은 의사소통 경험을 가진다. 의사소통은 정보 전달, 정서 표현과 친밀감, 사회화, 의사 결정, 자기 인식 등의 다양한 기능을 하고 있다. 다만, 문화적, 지리적 차이로 서양과 동양의 의사소통 기능은 기본적으로 다르다. 서양에서는 자신의 생각을 명확하고 논리적으로 표현하는 것에 중점을 둔다면 동양에서는 조화와 통합을 중요시하므로 말과 문장의 직접적 의미보다 상호 작용 속에 나타나는 간접적 표현과 의미에 더 관심을 둔다.

1 정보 전달 기능

의사소통의 가장 기본적 기능은 개인과 개인, 개인과 집단, 집단과 집단 사이 등에서 정보를 전달하는 것이다. 또한 의사결정이나 문제 해결에 필요한 자료와 정보, 아이디어를 제공하고 서로 간의 이해를 증진한다. 최근 인터넷과 통신 수단의 발달로 다양한 정보들이 SNS를 통해 전달되고 있어 정보 전달 기능의 비중이 증가하고 있다.

2 정서 표현과 친밀감의 기능

의사소통은 다른 사람들에게 자신의 감정을 표현하고 상호 작용하면서 다양한 사회적 욕구를 충족시키는 기능을 한다. 또한 상대방에게 관심과 호의 등을

★1   J. T. Wood, Communication Mosaics : An Introduction to the Field of Communication, Canada : Cengage Learning, 2017, pp. 9~12
★2   금진호, 최혜경, 박경미, 최성규, 김향남, 배상정(2021), 인성과 의사소통, 양성원
★3   김종두, 김신혜, 김종구, 김충일, 성국경, 이영주, 이의걸, 정주석, 정헌정, 현영령(2019), 의사소통능력, 양성원

표현하기 위해 사용하기도 한다. 의사소통을 통해 외로움과 소외감이 줄어들고 서로를 이해하게 되어 친밀한 관계를 맺을 수 있게 된다.

③ 사회화 기능

사회화란 사회의 문화, 전통, 가치, 규범, 지식 등을 새로운 사회 구성원들에게 전달하는 교육적 역할을 말한다. 인간은 사회적 관계 속에서 사회 구성원들과 의사소통을 통해 가치 규범을 학습하여 자신이 속한 사회와 문화에 알맞게 행동할 수 있는 것이므로 사회화를 통해 사회에 적응하며 사회 구성원으로 성장할 수 있는 것이다.

④ 의사 결정 기능

의사 결정은 조직 내에서 원하는 목적을 달성하기 위해 가장 좋은 대안을 선택하는 과정이다. 인간은 사회 공동체를 유지하고 공통된 목표를 달성하기 위해 회의, 토의, 토론 등을 통해 상호 간의 정보와 지식을 교환하고 의견을 전달하며 서로 협력하는 과정을 거쳐야 한다. 의사소통은 집단 내의 합리적 의사 결정을 위해 매우 중요한 기능을 하고 있다.

⑤ 자기 인식의 증진

자기 인식이란 자기 자신의 내적 사고와 감정을 중요하게 생각하며 타인에게 영향을 주는 자기를 인식하는 것을 말한다. 자기 인식이 부족하면 행동에 일관성이 없고 상대방에게 신뢰감을 주지 못하므로 인간관계를 형성하거나 다른 사람들과의 의사소통이 어렵다. 자신의 정서적, 행동적 반응은 자신의 태도나 성격에 따라 달라지게 되므로 자기 인식에 따라 의사소통 능력도 영향을 받게 된다. 건강한 자기 인식, 긍정적인 자아 인식이 높을수록 의사소통 능력은 높아지기 때문에 자아 개념에 영향을 미치는 의사소통에 대한 새로운 인식과 경험이 필요하다. 즉, 인간은 의사소통을 통해 자신의 생각과 감정을 구체적으로 표현하고 피드백을 통해 자신의 생각, 행동, 감정에 대한 인식을 증진시켜 나가야 한다.

3 의사소통의 유형

① 분류 기준

의사소통 유형은 다양한 분류 기준에 따라 여러 가지 유형으로 나타날 수 있다.

첫째, 피드백의 유무에 따라 일방적 의사소통과 쌍방적 의사소통으로 분류된다. 일방적 의사소통은 피드백의 기회가 주어지지 않는 방송, 연설, 강의 등의 경우처럼 송신자 측의 일방적인 메시지 전달만이 존재하는 형태인 반면, 쌍방적 의사소통은 대화, 면담, 상담 등의 경우처럼 사람과 사람들 간에 서로 이야기하고 듣는 형태로 송신자와 수신자 사이에서 피드백이 일어나는 의사소통이다.

둘째, 의사소통의 방향에 따라 수직적 의사소통과 수평적 의사소통으로 분류된다. 수직적 의사소통은 다시 상급자에게서 하급자에게로 의사소통이 이루어지는 하향식 의사소통(지시, 명령 등)과 하급자에게서 상급자에게로 의사가 전달되는 상향식 의사소통(보고, 품의 등)으로 분류된다. 수평적 의사소통은 책임과 권한이 대등한 지위를 가진 개인 또는 부서 간에 이루어지는 의사소통이다.(협의, 업무 협조 등)

셋째, 조직의 성격과 소통 경로에 따라 공식적 의사소통과 비공식적 의사소통으로 분류된다. 공식적 의사소통은 조직에서 공식적인 절차에 따라서 문서와 보고 등에 의해 정보가 소통되지만, 비공식적 의사소통은 조직에서 공식적인 절차에 의하지 않고 개인적인 메모, 소문 등의 비공식적인 인간관계를 통해 이루어진다.

넷째, 목적에 따라서는 정보를 전달하는 정보적 의사소통, 교육적 의사소통, 즐거움을 위한 오락적 교육, 설득적 의사소통, 치료를 위한 치료적 의사소통으로 분류한다.

이외에도 의사소통의 전달 매체(media)에 따라 언어적 의사소통과 비언어적 의사소통 등으로 분류하기도 하며, 개인적 성향에 따라 독단성(dominance)과 사교성(sociability)으로 구분하기도 한다. 화자와 청자는 의사소통할 때 주로 언어적 메시지로 전달하지만, 비언어적 표현도 사용하므로 언어적 표현뿐만 아니라 비언어적 표현에 대해서도 파악하려고 한다. 종래에는 비언어적 의사소통이 언어적 의사소통의 보조 도구로서만 인식되었으나 최근에는 비언어적 의사소통의 중요성도 크게 강조되고 있다.

② 언어적 의사소통과 비언어적 의사소통

(1) 언어적 의사소통

언어적 의사소통은 언어로 이루어진 말(구두)과 글(문서)을 통해 이루어지는 모든 의사소통을 말하며 상황에 따라 의미가 달라지기도 한다. 말로 이루어지는 의사소통에는 대화, 발표, 연설, 강연, 토의, 토론 등이 있고, 글에 의한 의사소통에는 이메일, 편지, 문자, 메모, SNS 등이 있으며 이들 모두는 언어적 의사소통에 해당한다. 말로 이루어지는 의사소통은 정보 전달이 신속하고 피드백이 바로 이루어진다는 장점이 있지만, 한 번에 다량의 정보를 여러 사람에게 전달할 수 없다는 단점이 있다. 반면, 문서에 의한 의사소통은 한 번에 다량의 정보를 여러 사람에게 전달할 수 있다는 장점이 있지만, 의사 표현에 한계가 있고 피드백이 어렵다는 단점이 있다.

특히, 4차 산업 혁명에 의한 통신 수단의 발달로 통신 언어가 다양해지고 증가하고 있다. 통신 언어의 개념과 그 범위가 명확하지 않지만 그 의미를 살펴보면, 초연결 사회라는 특징에 따라 컴퓨터 통신이나 인터넷상에서 이루어지는 모든 의사소통 과정에서 사용되는 음성, 문자, 이모티콘 등을 통칭하는 것으로써 채팅 언어, 게임 언어, 전자 게시판 언어, 사이버 언어, 휴대전화 언어 등에서 사용되는 언어뿐만 아니라 문자 메시지까지 포함하는 개념[4]으로 광범위하게 정의하고 있다. 통신 언어가 본래의 뜻이 변화하여 통신이라는 특수한 상황에서 표현하기 적합하다는 이유에서 SNS를 통해 그 사용 빈도가 나날이 증가하고 있는 것을 보면 언어적 의사소통에서 차지하는 비중 또한 크다고 할 수 있다.

(2) 비언어적 의사소통

❶ 비언어적 의사소통의 개념

비언어적 의사소통은 언어를 제외한 그 밖의 모든 의사소통으로서 침묵, 준언어(음조, 강세, 말의 빠르기, 목소리 크기, 억양), 몸짓 언어(신체적 언어 : 눈빛, 표정, 제스처, 자세, 신체 접촉), 공간 활용, 그림, 기호 등이 있다.

비언어적 의사소통은 언어적 메시지로만 전달되는 것을 더 효과적으로 보완하고 강화해 주는 역할을 한다. 캘리포니아 대학 UCLA 심리학과 명예 교수인 엘버트 메라비언(Albert Mehrabian)은 1971년《Silent Messages》에서 상대방과 첫 대면했을 때 상대방의 호감도를 결정짓는 요인을 조사한 결과 말의 내용이 7%, 청각적 요소가 38%, 시각적 요소가 55% 영향을 미친다고 주장했다.(7 : 38 : 55의 법칙) 즉, 사람들은 상대방에 대한 인상이나 호감도를 결정하는 데 있어서 상대방이 하는 이야기의 내용보다 목소리나 시각적 이미지를 93% 신뢰하여 매우 중요하다는 것을 강조하는 것이다.[그림 4-1]

★4　권연진(2000), 컴퓨터 통신 언어의 유형별 실태 및 바람직한 방향, 언어과학 7권 2호, 한국언어학회 동남지회

"감정에 가장 효과적으로 호소하기 위해서는 메시지(Verbal), 음성(Voice), 시각 요소(Visual)를 모두 '일치'시켜야 합니다. 이 3V가 일치하지 않으면 사람들은 혼란을 일으키기 시작하며 내용보다 시각적 요소를 더 믿게 되는 것이죠."

"모든 사람은 현란한 말솜씨보다 다정함에 끌린다."

앨버트 메라비언(Albert Mehrabian, 1956)

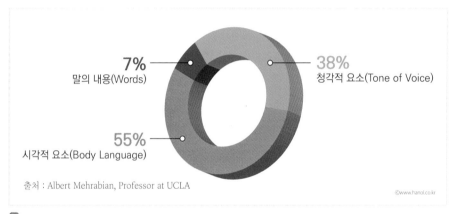

출처 : Albert Mehrabian, Professor at UCLA

©www.hanol.co.kr

💬 그림 4-1_ 메라비언(Albert Mehrabian)의 연구

"행동의 소리가 말의 소리보다 크다."라는 메라비언 법칙은 표정, 말투, 목소리, 톤, 눈빛, 제스처 등의 비언어적 요소가 의사소통에서 높은 영향력을 가지고 있다는 것을 강조하는 것이다. 예컨대, 아르바이트를 하고 있는 학생에게 한 손님이 "학생 많이 힘들지?"라고 물었을 때 학생이 찡그린 얼굴로 "괜찮아요"라고 말했다면 학생의 언어적 요소와 비언어적 요소 중 어느 것에 더 비중을 두겠는가? 사람들은 언어적 의사소통과 비언어적 의사소통이 불일치할 때 비언어적 의사소통에 더 비중을 두고 판단하게 된다. 즉 언어적 표현과 비언어적 표현이 서로 상충될 때는 비언어적 표현이 더욱 신뢰받는 것이다. 비언어적 의사소통은 언어로 전달할 수 없는 감정과 태도가 무의식적으로 반영되어 표현되기 때문

이다. 결국 언어적 의사소통과 비언어적 의사소통이 일치할 때 메시지의 전달과 영향은 강력해진다. 따라서 효과적 의사소통을 위해서는 언어적·비언어적 요소를 적절히 조화롭게 사용할 줄 알아야 한다.

❷ 비언어적 의사소통의 특징

비언어적 의사소통은 언어적 의사소통 이외의 것으로 주로 눈, 표정, 자세, 피부, 접촉, 행동 등의 신체 각 부분을 활용하는 것으로 몇 가지의 특징을 가지고 있다. 언어적 의사소통을 대체하거나 보완, 강조, 반복함으로써 의미의 효과를 높이고 감정과 정서를 표현하며 의사소통하는 대상자들에게 관계에 대한 부가적인 정보를 제공한다. 또한 무의식적이면서도 본능적 성격이 강하게 나타나 언어로 표현할 수 없는 더 많은 정보를 제공해 준다. 그러나 언어가 문화에 따라 다르게 해석되는 것과 같이 비언어적 의사소통도 그 나라의 문화를 반영하는 것이므로 오해를 불러 일으킬 여지가 많다. 컴퓨터 매개 의사소통은 준언어적 또는 비언어적 요소를 쉽게 알기 어렵다는 이유 때문에 문장 부호, 소리와 모습을 대표한 한글 자모, 이모티콘 등을 사용하고 있으며, 이것을 통해 감정과 느낌을 간단하게 표현할 수 있고 대화 분위기를 재미있게 만들면서 친밀감을 높인다.[그림 4-2]

💬 그림 4-2_ 컴퓨터 매개 의사소통에서 비언어적 요소

언어 장벽 없는 마을 'AAC'를 아시나요?

출처 : https://www.youtube.com/watch?v=w3iCHV9Kt1k

최근 새롭게 등장한 의사소통 방법 중 하나인 보완 대체 의사소통(Augmentative and Alternative Communication, AAC)은 언어적 의사소통이 어렵거나 이해하는 데 지장이 있는 사람들(외국인, 장애인, 인지 장애가 있는 노인 등)이 이해하기 쉽도록 말과 글을 보완하거나 대체하는 데 이용할 수 있는 몸짓, 사진, 그림 등을 이용하여 의사나 욕구를 표현하는 것을 말한다. 의사소통이 어려웠던 뇌성마비, 자폐 또는 발달 장애인 등은 AAC를 통해 사람들과 상호 작용을 촉진해 사회에 적응하는 데 도움을 받을 수 있다. 스티븐 호킹은 보완 대체 의사소통 도구로 음성 발생 장치를 사용했으며 이외에도 AAC 팔찌, 목걸이, 공책, 의사소통 판, 앱 기반의 전자 도구 등이 있다.[그림 4-3]

콘든(Condon, 1975)[5]은 비언어적 의사소통과 언어적 의사소통을 다음과 같이 비교·분석했다.[표 4-1]

[5]   John C. Condon(1975) "Cutural aspects of nonverbal communication"

출처 : 인천교육청

©www.hanol.co.kr

그림 4-3_ 보완 대체 의사소통판

표 4-1_ 언어적 의사소통과 비언어적 의사소통의 비교

언어적 의사소통	비언어적 의사소통
많은 사람에게 알려져 있고 문화와 인종에 따라 다르다.	보편적이고 자연적이며 학습되지 않는 행위도 포함한다.
체계화되어 있다.	체계화되기 어렵거나 체계화시킬 수 없다.
사선(dictionary)이 있다.	수화를 제외하고는 사전이 없다.
이해하지 못한 내용을 상대방에게 반복해서 물어볼 수 있다.	반복해서 물어볼 수 없다.
내용을 의도적으로 왜곡할 수 있다.	내용 통제와 왜곡이 어렵다. 무의식적인 부분이 있다.
언어와 내용이 일치한다.	언어와 일치하지 않는 경우가 많다.

❸ 비언어적 의사소통의 종류

비언어적 의사소통의 종류는 다음과 같다.

💬 침묵

우리는 말로 소통하지만 때로는 아무 말도 하지 않고 가만히 있거나 정적인 상태, 즉 침묵을 유지하기도 한다. 침묵은 대화 과정 중 상황에 따라 더 많은 의미를 부여하기도 하고, 상황적 의미를 이해해야 하는 메시지이기도 하다. 대화 도중에 침묵은 주의를 환기시키고 집중시키는 기능을 하거나 경청하도록 하기 위해 사용하기도 한다. 상대방에게 생각하는 시간을 주기도 하고 감정을 억누르며 말하기 싫거나 남을 무시할 때도 사용한다. 결국 의사소통 중 상황에 따라 침묵을 활용하도록 하고 침묵이 주는 의미에 대해 생각하며 적절하게 반응하는 것이 필요하다.

💬 준언어(반언어)

준언어는 음성적 비언어로 의사소통에 있어서 언어적 메시지의 효과를 증대시키고 상대방의 정서적 표현을 알아내는 데 중요한 단서를 제공한다. 준언어는 목소리의 높낮이, 크기, 말의 속도, 억양, 어조, 휴지 등을 말한다.

목소리의 높낮이는 소리의 높낮이 정도를 말하는데, 낮은 목소리는 높은 목소리보다 신뢰감과 설득력이 높고, 높은 목소리는 상냥함과 친절한 느낌을 준다. 목소리의 크기는 전달력에 중요한 영향을 주기 때문에 상황과 수용자에 따라 그 크기를 조절할 필요가 있다.

말의 속도는 말하는 사람의 이미지나 메시지 전달력 및 이해력과 밀접한 관련이 있다. 말의 속도가 변화 없이 똑같으면 듣는 사람이 지루해하고 전달력이 떨어지게 된다. 억양은 목소리의 높낮이에 의해 이루어지는 것으로 변화 없는 억양보다는 중요한 단어와 메시지를 전달하는 경우에는 억양을 주는 것이 전달력을 높여준다.

어조는 목소리의 변화로 속도, 고저, 강세, 장단, 음량, 음질 등을 모두 포함한다. 억양과 어조는 말하는 사람의 태도나 감정에 따라 많은 영향을 받으므로 의사소통에 미치는 영향도 크다. 억양은 같은 말이라도 달리하면 다른 의미로 해석된다. 한국어에 '그래요'라는 말도 억양을 올리면 질문이 되고 억양을 내리면 수긍하는 의미가 된다. 휴지(pause, 쉼)는 말하는 사이 잠깐 쉬는 것으로 어느 부분에서 쉬느냐에 따라 말의 의미가 달라질 수 있고, 긍정적 또는 부정적 효과가 나타나기도 한다. 말할 내용을 강조할 때나 말할 내용이 생각나지 않는 경우, 긴장되는 경우에도 휴지가 나타난다.

💬 표정

비언어적 의사소통에서 가장 많이 사용하며 효과가 가장 큰 수단이다. 얼굴 표정을 통해 나이, 건강 상태, 사회적 신분 정도, 성격 등의 대략적 정보나 기본적 감정 상태가 그대로 나타난다. 얼굴 표정은 사람의 감정과 태도를 자연스럽게 가장 잘 드러내므로 억지로 의도를 꾸미거나 만들기 어렵다.

미국 심리학자 폴 에크만(Paul Ekman)은 얼굴 표정을 기준으로 인류의 보편적 감정을 놀람, 기쁨, 슬픔, 공포, 혐오, 분노 등으로 나누었다. 얼굴 표정은 문화와 인종의 다양성에 상관없이 인간에게 보편적으로 발견되는 감정으로 객관성을 갖추고 있다.[그림 4-4] 따라서 얼굴 표정은 문화와 언어의 장벽을 극복하는 데 가장 단순하고 효과적인 의사소통 수단이 되기도 한다.

얼굴 표정의 효과는 상황과 맥락에 따라 매우 다르게 나타날 수 있다. 예를 들면 미소를 지을 때 인간관계에 따라 반응이 다른 것을 알 수 있다. 관계 형성이 되어 있는 경우, 평소에 잘 웃지 않는 사람이 미소를 지으면 "왜 그래? 무슨 일

분노   혐오   두려움   기쁨   슬픔   놀람

©www.hanol.co.kr

💬 그림 4-4_ 에크만의 보편적 감정 7가지

있어?", "미쳤어?"란 반응을 보일 수 있지만, 관계 형성이 안 되어 있는 불편한 관계에서 보이는 미소는 긴장을 해소해 서로 간의 불편한 상황을 극복하는 데 도움을 주기도 한다. 의사소통할 때에 말하는 내용과 어울리는 얼굴 표정을 띠어야 상대방에게 신뢰감을 형성할 수 있는데, 언어적 표현과 다른 얼굴 표정을 나타내는 경우에는 신뢰감을 줄 수 없다. 많은 사람은 얼굴 표정에서 나타나는 비언어적 표현이 더 진실한 감정임을 알아채기 때문이다.

🗨 눈 맞춤(eye contact)과 시선

눈은 '마음의 창'이라고 불리듯이 사람의 다섯 감각 중 가장 민감한 부분으로 사람의 관심이나 심리 상태의 변화를 가장 잘 나타내는 기관이다. 눈 맞춤은 대인관계에서 사회성 발달의 중요한 요소로 유아는 생후 2개월 정도면 눈 맞춤을 할 수 있다. 의사소통에서 눈과 눈이 서로 마주칠 때 긍정적 의미로 상대방에게 호감을 나타내며 언어로 전달되는 의미 이상의 정보를 갖는다. 반면 의사소통할 때 상대방을 응시하지 않아 눈 맞춤이 이루어지지 않으면 자신(화자)의 말을 듣고 있지 않다는 인상을 주게 되어 상대방에게 불쾌감을 줄 수 있다. 그러나 눈 맞춤이 너무 과하게 되면 상대방이 부담을 느낄 수 있으므로 자연스럽게 상대방의 이마, 입, 머리 등을 번갈아 가며 눈 맞춤을 하는 것이 좋다.

시선은 타인을 바라보는 눈동자의 방향을 말하며 마주치는 횟수와 태도는 여러 가지 의미를 지닌다. 시선이 마주치는 횟수가 많을수록 상대가 자신에게 호의를 가지고 있음을 나타내지만, 시선이 마주치는 횟수가 적으면 부정적인 감정을 가지고 있으며 대화를 빨리 끝내길 원한다는 것을 의미한다.

대화 도중 시선을 상대방이 아닌 다른 곳을 쳐다보면 심리적으로 위축되거나 불편하다는 것을 의미한다. 또한 문화권에 따라 시선의 의미가 다른데, 동양권인 우리나라는 상대가 누구냐에 따라 시선의 방향과 태도가 다르게 나타나지만 서양권은 상대방과 나이에 상관없이 시선을 주면서 대화하는 것이 보편적이다. 상대방과의 관계, 응시하는 정도와 시간, 눈 맞춤은 상황에 따라 긍적적이거나 부정적으로 해석될 수 있다. 따라서 대화할 때 그 상황에 따라 적절하게 시선을 맞추고 자연스럽게 응시하는 것이 의사소통의 효과를 증가시킬 수 있다.

💬 몸짓(제스처)

몸짓 또는 제스처(gesture)는 손이나 얼굴, 몸을 이용해 전달하는 비언어적 의사소통이다. 적절한 몸짓은 메시지 의미를 명확하게 해주고 특정한 단어를 강조해 상대방의 주의를 집중시키는 역할을 한다. 제스처의 종류는 발표자의 감정 표현, 지시와 명령, 대화에 대한 반응, 정보를 제공하는 제스처 등 다양하다.[그림 4-5] 대화 중 팔장을 끼는 모습은 상대방에 대해 방어적이거나 부정적으로 보이기 쉽고, 상대방 쪽으로 몸을 기울이는 자세는 상대방에 대한 호감도가 높다는 것을 표현하기도 한다. 언어와 함께 신체 동작이나 몸짓이 자연스러워야 바람직한 의사소통이라고 할 수 있다.

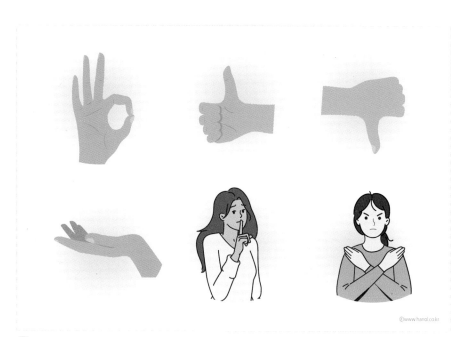

©www.hanol.co.kr

💬 그림 4-5_ 다양한 제스처

💬 신체적 접촉

인간관계에서 신체적 접촉은 비언어적 의사소통에서 개인적 측면이 강하며 직접적으로 이루어진다. 갓난아기는 태어나서 처음으로 부모와의 신체 접촉을 통해 부모의 사랑을 느낀다. 악수, 팔짱을 끼는 것, 어깨동무, 포옹 등의 신체적 접촉은 주로 사용되는 비언어적 행위 표현이며 사람들과의 관계에서 친밀감을 나타낸다. 이것은 상대방에 대한 신뢰, 관심, 애정, 격려 등의 의미를 갖는다. 그러나 신체적 접촉이 허용되는 부분은 문화적으로 규정되어 있거나 그것이 내포하는 잠재된 상징적 의미 때문에 조심스럽게 행동해야 하는 경우도 있다. 예를 들면 우리나라는 격려와 칭찬의 의미로 어른이 아이들의 머리를 쓰다듬어 주지만, 태국 등의 불교 국가에서는 '머리는 혼이 머무르는 곳'으로 여겨 머리를 건드리면 혼을 잃어버리는 재수 없는 행동으로 간주한다.

💬 공간 활용

대화에서 대상자와의 거리는 환경을 통한 중요한 비언어적 의사소통에 해당한다. 대상자와의 물리적 거리, 즉 공간은 상대방에게 느끼는 감정과 관계를 의미하기 때문이다. 친밀한 관계는 가깝게 앉고 낯선 사람과는 어느 정도 떨어진 거리를 유지한다. 사람들은 자기 주위의 공간을 개인적 공간, 즉 자기 영역으로 생각한다. 누군가 개인적 공간에 들어오면 불편함과 위협을 느끼게 된다. 인류학자인 에드워드 홀(E. Hall)은 거리에 따른 관계를 친밀한 거리(Intimate Distance), 개인적 거리(Personal Distance), 사회적 거리(Social Distance), 공적인 거리(Public Distance) 4가지로 제시했다.[표 4-2]

③ 개인적 성향에 따른 의사소통

Johnson(1972)은 개인의 성향(특성)에 따른 의사소통의 유형의 기준을 독단성(dominance, 지배성)과 사교성(sociability, 친화성)을 제시하였다. 독단성은 타인을 통제하려는 성향이 강한 것으로 과시적, 권위적, 엄격함을 중시하는 특징이 있으며, 독단

표 4-2_ 관계에 따른 물리적 거리

구 분	물리적 거리	의 미
친밀한 거리	46cm 이내	• 애인, 부모, 부부 사이와 같이 밀접한 거리 • 친밀한 신체 접촉이 있음 • 모든 감각 기관에서 상대방의 존재를 감지할 수 있음
개인적 거리	46cm~1.2m	• 친구, 가족, 동료, 지인 사이에 적합 • 사생활 보호, 협력하기에 편리 • 다른 사람들과 거리가 유지되는 보호 영역 • 정서적 거리
사회적 거리	1.2~3.6m	• 사교적 장소의 거리 • 정식적, 호의적 • 직장, 사회적 관계에서 가능한 거리
공적인 거리	3.6~7.6m 또는 그 이상의 거리	• 공식적 모임 • 청중 앞에서 강연할 때

성이 높은 사람은 자기주장을 강하게 제시하고 독단성이 낮은 사람은 상대적으로 협조적이다. 사교성(사회성)은 다른 사람과 사회적으로 친밀한 관계를 맺는 것을 말하며 개방적, 자상함, 친절함 등의 특징을 갖는다. 사교성이 높은 사람은 자신의 감정을 자연스럽게 표현하지만 사교성이 낮은 사람은 자신의 느낌을 숨기며 공식적 인간관계만 유지하려고 한다.

리스와 브란트(Reece & Brandt, 1984)[6]는 독단성과 사교성의 정도에 따라 높고 낮은 상호 결합에 의해 의사소통 유형을 감정형(emotive style), 지휘형(directive style), 지원형(supportive style), 사려형(reflective style) 4가지로 구분하였다.[그림 4-6]

감정형은 효과적인 의사소통 유형으로 높은 독단성과 높은 사회성을 지닌 유형이다. 열정적이며 자기 감정을 솔직하게 표현하고 활동 지향형, 높은 사교성, 타고난 실득력을 가지고 있다.

지휘형은 높은 독단성과 낮은 사교성 유형으로 엄격하며 자기주장이 강하다.

---

[6] Reece, B. L. & Brandt, R, Effective human relations in organization. Boston:Houghton Mifflin Co.,1984

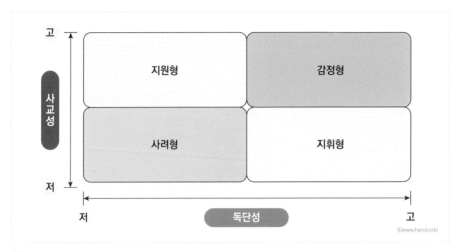

🗨 그림 4-6_ 개인의 의사소통 유형

주로 지시와 통제를 하며 무관심하다. 신중한 태도, 강력한 의견 표출, 공식적 관계 접근과 같은 행동들이 나타난다.

지원형은 낮은 독단성과 높은 사교성을 가지며 민감하고 참을성이 있어 경청 능력이 뛰어나다. 따뜻하게 의사를 표현하며 심사숙고하는 특징이 있다.

사려형은 낮은 독단성과 낮은 사교성을 가진 유형으로 혼자 있기를 좋아하며 의사결정 전에 모든 정보를 수집하고 조사하는 심사숙고형이다. 이들은 의사결정에 어려움을 겪는 유형의 사람들로 감정을 통제하기 때문에 성품이 조용하고 질서정연한 특징이 있다.

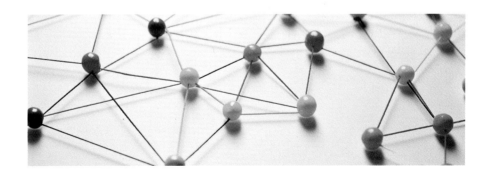

4 의사소통의 모델과 구성 요소

의사소통의 모델은 상호 교류하면서 메시지를 보내는 의사소통의 과정을 설명하기 위한 것이다. 최초의 주요한 모델은 1949년 섀넌-위버(Shannon-Weaver) 모델이며 현재까지 가장 영향력 있고 다양한 분야에서 활용되고 있다.[그림 4-7] 이 모델은 발신자-수신자 모델로 선형적, 직선적, 일방향적 관점의 모델로서 정보원, 송신기, 수신기, 목적지, 잡음(noise) 등을 기본 구성 요소로 하고 있다. 정보원이 송신기 채널을 통해 메시지를 보내면 수신자는 메시지를 해석하여 목적지에 보낸다. 특징적인 것은 소음(noise) 개념이다. 소음은 전달자로부터 채널을 통해 전달되는 메시지에 영향을 주거나 방해하는 요소들을 말한다. 이 모델은 의사소통 경로가 선형이므로 상호 작용이 어렵다는 제한점이 있다.

의사소통의 6가지 구성 요소는 송신자(sender, 전달자), 수신자(receiver, 듣는 사람), 메시지(message), 전달 매체, 피드백(feedback), 상황(context)이다.

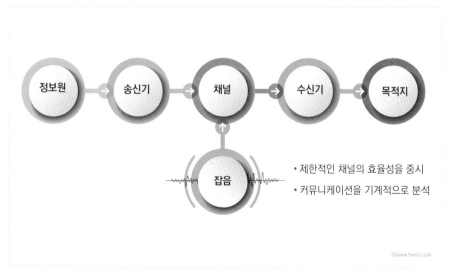

그림 4-7_ 섀넌-위버(Shannon-Weaver)의 커뮤니케이션 모형

① 송신자(전달자)

의사소통의 당사자로 생각, 감정, 정보 등의 메시지를 수신자에게 전달하거나 표현할 의도를 가진 사람이다. 발신자, 전달자라고도 한다. 송신자(sender)는 수신자에게 전달할 메시지와 전달 방법 등을 결정하며 정보와 관련된 풍부한 지식, 적절한 단어를 선택하여 언어적 의사소통을 하거나 비언어적 의사소통의 기호와 상징 등을 사용한다. 송신자는 메시지를 받는 사람의 다양한 특성과 연령, 발달 단계, 감수성, 선호도 등을 고려해야 의사소통의 효과가 높아진다.

송신자 장애 요인은 다음과 같다.

❶ 언어적 비언어적으로 일치하지 않은 메시지를 전달하게 되는 경우 수신자는 혼란스럽거나 메시지를 오해할 수도 있다.

❷ 송신자의 의사소통 기술 부족으로 불명확한 메시지를 전달한다. 부적절한 단어, 문법상 오류, 메시지가 너무 길거나 어려울 때 수신자가 메시지를 잘 이해할 수 없어서 내용을 정확하게 전달받기 어렵다.

❸ 송신자가 높은 지위에 있거나 고압적이고 엄격한 의사소통을 강요하는 경우 원활한 상호 작용이 결여되어 의사소통이 어렵게 된다.

❹ 송신자가 수신자를 잘 알지 못하고 수신자의 입장을 이해하지 못한 메시지를 전달하면 의사소통 효과가 감소한다. 수신자의 연령, 성향, 이해도를 파악하여 수준에 맞지 않는 메시지를 전달하는 경우가 이에 해당한다.(예 노인, 초등학생)

② 수신자

수신자(receiver)는 송신자가 전달하는 생각, 감정, 사상, 정보 등의 메시지를 받아들이는 사람이다. 수신자는 의사소통의 상대방인 송신자의 입장에서 메시지를 해독하고 존재하는 내용을 해석해야 한다.

수신자 장애 요인은 다음과 같다.

❶ 수신자가 편견과 선입견으로 정보를 왜곡하거나 자기 입장에서 해석하는 경우이다. 메시지의 일부만을 선택적으로 해석함으로써 상대방의 의도를 왜곡하게 된다.

❷ 수신자의 반응 또는 피드백이 부족하거나 수신자가 메시지에 관심이 없을 때 송신자가 보내온 메시지를 주의 깊게 듣지 않게 된다.

❸ 수신자의 신체적 정신적 지각의 장애가 있는 경우 의사소통의 어려움을 겪는다. 노년기의 신체적 기능 저하나 신체적 정신적 장애를 가진 사람들이 해당된다.

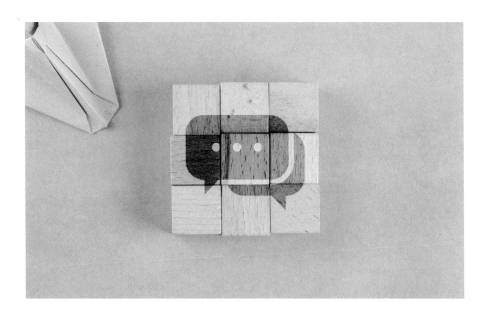

③ 메시지

메시지는 송신자가 수신자에게 전달하고자 하는 정보로 의사소통에서 핵심적인 요소이다. 메시지는 송신자가 수신자에게 어떤 의미를 어떤 부호를 통해 전달하는 것으로, 내용과 형식을 말한다. 내용은 메시지의 주제이고 형식은 언어적 유형을 포함하여 텍스트, 이미지, 동영상, 기호 등의 비언어적 요소들이 포함된다. 메시지는 시각, 청각, 후각, 촉각, 미각 등의 감각 기관을 통해 수신자에게 전달되며, 전달 과정에는 부호화(기호화) 과정과 해독 과정이 있다. 부호화 과정은 송신자가 자신의 감정, 생각 등을 부호화하거나 변형시키는 것으로 메시지를 생산하는 과정이다. 해독은 수신자가 자신의 감정과 생각으로 메시지를 이해하는 행동이다.

메시지 장애 요인은 다음과 같다.
❶ 비효율적인 메시지로 메시지의 초점이 없고 조직화되지 않은 것으로 내용이 너무 길거나 어렵다.
❷ 부적합한 언어나 속어를 사용하여 대상자가 이해할 수 없다.

④ 피드백

피드백은 송신자와 수신자를 연결하며, 메시지가 잘 전달되고 메시지를 정확하게 이해했는지에 대해 반응을 보이는 행동을 말한다. 언어적 피드백(feedback)으로는 질문, 이해한 것 확인하기 등이 있고 비언어적 피드백은 긍정적일 때는 미소, 고개 끄덕임 등이, 부정적일 때는 찡그림, 고개를 가로젓거나 시선 피하기 등이 있다.

피드백 장애 요인은 다음과 같다.
❶ 비판을 용납하지 않거나 불신과 위협이 존재하는 경우로 메시지에 부정적으로 반응한다. 이때 상대방을 믿지 못해 말의 의미를 왜곡시키고 자신을 비난

하는 것으로 오해하기도 한다.

❷ 피드백이 부족하거나 피드백이 잘못된 정보를 제공할 때 메시지에 대해 정확한 정보를 제공할 수 없다.

⑤ 전달 매체(채널)

메시지를 주고받는 수단과 통로를 말한다. 전달 매체의 유형은 언어적 채널로 대면 접촉, 전화, 화상 회의가 있고 문서적 채널로는 편지, 보고서 등이 있다. 디지털 시대의 새로운 채널로는 인터넷, 전자 메일, SNS, 트위터 등이 있다. 최근 기술 발전으로 이용할 수 있는 새로운 채널이 증가하고 다양화되었다.

전달 매체에서 발생하는 의사소통의 장애 요인은 소음, 부적절한 매체 선택, 네트워크 접속 문제, 바이러스 감염, 기술상의 문제 등이 있다.

⑥ 상 황

의사소통 전후의 상황(맥락, context)과 관련된 환경적 요소로 물리적, 사회적, 심리적 환경이 포함된다. 의사소통이 일어난 장소, 시간, 분위기, 사회적·정치적 환경, 사회 문화적 배경 등을 말한다. 즉 발신자와 수신자 간의 경험과 문화적 가치가 해당된다.

상황에서 발생하는 장애 요인은 너무 덥거나 추운 분위기, 시끄럽고 소란스러운 분위기(자동차 소리, 기계 돌아가는 소리 등) 등의 환경적 문제, 문화적 차이, 관계의 문제 등이 있다.

5 부적응적 의사소통과 개선 방안

앞에서 의사소통의 구성 요소별 장애 요인을 알아보았다. 이를 종합해 보면 의사소통을 방해하는 부적응적 의사소통은 일방적 의사소통, 도덕적 판단, 강요나 명령, 선입견, 물리적 환경 등이 있다.

1 일방적 의사소통

한 사람이 일방적으로 이야기하거나 듣기만 하는 경우로 상호 작용이 없는 의사소통을 말한다. 서로 주고받는 작용이 끊임없이 발생하는 것이 효과적인 대화 방식이지만, 피드백 없이 일방적으로 주거나 받을 때 의사소통이 차단된다.

2 도덕적 판단

가치관과 도덕성을 기준으로 타인의 행동과 말에 대해 옳고 그름을 표현하는 것이다. 즉 타인의 행동과 말에 대해 비난, 모욕, 비교하면서 부정적으로 판단하는 것을 의미한다. 비난하고 판단하는 말을 듣게 되면 자기도 모르게 방어, 저항, 공격적인 태도를 갖게 된다.

3 강요나 명령

권위 있는 사람이 자신이 원하는 것을 다른 사람에게 강요하는 것이다. 일방적으로 "~해야 한다"라고 표현하며 다른 사람에게 심리적 억압과 위협을 주는 경우이다. 이 경우 상대방에게서 저항과 반항적 행동이 유발되므로 의사소통이 방해된다.

④ 선입견

개인적 생각과 고정 관념을 가지고 있을 때 다른 사람들이 하는 말의 의미와 정보를 정확하게 이해하지 못하고 왜곡해서 해석하게 된다. 따라서 의사소통 전에 자신의 선입견과 편견이 있는지 점검하는 것이 필요하다.

⑤ 물리적 환경

의사소통을 방해하는 물리적 환경으로는 소음, 전자파, 조명 등이 있다. 대화에 집중할 수 없는 외부적 환경으로 의사소통에 부정적인 영향을 미쳐 전달하는 정보와 의미를 잘 이해하지 못하게 된다. 물리적 환경에 의한 의사소통 장애 요인을 개선하는 방법은 송신자가 수신자의 입장을 고려하여 구체적이고 정확한 메시지를 전달하고 사후 검토와 피드백을 이용하여 수신자가 메시지를 어떻게 파악하고 있는지 확인해야 한다. 수신자는 편견과 판단 없이 송신자의 전체적 메시지를 주의 깊게 경청하고 적절한 피드백을 주어야 한다. 메시지에 적합한 매체가 선택되어야 하고 송신자와 수신자의 상호 신뢰 분위기와 환경이 조성되어야 한다.

Chapter 05

의사소통 이론

🎯 학습목표

1. 사티어의 의사소통 유형을 설명할 수 있다.
2. 교류 분석에서의 자아 상태를 구분하여 설명할 수 있다.
3. 교류 분석의 종류를 설명할 수 있다.
4. 의사소통 이론에 근거하여 자신과 타인의 의사소통을 분석할 수 있다.

💡 개 요

의사소통은 인간 사이의 이해를 목적으로 정보, 감정, 생각, 의견 등을 공유하는 과정이다. 이러한 과정에는 여러 요소가 유기적으로 결합되어 있고 매우 복잡한 요소들이 동시에 작용하기 때문에 다양한 문제가 발생할 수 있다. 의사소통 이론은 의사소통 과정과 방법에 대한 체계로서 의사소통에 대한 이해를 높이고 효과적인 의사소통을 하는 데 도움을 준다. 따라서 이 장에서는 사티어의 의사소통 이론과 교류 분석에서 제시하는 의사소통 유형, 자아 상태, 교류 분석의 종류 등을 알아보고, 각 이론을 근거로 개발된 검사를 통해 자신의 의사소통을 분석하여 인간관계 증진을 위한 적용점을 찾고자 한다.

1 사티어의 의사소통 이론

사티어(Satir, 1916~1988)는 경험적 가족 치료 모델을 창시한 가족 치료의 선구자이다. 가족의 의사소통 방법을 개선하여 가족의 역기능적 문제를 해결하고자 했으며 이를 위해 실존주의, 긍정 심리학, 체계 이론 등의 개념을 통합하여 가족 치료의 '성장 모델'을 발전시켰다.

사티어의 이론은 4개의 전제를 기초로 하고 있다. 모든 대상자에게 적용되는 보편적 목표이자 궁극적 삶의 목표로 자존감 증진, 좀 더 나은 선택, 좀 더 책임감 있는 사람, 일치적 상태가 되는 것을 제시했다. 이론의 기초가 되는 네 개의 전제는 다음과 같다.

첫째, 사람들의 모든 행동에는 합리적이거나 적절한 동기가 있다.

둘째, 모든 사람의 문제는 치료될 수 있으며, 이를 위해 면담자는 일관된 행동으로 일치적 의사소통을 해야 한다.

셋째, 마음과 신체는 서로 연결되어 있는 체계의 한 부분이다.

넷째, 자아 존중감과 올바른 의사소통은 서로 밀접한 관련이 있으며 자아 존중감과 올바른 의사소통 능력은 정비례한다.

사티어는 의사소통의 과정을 중요시했으며 언어적, 비언어적 의사소통의 일치성을 강조했다. 일치적 의사소통을 위해서는 자존감을 높여 내면을 표현하는데 두려움이 없어야 하며, 의사소통 방식의 문제점을 자각하여 해결해야 한다.

1 자존감과 의사소통

자존감은 사티어의 이론에서 중요한 개념으로 자신과 타인, 상황의 세 가지 요소를 고려한다. '자신'은 자기에 대한 애착, 사랑, 신뢰, 존중을 통해 갖게 되는 가치와 자신의 유일성을 느끼는 것이며, '타인'은 다른 사람과의 관계에서 형성되어 다른 사람에 대해 느끼는 동질성과 이질성, 상호 작용에 대한 것이다.

'상황'은 주어진 여건과 맥락을 의미하며, 인간은 가장 원초적으로 부모와 자녀 관계(원가족 삼인군) 상황을 경험한다.

자존감이 높은 사람은 자기 자신을 사랑하고 감사를 느끼며 에너지를 만들어 낸다. 또한 에너지를 조화롭고 긍정적으로 사용함으로써 현재 주어진 상황을 더욱 창조적이고 현실적으로 잘 극복한다. 사티어는 의사소통을 비유적으로 "인간 사이에 오가는 모든 것을 덮어주고 영향을 미치는 거대한 우산"이라고 했다. 그러므로 인간의 모든 행위를 포함하는 개념으로서의 의사소통에서 자존감은 결정적인 요인이라고 할 수 있다.

기능적이고 바람직한 의사소통이 이루어지기 위해서는 자존감의 세 가지 요소, 즉 자신, 타인, 상황 모두 온전해야 한다. 하지만 인간은 자존감이 위협받는 스트레스 상황에서 자신을 보호하기 위해 역기능적으로 의사소통한다.

② 의사소통 유형

사티어는 의사소통의 방식을 자아 존중감과 관련하여 기능적 의사소통과 역기능적 의사소통으로 구분하고 있다. 기능적 의사소통은 언어적, 비언어적 메시지가 일치하고, 높은 자존감을 갖고 상대방의 메시지를 경청하며 정확하게 질문하고 자신의 의견을 전달하는 것을 의미한다.

역기능적 의사소통은 자존감이 낮아 자기 약점이 노출되는 것을 지나치게 염려하거나 타인과의 관계가 깨질 것을 걱정하여 언어적, 비언어적 메시지가 불일치한다. 기능적 의사소통 유형에는 일치형이 있으며, 역기능적 의사소통 유형에는 자신, 타인, 상황에서 중점을 어디에 두는지에 따라 구분되는 회유형, 비난형, 초이성형, 산만형이 있다.

(1) 회유형

회유형은 자신의 가치나 감정을 무시하고 타인에게 전적으로 맞추려는 유형이다. 자존감의 세 가지 요소 중 자신을 무시하고 타인의 상황을 중요시한다. 타인

표 5-1_ 회유형의 특성

구 분		내 용
자신 무시	행동	· 의존적, 지나치게 상냥하고 착한 행동 · 사죄와 변명, 우는 소리, 위축
	언어 특성	· "모두 다 내 잘못입니다." · "당신이 없으면 난 아무것도 아닙니다." · "난 중요하지 않아요." · "이해해 주세요."
	전반적 정서	· 우울감, 죄책감, 수치감, 실패감, 두려움, 억압된 분노
	자기 개념	· 낮은 자존감, 자아와 미접촉, 외부에 초점
	심리적 자원	· 배려, 돌봄, 타인 민감성

의 비위를 맞추고자 타인에게 동의하는 말을 하고 요구를 거절하지 못한다. 이 유형의 사람들은 자신을 무가치하게 여기고 자존감이 낮아 자신의 것을 주장할 필요나 가치가 없다고 느끼며 타인의 견해만 중요하다고 느낀다. 자신은 내적으로 동의하지 않으면서 다른 사람들의 의견에 동조하고 비굴한 자세를 취하며 사죄와 변명을 하는 등 지나치게 착한 행동을 한다.

이러한 자기 희생적 행동은 다른 사람에게 순종함으로써 거부당하지 않고 인정받기를 원하는 열망이 크기 때문이며, 착하고 좋은 사람으로 인정받기 위해 결국 자신을 무시하고 타인에게 자신의 힘을 넘겨주는 것이다. 회유형의 일치성을 높이기 위해서는 자기 가치감과 평등성을 갖도록 하고 상호 작용 시 회유형의 기분이나 감정에 민감하게 반응하면서 이해를 공유하는 것이 효과적이다. 회유형의 특성은 [표 5-1]과 같다.

(2) 비난형

비난형은 회유형과 정반대되는 유형으로 자신만이 옳고 모든 문제를 타인이나 환경의 탓으로 여기는 유형이다. 자존감의 세 가지 요소 중 타인을 무시하고

표 5-2_ 비난형의 특성

구 분		내 용
타인 무시	행동	• 공격적, 비난의 자세, 화난 표정, 경직된 행동, 남 탓하며 책임 회피, 약점 잡기, 위협, 판단, 명령
	언어 특성	• "모두 당신 잘못이야." • "내 잘못은 없어." • "당신은 제대로 하는 것이 아무것도 없어." • "내가 제일 중요해."
	전반적 정서	• 분노, 짜증, 좌절, 외로움, 실패감, 무기력, 통제력 상실에 대한 공포
	자기 개념	• 낮은 자존감, 실패에 대한 두려움, 자아와 미접촉, 소외감, 자기 통제감 결핍
	심리적 자원	• 자기주장, 지도력, 에너지

자신과 상황을 중요시한다. 다른 사람의 약점을 발견하여 질책하고 난폭한 언행, 잔소리, 적개심을 드러내기도 한다. 다른 사람이 자신의 뜻을 따라야 한다고 굳게 믿고 있어 다른 사람이 자신의 기대를 충족시키지 못하면 분노의 감정을 느끼며 비난한다. 비난형의 공격적 행동은 자신을 보호하기 위한 행동인데, 내면적으로 자신은 소외되어 있고 외로운 실패자라고 느끼기 때문이다. 자신을 중요하게 부각시키기 위해 타인을 부정하는 것이다.

비난형의 일치성을 높이기 위해서는 타인을 존중하도록 하고 타인에 대한 기대로 인해 문제가 발생하므로 기대 부분을 우선적으로 탐색하여 조정하는 것이 필요하다. 비난형의 특성은 [표 5-2]와 같다.

(3) 초이성형

초이성형은 자신과 타인 모두를 무시하고 냉철하게 객관적인 상황만을 중요시하는 유형이다. 지나치게 이성적이며 아주 객관적인 규칙들과 합리적으로 옳

✦ **표 5-3_ 초이성형의 특성**

구 분		내 용
자신/타인 무시	행동	• 권위적, 무표정하고 경직된 자세, 냉담한 표정, 원칙론적 행동, 조작적, 의도적, 강제적 행동
	언어 특성	객관적인 규칙과 원칙에 관한 자료 사용, 추상적인 단어와 긴 설명, 어려운 용어 • "인간은 언제나 이성적이어야 해." • "당신은 너무 예민하고 지나치게 감정적이야."
	전반적 정서	• 완고하고 냉담함, 민감하고 외로움, 고독, 공허, 통제력 상실에 대한 공포
	자기 개념	• 자신의 가치에 대한 확신 부족, 자아와 미접촉, 통제력 부족, 무력감
	심리적 자원	• 지식, 문제 해결 능력, 논리성

은 자료와 논리에 근거하여 의사소통을 한다.

자신과 타인의 감정을 거부하고 객관적인 상황만을 존중하며 자신의 주장이 합리적이라고 주장하지만 실제로는 매우 편협하고 왜곡되고 지엽적이며 자기중심적이다. 초이성형은 타인뿐만 아니라 자신도 객관적 대상으로 비판하거나 평가하기 때문에 자신의 내면 경험을 말할 때도 남 이야기하듯이 한다. 또한 의사소통 시 어려운 용어로 말하거나 연구 자료 등을 인용하기 때문에 말하는 내용을 이해하기 힘들다. 이들은 매우 완고하고 냉담한 자세를 보이며 침착하게 대처하는 모습이어서 지성인으로 비춰지기도 한다. 그러나 내면적으로 쉽게 상처받고 소외감을 느끼는 취약성을 갖고 있어 감정을 드러내지 않기 위해 상황에 초점을 둔다.

초이성형의 일치성을 높이기 위해서는 자신과 타인을 존중하고 수용할 수 있도록 해야 하며, 자신의 신념과 가치관 등의 지각 체계를 통해 변화를 시도하도록 한다. 초이성형의 특성은 [표 5-3]과 같다.

(4) 산만형

산만형은 초이성형과 대조되는 유형으로 자신과 타인, 상황 모두를 무시하는 유형이다. 이들은 산만, 회피, 철회 등의 방식으로 현실 도피를 하는 특징을 가지고 있다. 산만형은 뛰어난 유머 감각과 유쾌함으로 모임에서 분위기를 주도하여 자발적이고 재미있는 사람으로 보이기도 한다. 그러나 내면적으로는 자신이 받아들여지지 못한다고 여겨 불안, 외로움, 무가치감과 혼란스러운 감정을 느낀다. 이러한 상황에서 발생하는 긴장감을 견디기 힘들어 산만한 행동을 함으로써 스트레스 상황을 회피하려고 하는 것이다. 산만형은 한 주제에 집중하지 못하고 상대방의 이야기를 무시하거나 질문에 대해 엉뚱하게 대답하는 경우가 많아 의사소통을 유지하기가 어렵다.

산만형의 일치성을 높이기 위해서는 자기 주위에 있는 구체적인 사물, 환경의 구성물을 통해 안정된 경계선을 지각하도록 하고, 다른 사람의 말을 끝까지 경

표 5-4_ 산만형의 특성

구 분		내 용
자신, 타인, 상황 무시	행동	• 현실 도피적: 산만한, 회피적, 철회적 행동 • 지나치게 활동적이며 방해적 행동 • 상황을 모르는 척하는, 상황을 벗어나려는 행동
	언어 특성	• 관계없는 단어 사용, 주제를 자주 변경 • 회피하거나 의미 없는 이야기 • 뜻이 통하지 않고 요점이 없음 • "날 내버려 둬."
	전반적 정서	• 혼란스러운 감정, 매우 민감함, 걱정/슬픔 • 외로움, 고립감, 공허함 • 통제력 상실에 대한 공포
	자기 개념	• 자신감 결핍, 자아와 미접촉 • 통제력 상실, 진짜 감정을 표현하지 못함
	심리적 자원	• 유머, 즐거움, 자발성, 창의성

(그림 내 텍스트) 자신   타인   상황

청하고 자신의 생각을 마지막까지 표현하도록 한다. 산만형의 특성은 [표 5-4]
와 같다.

(5) 일치형

일치형은 자신, 타인, 상황 모두를 존중하는 가장 기능적인 의사소통을 하는
유형이다. 회유형, 비난형, 초이성형, 산만형은 역기능적인 의사소통 유형으로
자신의 내면이 진심으로 원하는 것과 다르게 의사소통한다. 기본적으로 일치형
은 전달하려는 메시지와 감추어진 내면의 감정이 일치한다. 일치형의 사람들은
자기 자신에게 자유로우며 다른 사람을 수용함에 있어서 융통성이 있고 개방적
인 태도를 보인다. 이들은 높은 자존감을 가지고 있으며 의사소통 시 타인이나
상황을 비난하거나 조정한다든지 자기를 방어하면서 타인을 무시하는 것이 아
니라 진정한 자기 자신이 되어 대인관계를 맺고 균형 잡힌 의사소통을 한다.

사티어의 일치적 의사소통의 특징은 다음과 같다.

- 지금 여기에서 보아야 하는 것을 보고 들어야 하는 것을 듣는다.
- 느껴지는 것을 느낄 뿐 아니라 자신이 느끼고 생각하는 것을 표현한다.
- 외부의 허락에 매달리지 않고 원하는 것을 요구한다.
- 개성이 뚜렷하고 자신의 독특성을 인정한다.
- 생명 에너지가 잘 순환되고 다른 사람과의 관계에서도 에너지를 서로 잘 주고
  받는다.
- 자신과 다른 사람을 기꺼이 신뢰한다.
- 신념에 따라 모험을 하려고 하며 상처받는 것을 기꺼이 감수한다.
- 자신의 내외적 자원을 활용한다.
- 친밀감에 대해 개방적이다.
- 자신과 다른 사람을 편안하게 수용한다.
- 자신과 다른 사람을 사랑한다.
- 변화에 대해 융통성이 있고 개방적이다.

2 교류 분석 이론

교류 분석(Transactional Analysis, TA)은 미국의 정신과 의사 에릭 번(Eric Bern)에 의해 1957년 창안된 이론이다. 둘 또는 그 이상의 인간관계에서 이루어지는 교류 패턴 또는 대화 패턴을 분석하기 위한 이론을 제시하며 발전되어 왔다. 성격 이론으로서의 교류 분석은 인간의 심리적 구조를 설명해주며 효과적인 의사소통 방법에 대한 이론을 제공한다. 교류 분석 이론의 목적은 자신과 타인을 이해하고 자신과 타인의 관계를 이해함으로써 개인이 성장하는 것이다.

교류 분석은 인간, 삶, 변화의 가능성에 대해 세 개의 철학적 가정에 근거한다.

첫째, 인간은 누구나 'OK'이다. 즉 인간은 누구나 가치 있고 소중하며 존엄하다는 뜻으로 성장의 과정에서 자신이나 타인에게 부정적 감정을 갖기도 하지만 원래 긍정적 자세를 가지고 태어난다는 것이다.

둘째, 인간은 누구나 사고할 능력을 가지고 있다. 따라서 인생에서 어떠한 결정을 하든 자신의 책임이며 각 개인은 자신이 한 결정에 따라 세상을 살아간다.

셋째, 인간은 자신의 운명을 스스로 결정하며, 또한 이러한 결정을 얼마든지 변화시킬 수 있다. 부모, 중요한 타인이나 환경이 개인에게 강한 압력을 행사할 수 있지만 이러한 압력에 대한 동조 여부는 자신의 결정에 달려 있으므로 유아기의 결정이 잘못된 결과를 가져왔다면 그 결정을 찾아 더욱 새롭고 적절한 결정으로 변화시킬 수 있다는 것이다.

인간은 다른 사람들과 교류할 때 세 가지의 자아 상태 중 어느 한 가지 자아 상태에서 교류한다. 자아 상태란 특정한 사고, 느낌, 행동을 의미하며, 교류는 인간 사이에서의 자극과 반응으로 이루어진다. 교류 분석은 다양한 인간의 교류나 행동에 대한 이론 체계로서 타인과의 관계에서 자신과 타인의 행동, 느낌의 패턴을 이해하여 상대방에게 맞는 대화 패턴을 훈련함으로써 인간관계를 개선하고 신뢰 관계를 수립할 수 있도록 한다.

① 자아 상태와 기능

자아 상태는 세 가지로 구성되며 자아 상태마다 고유한 사고, 행동, 감정을 나타낸다. 이 세 가지 자아 상태가 서로 독립적이면서도 통합적인 기능을 유지할 때 건강한 성격이라고 할 수 있다. 평형 상태에 위협을 주는 내외적 자극에 의해 불안을 느끼며 세 가지 자아 상태 중 하나가 강하게 반응을 보이는 경향을 나타내게 되는데, 이러한 경향성이 각 개인의 독특한 행동의 원천이 된다.

(1) 부모 자아 상태(Parent ego-state: P)

부모 자아는 생후 5년 동안 부모나 주된 양육자들의 언어나 행동, 태도 등을 무비판적으로 습득하여 형성되는 자아이다. 내가 부모나 권위적 인물의 행동이나 사고, 감정을 본받아 따라 하고 있다면 부모 자아 상태에 놓여 있는 것이다. 부모 자아를 기능적으로 세분화하면 비판적 부모 자아와 양육적 부모 자아로 구분된다.

비판적 부모 자아(Critical Parent: CP)는 도덕적으로 완고하고 상대방을 비판하며 통제하는 기능을 한다. 양심과 도덕성이 발달하여 규칙을 잘 지키고 정의롭고 모범적인 모습을 보인다. 적절한 경우 사회 체제나 규범을 지키는 데 도움이 되지만 심한 경우 자신의 삶에 방해가 되기도 한다.

양육적 부모 자아(Nurturing Parent: NP)는 따뜻하고 온정적이며 온화하고 애정을 지닌 어머니와 같은 성격을 가진 자아로 개인의 성장을 도모하고 격려하는 기능을 한다. 다른 사람에 대한 이해심이 깊고 관대하며 부드럽고 온정적 태도로 남을 잘 돕는다. 그러나 기능이 지나치면 상대방의 잘못된 행동을 묵인하고 과보호하며 지나치게 다른 사람의 일에 간섭하고 관여하려는 부정적 경향성이 나타날 수 있다.

(2) 성인 자아 상태(Adult ego-state: A)

성인 자아는 생후 10개월부터 경험을 통해 스스로 자각하고 사고하게 되면서

형성되는 자아이다. 정보를 수집하고 처리하며 부모 자아와 아동 자아에서 수집된 정보들이 적절한지를 판단하는 역할을 한다. 내가 과거의 영향을 받지 않고 지금-여기의 상황에 맞게 가장 적절하게 행동하고 사고하며 감정을 느낀다면 성인 자아 상태에 놓여 있는 것이다. 성인 자아는 세 가지 자아 중 가장 늦게 발달하며 사실적이고 합리적이며 이성적인 특성을 나타내어 적응적인 생활을 유지하게 하는 가장 성숙하고 바람직한 자아 기능을 담당한다. 그러나 지나치게 합리적이고 이성적인 태도는 대인관계에서 상대방에게 냉정하고 사무적이며 인간미 없는 모습으로 대할 수 있으므로 경계가 필요하다.

(3) 아동 자아 상태(Child ego-state: C)

아동 자아는 세 가지 자아 중 가장 먼저 발달하는 자아로 어린 시절의 감정과 경험, 반응 양식이 축적되어 형성되는 자아이다. 내가 어렸을 때 했던 것처럼 행동하거나 생각하거나 감정을 느낀다면 아동 자아 상태에 놓여 있는 것이다. 아동 자아를 기능적으로 세분화하면 자유로운 아동 자아와 순응적 아동 자아로 구분된다.

자유로운 아동 자아(Free Child: FC)는 자연적으로 형성되는 부분으로 부모의 영향을 받기 전 있는 그대로의 자아 상태이다. 자기중심적이거나 쾌락을 추구하는 어린아이와 같은 행동을 나타내는 기능을 한다. 자신의 목표를 성취하면 만족하고 실패하면 분노하는 즉각적인 반응을 보인다. 자신의 감정을 자유롭게 표현하며 개방적이고 창의성이 뛰어나다. 하지만 지나칠 경우 대인관계에서 이러한 경향들이 방종이나 응석으로 보일 수 있고 충동적인 모습으로 해석될 수 있다.

순응적 아동 자아(Adapted Child: AC)는 자유로운 아동 자아의 조정된 기능을 의미하며 중요한 인물들의 기대에 부응하려는 노력에 의해 발달하는 자아이다. 인내심이 강하고 순종적이며 착한 아이와 같은 특성을 나타낸다. 본래 자신을 드러내지 못하고 감정을 억제하므로 욕구 불만, 열등감, 현실 회피, 의존적, 자기 비하의 경향을 갖게 된다. 지나치게 순응하는 태도는 대인관계에서 주체적이지 못하고 자신감이 부족해 보이며 타인에게 의존적일 수 있으므로 주의가 필요하다.

표 5-5_ 자아 상태의 특성과 기능

자아 상태	구 분	특 성	긍정적 측면	부정적 측면
부모 자아 (P)	비판적 부모 (CP)	• ~해야만 한다, ~해서는 안 돼 • 손가락질, 비난, 위협 • 근엄하고 화가 난 표정	• 책임 • 양심 • 절제 • 권위	• 통제 • 비판
	양육적 부모 (NP)	• 괜찮아, 걱정 마, 돌봐줄게 • 안아줌, 위로함, 가볍게 등을 두드려줌 • 따뜻하고 부드러운 미소	• 배려 • 친절 • 관용	• 간섭 • 과보호
성인 자아 (A)	성인 자아(A)	• 왜?, 사실은~, 제 의견은~ • 비교, 판단, 조사 • 곧은 자세, 지적인 호기심, 상대방의 행동에 대한 피드백 • 생각하는 표정, 자신에 찬 표정, 감정 없는 차가운 표정	• 이성 • 합리 • 논리 • 정보 수집 • 정보 처리	• 냉정 • 차가움
아동 자아 (C)	자유로운 아동 (FC)	• 와우, 신난다, 재미있다 • 즐거워함, 명랑, 활발 • 상기된 표정, 순진한 표정, 기쁜 표정	• 명랑 • 독창성 • 직관	• 이기적 • 자유 방임
	순응적 아동 (AC)	• 도와주세요, 무서워요 • 머뭇거림, 의기소침, 짜증, 눈치 봄 • 슬픈 표정 • 비참한 표정 • 눈물 흘림	• 순응 • 협조 • 타협	• 자기 비하 • 열등감 • 의존적

② 교류 분석의 종류

교류는 서로의 존재를 인정하며 메시지를 주고받을 때 일어난다. 두 사람 사이에 교환되는 자극과 반응은 대화가 지속될 동안 서로에게 반응이자 자극이 된다. 교류 분석은 개인 간 교류에서 각 개인이 주로 어떤 자아가 기능하며 어떤 문제를 일으키는지를 체계적으로 분석하는 과정으로 상호 보완적 교류, 교차적 교류, 이면적 교류로 구분된다.

(1) 상호 보완적 교류

상호 보완적 교류(complementary transaction)는 발신된 메시지나 자극에 대해 기대했던 자아 상태로부터 응답이나 반응이 오는 교류이다. "몇 시냐?"는 질문에 상대방이 "한 시"라고 대답한다면 이는 지금-여기의 정보를 서로 주고받은 것이다. 이러한 교류는 항상 자극과 반응 사이에 평행 관계가 유지된다. 서로 원하는 말과 행동을 주고받기 때문에 갈등이 발생하지 않고 원만한 의사소통이 이루어진다. 상호 보완적 교류의 예는 [그림 5-1]과 같다.

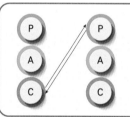

- **아동 자아** : 친구랑 싸워서 너무 슬퍼요.
- **부모 자아** : 그랬구나, 많이 속상했겠네.
  좀 더 이야기해 줄래?

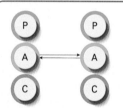

- **성인 자아 A** : 프로젝트 마감이 다음 주인데, 각자
  맡은 부분의 진행 상황을 점검해 볼까요?
- **성인 자아 B** : 저는 보고서 초안을 작성 중입니다.
  내일까지 초안을 마무리하고 공유하겠습
  니다.

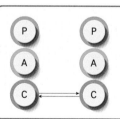

- **아동 자아 A** : 오늘 학교에서 선생님께 칭찬받았어.
  너무 기뻐!
- **아동 자아 B** : 와, 정말 멋지다! 나도 기뻐!

©www.hanol.co.kr

💬 그림 5-1_ 상호 보완적 교류

(2) 교차적 교류

교차적 교류(crossed transaction)는 발신된 메시지나 자극에 대해 예상하지 못했던 자아 상태로부터 응답이나 반응이 오는 교류이다. "몇 시냐?"라는 질문에 상대방이 얼굴을 붉히며 격앙된 목소리로 "뭐? 몇 시? 시간을 묻지 마."라고 대답한다면 이는 A 자아 상태에서의 질문에 분노한 P 자아 상태에서의 반응이다. 이러한 교류는 자극과 반응이 평행을 이루지 못하고 교차되므로 상호 간 대화가 진행되지 못하고 단절된다. 교차적 교류는 방어적이거나 공격적인 반응을 유발하여 인간관계에서 여러 가지 문제를 일으킨다. 이러한 문제를 해결하기 위해서는 한 사람 또는 두 사람 모두 자아 상태를 바꾸어야 한다. 교차적 교류의 예는 [그림 5-2]와 같다.

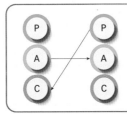

- A : 프로젝트 마감이 다음 주인데, 각자 맡은 부분의 진행 상황을 점검해 볼까요?
- B : 매번 프로젝트 마감일을 넘기시던데 이번에는 제때 내도록 하세요.

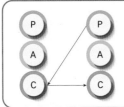

- A : 같이 놀아주세요.
- B : 너는 숙제 다 했니? 빨리 숙제부터 해.

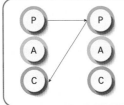

- A : 어떻게 하면 이 문제를 해결할 수 있을까?
- B : 그 정도 문제도 혼자 해결 못 하니?

©www.hanol.co.kr

💬 그림 5-2_ 교차적 교류

(3) 이면적 교류

이면적 교류(ulterior transaction)는 두 종류 이상의 자아 상태가 관계되는 교류로 두 가지의 메시지가 동시에 전달된다. 이 중 하나는 공개적으로 전달되는 사회적 수준의 메시지이고, 나머지 하나는 심리적 수준의 숨겨진 의도를 포함하여 전달되는 메시지이다. "몇 시냐?"라는 질문에 상대방이 "한 시"라고 대답하여 A-A의 상호 보완적 교류로 보일 수 있다. 그러나 실제적으로는 지각을 나무라는 의도를 숨기고 질문을 했고 그러한 꾸중에 대해 모르는 척 대답했다면 사회적 수준의 메시지와 심리적 수준의 메시지가 다르기 때문에 이면적 교류로 볼 수 있다.

이면적 교류는 복잡하여 집중하지 않으면 이해하기 힘든 경우가 많다. 또한 이면적 교류에 의해 나타나는 행동 결과는 사회적 수준이 아니라 심리적 수준에서 결정되므로 주의를 기울여야 한다. 이면적 교류의 예는 [그림 5-3]과 같다.

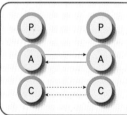

- A : 이번 프로젝트에 대해 어떻게 생각해?
  (난 너무 어려워서 잘할 수 있을지 모르겠어.)
- B : 정말 흥미롭다고 생각해. 근데 시간이 너무 빠듯한 것 같아.(빨리 하고 놀고 싶어.)

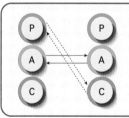

- A : 프로젝트 마감이 다음 주인데, 각자 맡은 부분의 진행 상황을 점검해 볼까요?(얼마나 했나 보자.)
- B : 저는 보고서 초안을 작성 중입니다. 내일까지 초안을 마무리하고 공유하겠습니다.(이 정도면 이제 퇴근해도 되겠지.)

©www.hanol.co.kr

💬 그림 5-3_ 이면적 교류(암시적 의사 교류, 실선은 사회적 수준, 점선은 심리적 수준의 메시지)

대인관계와 소통의 지혜

Chapter
06 효과적인 의사소통

🎯 학습목표

1. 효과적인 의사소통의 중요성을 설명할 수 있다.
2. 대인관계의 유형을 설명할 수 있다.
3. 효과적인 의사소통을 위한 고려 사항을 설명할 수 있다.

💡 개 요

효과적인 의사소통을 위한 대인관계는 두 사람 이상 상호 간에 일어나는 관계로 역동적이며 상호 작용하는 매우 복잡한 과정이다. 인간은 생의 전 과정에서 관계를 맺으며 자신의 욕구를 충족하고 정체감을 발달시킨다. 이런 대인관계에서 인식된 어려움들을 확인하고 잘 경험한다면 자아가 성장하고 통합되어 보다 에너지 넘치고 행복한 생활을 할 수 있다. 대인관계에서 의사소통은 자기 인식을 증진하고 긴장을 완화할 뿐만 아니라 타인과 친밀한 관계를 맺고 유지하게 하며 타인을 도울 수 있고 행동을 변화시키는 기능을 한다. 이 장에서는 효과적인 의사소통의 중요성과 대인관계의 유형을 알아보고 의사소통 방해 요인과 의사소통 촉진을 위한 비언어적 방법에 대해서도 알아보고자 한다.

1 효과적인 의사소통의 중요성

1 효과적인 의사소통의 특성

❶ 의사소통은 다양한 요인이 작용한다

두 사람이 만나는 순간, 메시지 외에도 환경적인 요인(물리적 거리, 분위기, 온도, 가구의 배치 등), 신체적 외모와 의복, 비언어적 신호(얼굴 표정, 손의 움직임, 눈의 움직임, 음성의 톤 등), 성격, 신체적·정신적 건강 상태, 지각, 기존에 만났던 사람들과의 관계 등 다양한 요인들이 관계에 영향을 미치게 된다. 이러한 요인들은 의식적으로 인식할 수도 있지만, 무의식적으로 이루어지는 경우도 있어 자신도 모르게 영향을 미칠 수 있다.

의사소통은 송신자와 수신자 모두의 개인 심리적인 요인, 물리적인 요인, 사회적인 요인 등에 영향을 받는다. 이러한 영향으로 의사소통에서 원하는 바를 정확하게 전달하기는 쉽지 않다. 또한 사람들은 같은 현상, 같은 상황에서도 서로 다르게 지각할 수 있다. 이러한 지각의 차이는 의사소통에 영향을 미친다.

❷ 의사소통은 크게 세 가지 차원에서 이루어진다

의사소통은 내용, 감정, 관계에 따라서 영향을 받게 된다. 내용 차원의 사람은 자신과 상대의 감정과 관계를 고려하기보다는 대화의 의미와 내용에 초점을 맞춘다. 이들은 이성적이고 합리적이라는 말을 들을 수 있다. 감정 차원의 사람은 말과 함께 표현되는 감정에 주목하고 반응하는 사람으로 상대의 감정뿐만 아니라 자신의 감정 상태에 따라서 소통의 질이 달라질 수 있다. 마지막으로 관계 차원의 사람은 말의 내용보다는 상대방과의 친밀 정도, 호감 정도에 따라서 의사소통과 의사 결정에 영향을 받게 된다.

세 가지 차원이 균형을 이루는 것이 바람직하지만 대부분의 사람은 어느 하나

에 편중된다. 특히 이러한 차원은 갈등 상황이나 공식적·비공식적인 자리에서 두드러지게 나타난다.

❸ 의사소통의 수준에 따라 관계의 질이 달라진다

의사소통을 한다고 해서 모두 관계를 맺고 친밀해지는 것은 아니다. 어떤 수준의 의사소통을 하는가에 따라서 인간관계의 질이 달라질 수 있다. 낮은 의사소통 수준에서는 몇 년을 같은 직장, 같은 학교, 심지어 같은 학년을 보내도 간단하게 "안녕!" 하는 스침의 관계밖에 될 수 없다. 반면 높은 의사소통 수준은 짧은 만남에서도 있는 그대로의 나를 만날 수 있는 참만남의 관계가 될 수 있다. 우리는 모든 사

람과 높은 수준의 대화를 할 수는 없다. 그러나 적어도 내가 하고 있는 대화의 수준에 대한 인식과 관계의 질을 높이기 위한 노력은 할 수 있어야 한다. 대화의 수준은 존중, 공감, 자기 노출 등 다양한 영역에서 나타날 수 있다.

자기 노출의 예를 들어보자.

- **1수준** : 두 사람이 만나서 별다른 의미가 없는 상투적인 대화를 나누거나 의식적으로 상대방의 질문에 초점을 두지 않고 다른 데로 주의를 돌리려고 시도하는 경우이다.
- **2수준** : 두 사람이 만나 제삼자에 대해서만 이야기하며 자신에 관한 개인적인 정보를 자발적으로 드러내지 않는다.
- **3수준** : 상대방의 관심과 일치하는 자신에 관한 개인적인 정보를 자발적으로 제공하지만, 내용과 사실적인 측면에서만 드러낸다. 조금씩 자신을 드러내기 시작하지만 상대방의 반응을 살피면서 자기 개방의 수위를 조절하고 표현한다.
- **4수준** : 상대방의 관심, 흥미와 일치되는 자신의 개인적 생각, 감정, 태도 및

경험에 관한 정보를 자발적으로 자연스럽게 전달한다.

- 5수준 : 자신의 개인적 생각, 감정, 태도 및 경험에 관한 정보뿐만 아니라 그러한 경험의 근원까지도 그대로 표현한다.

🔍 예시

"매일 살아가는 게 고통의 연속이네요. 요즘 너무 힘드네요. 당신은 어떠세요?"

- 1수준 : 자꾸 그런 생각하면 골치만 아프니 좋은 것만 생각하고 기분 전환합시다.
- 2수준 : 요즘 다른 사람들도 다 사는 게 힘들다고 하네요.
- 3수준 : 저도 요즘 일이 자꾸 잘 안 풀리고 나쁜 일들이 겹치네요.
- 4수준 : 일이 잘 안 풀릴 때는 제가 무능한 것 같다는 생각이 들어서 힘들어요.
- 5수준 : 제가 지금 하는 일이 저에게 처음 접한 분야라 일도 낯설고 잘 이해도 되지 않아요. 그래서 제가 무능한 것만 같아 자괴감이 들고 남들에게 무시당하면 어쩌나 하는 생각에 자주 불안해요.

② 의사소통의 기능

의사소통은 자기에 대한 인식의 확대, 사회적 욕구 충족, 정보 전달, 리더십 발휘, 동기 유발 등 다양한 기능을 가지고 있다. 대부분의 사람은 의사소통 과정에서 이러한 경험들을 한두 번은 모두 해봤을 것이다. 인간관계 내에서 의사소통이 갖는 기능은 다음과 같다.

첫째, 의사소통은 자기 인식의 증진(increasing personal awareness)을 가져온다. 의사소통은 다른 사람을 알아가는 기회이자 자기 자신을 발견하는 수단이 된다. 의사소통 과정을 통해 자신의 생각이나 감정을 구체화하기도 하고 객관화시켜 볼 수도 있다. 또한 다른 사람의 피드백을 통해 자신의 생각, 감정, 행동에 대한 인식을 증진할 수 있어 자기에 대한 상(self-image)과 자기 개념(self-concept)을 명확히 할 수 있다.

둘째, 의사소통은 다른 사람과 친밀한 관계를 맺고 유지하게 한다. 현대 사회에서 인간관계의 중요성이 강조되고 있는데, 바람직한 인간관계를 형성하는 가장 중요한 도구는 의사소통이다. 의사소통을 함으로써 외로움과 소외감이 감소되고 서로를 이해하여 차이를 좁혀 나갈 수 있다.

셋째, 의사소통은 다른 사람을 도울 수 있게 한다. 의사, 상담사, 간호사와 같은 치료 전문가뿐만 아니라 어린아이를 돌보는 부모나 학생을 가르치는 교사와 같이 주변 사람들을 도와주기 위해서도 의사소통을 한다. 특별히 다른 사람들을 돕기 위한 의사소통을 조력적 의사소통이라고 한다. 그중에서 병원과 같은 환경에서 일어나는 의사소통은 의료적 의사소통이라고 한다.

넷째, 의사소통은 사람들 사이의 협동을 가능하게 한다. 회의나 토의, 토론과 논쟁을 하는 것은 모두 함께 노력하여 문제를 해결하고자 하는 협동을 위한 노력이다. 결국 인간이 의사소통하는 것은 의도하는 목적을 달성하기 위한 수단으로서의 기능이 있다.

다섯째, 의사소통은 긴장을 이완시킨다. 우리는 심리적 압박, 책임감, 스트레스, 긴장, 불안 등으로부터 벗어나기 위해서 의사소통을 하기도 한다. 이러한 심리적 경험은 누군가와의 의사소통을 통해서 직접적으로 문제를 해결하지 못하더라도 심리적, 정서적으로 카타르시스를 경험함으로써 이완되는 경험을 하게 한다.

여섯째, 의사소통은 행동을 변화시킨다. 우리는 다른 사람의 태도나 행동을 변화시키기 위해 의사소통을 한다. 친구에게 영화를 보자고 하거나 같은 강좌를 듣자고 하는 것과 같이 가벼운 설득도 하지만, 오해를 받게 되었을 때 자신의 말이 진실임을 믿게 하는 것과 같은 진지한 설득도 한다. 그러나 말이 행동의 변화를 가져오는 과정은 매우 어렵다는 것을 명심할 필요가 있다. 콘라트 로렌츠(Konrad Lorenz)는 다음과 같은 말을 남겼다.

"사람들이 말을 했다고 해서 듣는 것은 아니다, 들었다고 해서 이해하는 것은 아니다, 이해했다고 해서 동의한 것은 아니다, 동의했다고 해서 기억한 것은 아니다, 기억했다고 해서 적용한 것은 아니다, 적용했다고 해서 행동이 변한 것은 아니다."

② 대인관계의 유형

① 해리스의 인간관계

인간은 성장하면서 자신과 타인에 대해 갖는 태도가 있는데, 이 태도는 과거 양육자로부터 받는 돌봄의 양과 질에 따라 영향을 받고 인간관계에 영향을 미친다. 해리스의 인간관계 4가지 유형은 자신과 타인에 대한 긍정적, 부정적 태도와 조합에 따라 나눠진다. 이 유형은 고정된 것이 아니라 상대에 따라 달라질 수 있고 성장하면서 변화될 수 있다.

그림 6-1_ 해리스의 인간관계 유형

(1) 피해적 인간관계(자기 부정-타인 긍정의 태도)

어린 시절 충분한 사랑을 받지 못했거나 벌을 많이 받았던 사람이 갖는 태도로 자신은 사랑받을 가치가 없는 존재로 여기며 타인들이 자신보다 낫다고 느낀다. 기본적으로 우울감, 소외감, 자기 비하감을 경험하고 심한 경우에는 공포, 피해망상 등을 경험한다. 이러한 삶의 태도를 지닌 사람들은 사티어의 의사소통 유형 중에 자신의 생각과 감정을 무시하고 상대방의 의사만을 존중하는 회피형 의사소통을 하는 경향이 있다. 사티어의 의사소통 유형은 5장을 참조한다.

(2) 공격적 인간관계(자기 긍정-타인 부정의 태도)

어린 시절 부모로부터 잔인하게 학대받은 경험이 있을 때 생겨난다. 자신의 실수를 남에게 전가하거나 희생당했다고 생각하고 타인을 부정적으로 대한다. 이런 사람은 다른 사람과 거리를 두고 심하게 불신하거나 경계하며 문제가 있을 때는 자신으로부터 원인을 찾기보다는 남의 탓으로 돌린다. 외적으로는 자신만만하게 보일 수도 있으나 내면은 자존감이 낮고 거부에 대한 두려움을 가지고 있다. 지속적인 타인 부정은 결국 주변 사람들을 떠나게 해 외롭게 된다. 이러한 삶의 태도를 지닌 사람들은 사티어의 의사소통 유형 중 비난형 의사소통을 하는 경향이 있다.

(3) 파괴적 인간관계(자기 부정-타인 부정의 태도)

부모가 냉담하여 애정적인 관계를 갖지 못하고 방임을 경험한 채 성장한다면 자신과 타인에 대한 의미를 발견하지 못한다. 보통 일상생활에서 기분 좋은 게 없다고 느끼고 위축되거나 체념의 태도를 갖고 있다. 삶에 대한 의미 상실, 자해 등 파괴적 행동을 한다. 지속적인 타인 부정은 결국 주변 사람들을 떠나게 만들어 외롭게 된다. 이러한 삶의 태도를 지닌 사람들은 사티어의 의사소통 유형 중 산만형 또는 초이성형 의사소통을 하는 경향이 있다.

(4) 생산적 인간관계(자기 긍정-타인 긍정의 태도)

대인관계 형성에 있어 진정한 관계를 맺는 데 시간을 투자하며 문제를 건설적으로 해결할 능력이 있다. 긍정적이고 만족스러운 삶의 주체가 될 수 있는 가능성을 지니고 있다. 이러한 삶의 태도를 지닌 사람들은 사티어의 의사소통 유형중에 가장 건강한 일치형 의사소통을 하는 경향이 있다.

② 공식적, 전문적 관계

공식적 관계는 물리적 환경으로 인해 발생되는 직업과 같은 형식적인 관계로 맺어지는 것이다. 비공식적 관계는 제도와 조직을 초월하여 조직 구성원 상호간의 인격적, 사회적 교류 관계에서 자연 발생으로 이루어지는 인간관계를 의미하며, 사교적 관계로 의무감과 책임감보다는 즐거움과 친목의 성격이 강하다. 반면 전문적 관계는 과학적 지식과 특별한 기술을 지닌 전문가와 도움이 필요한 대상자와의 관계로 어떤 목적을 지닌다. 상담자와 내담자의 관계, 치료자와 환자와의 관계 등은 공식적이면서 전문적인 관계라고 할 수 있다.

치료자와 환자의 관계를 치료적 관계라고 한다면 나머지는 조력적 관계라고 할 수 있다. 조력적 관계(helping relationship)는 대상자의 실제적·잠재적 문제를 해결하고 충분히 기능할 수 있도록 도와 더욱 성장할 수 있도록 한다. 반면 치료적 관계(therapeutic relationship)는 실제 신체적, 심리적 문제로 의학적인 진단을 받은 사람을 대상으로 관계를 맺고, 대상자가 자신의 문제를 해결하고 대처할 수 있도록 돕는다. 그러나 치료적 관계를 조력 관계에 포함하여 상호 호환적으로 사용하기도 한다. 다음은 치료적 관계에 초점을 맞추어 살펴본다.

(1) 치료적 관계의 특성

치료적 관계의 기본 가정은 대상자의 문제가 관계 속에서 표현되며, 이전 관계를 통해 발생했던 문제들이 현재의 치료적 관계를 통해서 변화할 수 있다는

것이다. 이때 치료자는 대상자가 겪는 실제적·잠재적 건강 문제에 대처할 수 있고 더 나아가 성장할 수 있도록 도움을 주는 특별한 관계를 맺는다. 구체적으로 치료적 관계의 특성을 살펴보면 다음과 같다.

❶ 대상자에게 초점을 둠

일반적으로 우리는 사회 속에서 다양한 비공식적이고 사적인 관계를 맺는다. 사적인 관계에서는 나의 대인 동기와 상대방의 대인 동기 모두 중요하고 존중되어야 한다. 반면에 치료적 관계는 대상자에게 초점을 맞춰 대상자에게 도움이 되도록 한다. 치료적 관계에서 치료자는 대상자가 자신의 지각과 사고, 행위에 대해 이야기할 때 적극적으로 경청하면서 효과적 의사소통 기술을 사용해야 한다. 치료자는 대상자가 스스로 문제를 해결할 수 있도록 지지하고 도와주어야 한다.

❷ 목표 지향성

사적인 관계에서는 내외적 대인 동기가 있을 수 있지만 그 동기가 일반적으로 공식화되지는 않는다. 반면에 치료적인 관계는 표면화할 수 있는 목적과 목표가 있다. 그 목표는 대상자가 설정한 목표에 초점을 맞추게 되고 치료자와 함께 성취 가능한 목표가 될 수 있도록 토의하여 그에 따른 활동 전략을 계획한다.

❸ 객관성 유지

객관성은 대상자와의 상호 작용에서 편견, 선입견 및 사적인 견해가 없이 사실에 근거를 두고 정보를 처리하는 것을 의미한다. 대상자의 문제나 상황에 대해 치료자가 주관적으로 해석하고 행동한다면 관계의 객관성을 잃게 된다. 치료자는 사실에 근거하여 대상자의 상황이나 요구에 관심을 집중할 수 있어야 한다.

❹ 경계가 있는 상호 작용

대상자와 관계를 형성하기 전에 치료자는 대상자와 언제, 어디서, 어느 정도의 기간 동안 만날 것인지를 정한다. 대상자와 치료자와의 경계는 불안한 감정

없이 그 시간을 효과적으로 활용할 수 있고 공식적인 관계를 인식시키는 데도
도움이 된다.

(2) 대상자의 권리와 의무

대상자들은 문제 제기를 할 권리, 자기주장을 할 권리, 스스로를 치료할 권리,
자신의 건강 관리와 관련된 의사결정에 함께할 권리를 가지고 있고 또한 요구하
고 있다. 대상자는 다음과 같은 권리를 가진다.

- 전문적인 치료자로부터 체계적이고 정확한 검사를 받을 권리
- 치료적인 행위에 대해 질문할 수 있는 권리
- 안전하고 효율적으로 건강 서비스를 받을 권리
- 치료자들이 진정한 관심을 가지고 예의 바르게 대해 줄 것을 기대할 수 있는
  권리
- 대상자의 개인적인 문제에 관해 비밀 보장을 받을 수 있는 권리
- 대상자의 건강을 위해 수행되는 활동 계획에 대해 알 권리
- 위협감을 느끼지 않고 건강 서비스를 거절하거나 동의할 수 있는 권리
- 대상자가 필요할 때는 언제든 어려움 없이 도움을 받을 수 있는 권리
- 대상자가 모든 치료자로부터 지속적으로 질적인 건강 서비스를 받을 권리

대상자는 권리뿐만 아니라 도덕적 결정을 내릴 수 있는 자유로운 인간으로서
자신의 건강을 통찰하고 신체적, 심리적, 정신적 질병 치료를 위해 적극적으로
노력해야 할 의무가 있다.

(3) 치료자로서의 자질

공식적이고 전문적인 관계에서 치료자는 전문가라고 할 수 있다. 전문가는 크게 전문적인 지식과 기술, 인간적인 자질이 요구된다. 특히, 인간을 대상으로 하는 치료자의 경우 전문성을 확보할 수 있는 이론적인 지식과 기술뿐 아니라 다음과 같은 자질이 요구된다.

❶ 자기 인식 (self-awareness)

자기 인식은 치료자 자질의 전제 조건이다. 자기 인식은 "나는 누구인가?"라는 질문에 답하면서 자신의 신념, 가치관, 인식의 틀, 동기, 편견 및 한계 등을 의식적, 무의식적으로 파악해서 이해하는 과정이다. 치료자는 자기 인식을 통해 전이와 역전이에서 나타날 수 있는 자신의 문제와 대상자의 문제를 혼돈하지 않고 객관적으로 볼 수 있으며 자신의 감정과 행동을 조절할 수 있다.

❷ 인간에 대한 사랑

사랑(love)은 인간의 행복과 만족의 기본 요소이며 조건 없이 상대방에게 줄 수 있는 능력으로 본다. 일반적으로 치료자는 대상자를 안전하게 보호하고 편안함을 주기 위해 친절, 인내, 온정, 온화함, 배려 등을 통해 대상자에게 관심을 전달하게 되는데, 이는 치료자가 대상자에게 줄 수 있는 또 다른 형태의 사랑이 될 수 있다. 치료자가 돌보는 것은 병이 아니라 전인적 인간이라는 사실을 명심해야 한다.

❸ 신뢰 (feeling of trust)

신뢰는 인간관계에서 가장 기본이 되는 것으로 다른 사람에 대해 믿을 만하다는 확신을 주며 그 가운데 안정감을 맛보게 하는 느낌이다. 신뢰는 인간이면 누구나 갖는 욕구이지만, 특히 질병 상태에서 대상자들이 더욱 갈망하는 욕구이다. 대상자가 치료자를 신뢰할 때 안정감을 느끼고 치료에 잘 참여하게 된다.

치료자의 일관성 있고 책임감 있는 태도는 대상자에게 신뢰감을 주는 데 도움이 된다.

❹ 공감(empathy)

공감은 이해타산 없이 자발적으로 상대를 도와주려는 도덕적 원리를 바탕으로 상대방의 느낌과 생각, 행동을 있는 그대로 이해하고 수용하는 것이다. 공감은 따스함과 진솔함이 동반된 구체적이고 정확한 언어적 반응이 있을 때 전달이 가능하다.

치료자는 공감에 대해 정확하게 이해하고 공감을 전달할 수 있는 방법을 알아야 하며, 공감과 유사하게 사용되고 있는 용어들과도 구별할 수 있어야 한다.

❺ 감정의 조절과 객관성 유지(emotional involvement and objectivity)

치료자가 내외적으로 일어나는 감정을 조절하고 객관성을 유지하는 것은 대상자를 있는 그대로 이해하고 문제를 해결하는 데 매우 중요한 전제 조건이다. 치료자는 자신의 주관성을 파악하고 있어야 판단 중지를 할 수 있다. 그러기 위해서는 자신을 알기 위한 작업을 꾸준히 해야 한다.

❻ 윤리 의식과 책임감(sense of ethics and responsibility)

치료자는 인간의 생명과 안위에 직결되는 업무를 맡은 직업인이기 때문에 다른 어떤 직업인보다 윤리감을 지니고 자신의 업무에 임해야 한다. 공정함과 정의, 옳고 그름, 친절과 불친절, 이익을 주는 것과 해를 입히는 것, 진실과 거짓을 구분할 수 있는 내면의 감각을 잃지 않기 위해 노력해야 한다. 또한 전문가로서 자신의 한계와 장점을 알고 자신의 말과 행동에도 책임을 질 수 있어야 한다.

❼ 비밀 보장(confidentiality)

치료자는 대상자와의 치료적 관계에서 알게 된 사적인 문제나 대화 내용을 발설해서는 안 된다. 대상자와 보호자의 허락을 받은 경우를 제외하고는 비밀을

반드시 유지해야 하며 무심코 얘기한 내용이 대상자와 보호자에게 큰 피해를 줄 수도 있음을 명심해야 한다.

❽ 역할 모델(role model)

치료적 관계에서 이루어진 여러 가지 말보다 치료자가 보여주는 행동이 훨씬 더 대상자에게 미치는 영향이 크다. 따라서 치료자는 일상생활 속에서 책임 있고 신뢰할 만한 행동을 모범적으로 보여주어야 한다. 정확한 감정 표현과 적절한 언어 사용, 치료자다운 문제 해결 방법 등을 보여줄 수 있을 때 치료자로서 인정받고 존경받을 수 있게 된다.

이 외에도 효과적 의사소통 기술 등 전문가로서 갖추어야 할 자질은 많다. 이러한 자질은 훈련과 노력을 통해 획득할 수 있으므로 치료자로서의 역할을 수행하고 인간적이고 전문적인 자질을 향상시키기 위해 끊임없이 노력해야 한다.

(4) 치료적 관계의 단계

치료적 관계는 페플라우(Peplau)의 간호에서 대인관계(interpersonal relations in nursing) 이론을 바탕으로 4단계, 즉 상호 작용 전 단계, 오리엔테이션 단계, 활동 단계, 종결 단계로 나눈다. 각 단계는 그 전 단계를 기초로 하며 단계마다 특정한 과업이 있다. 치료자는 각 단계별로 어떤 역할을 수행하는지를 인식하고 있어야 한다.

❶ 상호 작용 전 단계(preinteractive phase)

치료자와 대상자의 관계는 서로 대면하기 전에 면담 약속을 정한 그 순간부터 이미 시작된다. 누구나 대상자와 대면하기 전에 다소의 불안과 두려움을 느낄 수 있다. 그러나 지속되는 불안은 대상자와의 치료적 관계를 형성하기 어렵게 한다. 따라서 치료자는 대상자와 대면하기 전에 자신의 감정에 대해 탐색하고 만남을 준비해야 한다. 치료자 자신을 이해하기 위해 선입견, 고정 관념, 편견, 가치관 등을 탐색하고, 그다음 대상자와의 관계에 필요한 유용한 자료들을 수집해야 한다. 그리고 치료자는 치료적 관계의 일반적인 목표를 검토하고 자신이 대상자에게 무엇을 줄 수 있는가를 생각해야 한다.

❷ 오리엔테이션 단계(orientation phase)

오리엔테이션 단계에서 대상자와 치료자는 처음으로 대면하면서 서로 자신을 소개한다. 이 단계에서 치료자는 대상자와의 협력 관계를 발전시키기 위한 신뢰감을 형성할 수 있도록 노력해야 하고, 앞으로의 관계 유지를 위한 제반 조건으로 면담 시간과 장소, 문제 탐색과 관련된 비밀 보장 등에 대한 계약을 맺게 된다. 그리고 치료자는 자신의 역할을 설명하고 자신이 할 수 있는 것과 할 수 없는 것, 대상자와 치료자의 책임과 기대에 대해 상호 확인한다.

이 단계에서 치료자는 대상자의 지각과 사고, 느낌, 활동 등을 파악하여 대상자의 문제를 확인하고 대상자와 함께 목표를 설정한다. 또한 관계의 시간 제한성을 언급하여 대상자가 관계의 종결을 예측하고 준비하도록 한다.

이 단계에서 중점 과업은 첫째, 개방적인 의사소통을 할 수 있는 신뢰 관계 형성, 둘째, 도움이 필요한 문제 파악, 셋째, 치료자와 대상자의 감정 탐색이다.

이 시기는 탐색기로 서로 심리적 불안을 경험할 수 있으며, 특히 대상자는 자신의 경험과 문제 노출에 대한 부담감, 자신의 문제를 잘 표현할 수 있을까 하는 부담감, 이상한 사람으로 취급당하지 않을까 하는 두려움, 자율성과 독립심이 없고 의존적인 사람으로 취급당할 것에 대한 두려움 등 심리적 부담감을 가질 수 있다.

❸ 활동 단계(working phase)

치료적 관계 대부분의 작업이 이 단계에서 이루어진다. 초기 단계에서 설정한 목표를 달성하기 위한 활동들이 이루어지는 단계이다. 치료자는 대상자의 중요한 스트레스 요인을 탐색하고 대상자가 자신의 행동과 사고, 감정을 관련 짓고 통찰력을 발달시키도록 돕는다. 이러한 통찰력은 행동 변화로 이어져 대상자의 삶의 경험과 통합되어야 한다. 치료자는 대상자가 불안을 극복하고 독립심과 책임감을 증대시키도록 하고 건설적인 적응 기전을 향상시켜 새로운 대처 방식을 배우고 시도할 수 있도록 격려한다. 또한 성장을 방해하는 역기능적인 행동 양상을 변화시켜 효과적인 문제 해결 방법을 강화하도록 도와준다. 즉 대상자의 실제적인 행동 변화를 끌어내는 것이 바로 이 단계의 초점이다. 이 단계에서 대상자는 방어적인 태도나 거절 등의 저항 행동을 나타낼 수 있으며, 이러한 저항 행동을 극복하는 것이 치료적 관계를 진행하는 데 매우 중요하다.

활동 단계의 치료적 과제는 대상자의 자아 개념이 발달되고 자신감이 증진되도록 하는 것이다. 대상자가 불편한 감정이 있을 수 있음을 인식하고 그것을 표현할 수 있게 한다. 아울러 자신의 특수한 개인적 경험에 대한 현실감을 증가시키도록 한다. 이 단계에서는 대상자의 자율적인 기능을 사정하여 대상자가 독립할 수 있는 기회를 제공한다.

❹ 종결 단계

치료적 관계의 마지막 단계인 종결(terminal phase)은 초기 단계에서부터 계획되어야 한다. 이 단계에서는 대상자의 진행 사항과 목적 달성 여부에 대해서 치료자와 대상자 상호 간에 평가하며 서로의 느낌과 기억들을 나누는 시간으로 대상자와 치료자에게 학습 경험이 최대한으로 일어나는 가장 어렵고도 중요한 단계이다. 치료자는 종결 2~3회기 전부터 대상자에게 초기 단계에서 합의했던 관계 종결 시기를 상기시키고 다른 사람들과의 사회화 과정을 도와준다. 갑작스러운 종결은 거절로 받아들여져 대상자의 부정적인 자아 개념을 강화할 수 있다. 종결 단계에서 대상자는 스트레스와 심리적 외상을 경험할 수 있으므로 치료자는 대상자가 이를 극복할 수 있도록 지지해 주어야 한다.

③ 발달 단계별 인간관계

인간관계의 대상은 삶의 단계에 따라 변화하게 되는데 삶의 단계에 따라 만나는 사람이 달라지고 인간관계 과정도 달라지기 때문이다. 중요한 인간관계를 중심으로 유아기부터 노년기까지의 사회 정서 발달을 바탕으로 살펴본다.

(1) 유아기의 인간관계

관계의 첫 시작은 가족에서 이루어진다. 인간은 태아기 때부터 어머니와 신체적·심리적으로 연결되기 시작하여 세상에 나오게 되며, 부모의 보호를 받으면서 부모와 첫 인간관계를 시작한다. 자녀가 자신의 욕구를 달성하기 위해 울면 부모는 자녀의 욕구를 해결해주는데, 이 과정에서 자녀는 관계의 안정감을 경험하게 된다. 에릭슨(Erikson, 1963, 1968)은 이러한 과정에서 주로 어머니와의 상호 작용을 통해 사회적 관계를 형성하고 신뢰의 단계를 만든다고 했다. 만약 이 시기에 어머니가 제대로 돌보아주지 않는다면 유아는 불신감을 갖게 되고, 이러한 불신감은 성인이 되어서까지도 대인관계에 영향을 끼치게 된다고 말한다.

(2) 아동기의 인간관계

유아기에 첫 인간관계가 시작되었다면 아동기는 사회적으로 인간관계가 시작되는 시기라고 할 수 있다. 만 7세에 초등학교 입학을 하며 관계 영역이 넓어지는데, 에릭슨(Erikson, 1963, 1968)이 이 시기를 역동적이고 활동적인 시기라고 할 만큼 친구 관계가 확대되고 질적인 변화가 형성되는 시기이다. 친구 관계는 다양한 기능을 하고 그 속에서 아동은 다양한 경험을 하게 된다. 부모와의 관계와는 달리 친구와의 관계에서는 집단의 규칙을 준수해야 하고 협동심이나 타협을 필요

로 한다. 이러한 경험을 통해 자기중심적인 사고나 행동은 줄어들고 점차 사회 구성원으로서 사회적 상호 작용을 위해 필요한 기술이나 규범을 배워 나간다.

(3) 청소년기의 인간관계

아동기에 사회적 관계가 시작되어 친구 관계에 변화가 있었다면 청소년기의 인간관계는 좀 더 성숙해지고 활발해진다. 중고등학생 시기인 청소년기는 다른 사람이 어떻게 자신을 생각할 것인지에 관심이 많으며 친구 관계가 주요한 인간관계로 자리 잡게 된다. 청소년의 우정은 정서적으로 강렬하고 관계 중심적이다. 이 밖에도 대상 면에서 선후배, 교사와의 관계도 좀 더 깊이 있는 관계로 발전하게 되는데, 특히 이성 친구에 대한 관심이 높아지게 되어 이성 관계가 시작되기도 한다. 반면 청소년기에 부모와의 관계에서는 갈등이 지속적으로 발생하게 된다. 부모로부터 독립하고 정서적 의존에서 벗어나고자 하는 청소년이 부모와 맺는 관계는 아동기에 가졌던 부모와의 관계와 다르다. 그 결과로 부모는 지금까지의 부모 자녀 관계를 수정해야 하는 상황이 초래된다. 청소년은 그동안 부모가 설정한 규칙이나 가치관에 대해 논리적 모순을 발견하고 의문을 제기한다. 그들은 더 이상 무조건 부모가 시키는 대로 따라 하지 않게 된다.

(4) 성인기의 인간관계

다양하게 교류하던 대학생 시기의 인간관계와는 달리 직장의 특성과 업무 수행과 관련된 인간관계로 축소되며, 취업으로 인해 새로운 인간관계의 교류 시간 또한 줄어들게 된다. 성인기에는 직장인으로서 인간관계를 형성하는 동시에 취업을 통해 부모로부터 경제적·심리적 독립과 안정을 이룬다. 이성 관계를 통하여 두 남녀가 사랑하고 결혼해서 새로운 가족 관계를 형성하며 안정적이고 싶은 마음을 가진다. 결혼 후에는 자녀를 낳아 새로운 가족을 만들며 자녀가 출생하면 부모의 위치에서 부모-자녀 관계를 경험한다. 영아의 요구에 반응적이고 영아가 필요로 할 때 영아 곁에 머무르는 양육자는 영아가 자기와 세계에 대해 긍정적

신념을 형성하도록 하고 안정된 애착을 지닐 수 있게 한다. 그것은 이후 아동의 관계 형성을 위한 긍정적 기초를 마련하기까지 영향을 미치게 된다.

(5) 노년기의 인간관계

노년기는 인생과 인간관계를 되돌아보고 정리하는 시기이며 신체적 퇴화와 직장에서의 은퇴로 인간관계는 서서히 소원해지게 된다. 이 시기에는 주변의 부고 등으로 인간관계 대상자가 급격하게 줄어들며 관계에서의 공허함을 경험한다. 이러한 공허함이 가족인 배우자와 자녀에 대한 의존으로 이어지고 가족에게 의존함으로써 공허함을 잘 해결할 수 있게 된다. 동시에 자신의 죽음과 이별을 준비하는 것이 중요한 과제가 된다.

이처럼 인간관계는 다양한 영역에서 대상에 대한 선택과 목적으로 시작되지만, 모든 관계가 친밀하게 발전되지도, 일방적으로 진전되지도, 계속 유지되지도 않는다. 친했던 관계에서도 서로의 생각이나 감정의 차이 또는 이해관계 때문에 한순간에 갈등을 겪을 수도 있는데, 이러한 갈등을 잘 극복하지 못할 경우에는 관계가 끝나기도 하고 원만히 해결될 경우에는 다시 관계가 유지되기도 한다. 인간관계에서는 평생 만남과 이별을 경험하게 된다. 따라서 인간관계에 대한 집착과 불안보다는 이별을 받아들이면서 새로운 경험에 대한 기대를 가질 필요가 있다.

3 ● 효과적인 의사소통을 위한 고려 사항

효과적인 의사소통을 위해서는 의사소통의 방해 요인과 의사소통 촉진을 위한 비언어적 방법을 이해할 필요가 있다.

1 면담자의 방해 요인

(1) 의사소통 기법의 미숙

의사소통 기법에는 소통을 촉진할 수 있는 효과적인 의사소통 기법이 있고 그렇지 못한 비효과적인 의사소통 기법이 있다. 면담자는 다양한 효과적, 비효과적 의사소통 기법을 숙지하고 대상자가 자신의 고유한 주관적 경험을 충분히 표현할 수 있도록 해야 한다.

(2) 선입견과 고정 관념

면담자가 특별한 대상에 대해 선입견과 고정 관념을 가지게 되면 대상자의 메시지를 있는 그대로 받아들이기보다는 왜곡해서 부정적으로 해석하기 쉽다. 따라서 면담자는 자기 인식을 통해서 자신의 선입견과 고정 관념을 파악하여 객관성을 유지할 수 있어야 한다.

(3) 내적 갈등

내적 갈등은 개인이 가지는 인격의 특성, 혹은 심리적 갈등이나 복잡성에 관련되는 측면이다. 면담자에게 내적 갈등이 있으면 대상자에게 집중하기 어려워 대상자의 말을 정확하게 들을 수 없기 때문에 상황과 맥락에 맞지 않는 말을 할 수 있다. 따라서 내적 갈등이 있는 경우에는 갈등을 해결하고 난 다음에 대상자를 만나거나 아니면 대화를 다른 시간으로 조정하는 것이 바람직하다.

(4) 평가적이며 판단적인 태도

면담자가 대상자를 만났을 때 대상자를 좋은 사람, 나쁜 사람, 이상한 사람 등으로 평가하거나 판단하면 그 틀에서 대상자를 보게 된다. 또한 대상자는 자신의 내면적 이야기를 충분히 드러내지 못하게 되어 결국엔 면담자가 대상자를 온전하게 이해하지 못하게 된다. 따라서 면담자는 대상자를 일정한 틀에 가두는 태도를 중지해야 한다.

(5) 다른 직무로부터의 압박

업무가 많거나 다른 급한 업무가 있으면 차분하게 대상자의 말에 경청할 수 없게 되어 내용이 왜곡되기 쉽다. 대상자 역시 면담자의 눈치를 살피게 되고 말하고 싶은 내용을 절제하게 된다. 면담자는 대상자 앞에서 바쁜 척하지 않아야 하고 만약에 바쁘다면 사전에 양해를 구하는 태도가 필요하다.

(6) 전문적인 용어 사용

면담자가 전문 용어 또는 약어를 사용하여 대상자가 이해하지 못할 때 장애가 발생하게 된다. 따라서 면담자는 대상자에게 전문적인 용어나 약어는 가급적 사용하지 않고 대상자가 이해할 수 있는 적절한 용어를 사용해야 한다.

(7) 방어적 태도

'방어적 태도'란 자신의 책임을 부인하거나 회피하며 부정적인 생각의 원인을 대상자에게 돌리려는 행위이다. 예를 들어, 대상자가 "몇 번이나 벨을 눌렀는데 왜 이렇게 늦게 옵니까?"라고 했을 때 면담자가 "지금 응급 상황이 발생해서 빨리 올 수 없었습니다"라고 하는 것은 일종의 방어적인 태도라고 볼 수 있다. 면담자의 이 표현은 이유가 있어서 늦게 온 것이니 더 이상 말하지 말라는 의미로 해석될 수 있고 대상자를 무색하게 할 수 있다.

(8) 잠재적 의도

잠재적 의도는 겉으로 드러나지 않고 속에 숨긴 다른 의도를 말한다. 자신의 마음속에 특별한 관심사가 있거나 시비를 걸려고 하거나 어떤 사람에 대한 증오심을 품게 되면 의식적, 무의식적으로 대화를 자신의 개인적 목적대로 유도하게 된다.

(9) 역전이 감정

역전이는 대상자의 어떤 특성이 면담자의 과거 경험과 관련 있는 인물의 특성과 유사할 때 면담자에게 일어나는 대상자에 대한 정서적 반응이다. 이유 없이 대상자가 좋게 느껴지거나 밉거나 싫을 때 면담자는 자기 마음을 살펴서 역전이 반응을 깨달아야 한다.

② 대상자의 방해 요인

(1) 과거의 경험과 전이

자신의 과거 경험 때문에 메시지를 왜곡하여 받아들이거나 때로는 귀담아들으려 하지 않고 먼저 판단하거나 못마땅하게 생각하기도 한다. 이로 인해 의사소통의 단절이 초래되는데, 이는 전이 감정과 관련이 있다. 전이(transference)는 대상자의 과거 중요한 인물에 대한 감정이나 태도가 현 면담자에게 옮겨져 나타난 것이다. 예를 들어, 과거 병원에서 경험한 면담자에 대한 경험이 현 면담자에게 전이되어 과거의 부정적 감정(적대감, 혐오 등)을 현 면담자에게 투사하게 되는 것이다.

(2) 선입견과 고정 관념

대상자 역시 면담자에 대한 선입견이나 고정 관념으로 메시지를 거부하거나 속단해서 왜곡할 수 있다. 이러한 과정은 악순환을 가져오며 효과적인 접근을 방해한다. 선입견과 고정 관념은 '지금-여기(now and here)'에서의 경험을 회피하는 것으로 '지금-여기'에서의 생생한 대화와 관계를 방해한다.

(3) 지각 장애

정신·신체적 원인으로 지각의 장애가 있을 때 의사소통의 어려움을 느끼게 된다. 지각 장애가 있는 대상자는 쉽게 오해하거나 상처를 받기 쉽다. 지각의 장애가 심한 경우에는 존재하지 않는 소리를 듣거나 보기 때문에 횡설수설하거나 맥락이 안 맞는 말을 할 수 있다.

(4) 자기 노출에 대한 두려움과 저항

대상자는 자기 노출을 했을 때 면담자에게 거부 또는 무시당할 것을 우려하여 노출하지 않게 된다. 저항은 대상자가 의식화하면 고통스러운 상황일 때 더 이상 탐색하거나 인식하지 않으려는 것을 말한다.

(5) 이해와 표현 능력의 부족

이해와 표현 능력의 부족은 선천적인 문제로 발생할 수도 있고 양육 환경의 영향으로 발생할 수도 있다. 또한 사람에 따라서 이해하고 표현하는 데 시간이 걸릴 수 있다. 대상자가 분명하고 조리 있게 표현하지 못하거나 상대방의 말에 대한 이해 능력이 부족하면 의사소통에 장애가 유발될 수 있다.

③ 비언어적 행위

비언어적 행위(nonverbal behavior)는 언어 이외에 얼굴, 눈, 손, 발 등으로 표현하는 의사소통이라고 할 수 있다. 비언어적 행위란 대상자와 눈으로 관찰 가능한 교류라고 할 수 있다. 대화하면서 머리를 끄덕이는 것, 자리를 내어 주는 것, 주먹을 쥐는 것, 팔을 잡아 주는 것, 손가락을 돌리는 것, 무겁게 숨 쉬는 것, 식은땀을 흘리는 것 등은 비언어적 행위라고 할 수 있다. 비언어적 행위는 민감한 대상자에서 더욱 의미가 있다. 언어는 의식적이며 지적 과정인 반면에 비언어적 행위는 항상 의식적인 것이 아니기 때문에 통제가 잘 되지 않는 경향이 있다. 말하는 사람이 언어적 행위와 비언어적 행위가 일치하지 않는 경우 상대방은 말보다는 비언어적인 행위를 더 믿는 경향이 있다.

(1) 신체적 단서

대상자와 비언어적 의사소통의 방법으로 신체 부위를 활용하는 것이다. 적절한 신체 부위의 사용은 언어적 메시지를 더욱 효과적으로 전달할 수 있고 대상자에게 존중과 관심을 표현할 수 있다.

❶ 눈 맞춤

대상자와 대화할 때 눈을 바로 쳐다보는 것은 대상자를 이해하고자 노력하고 있으며 "잘 듣고 있으니 계속 이야기하세요."와 같은 의미를 나타낸다. 그러나 눈 맞춤은 대상자에게 격려도 되지만, 대상자를 불편하게 할 수도 있다. 따라서 적절한 눈 맞춤이 필요하다. 자기표현적인 사람은 상대방의 시선을 피하지 않고 똑바로 상대방을 응시할 수 있다. 처음에는 상대방 얼굴의 이마, 입, 머리 등을 번갈아 가면서 보다가 천천히 눈 맞춤을 늘려나간다.

❷ 얼굴 표정

얼굴 표정은 대상자의 표정과 비슷하게 맞추는 것이 좋다. 대상자의 정서 표현과 너무 차이가 나는 경우에는 대상자는 이질감을 경험할 수 있다.

얼굴 표정은 자신의 언어적 표현과도 일치시켜야 대상자가 정확하게 메시지를 전달받는 데 도움이 된다. 예를 들어 "당신을 보니 기뻐요"라고 하면서 이마를 찌푸린다거나 "당신은 지금 중요한 결정을 해야만 합니다"라고 하면서 미소를 지으면 대상자는 혼란스러울 수 있다.

❸ 자세와 위치

자세는 상대방에 대한 이해와 존경을 드러낼 수 있다. 머리를 약간 앞으로 기울이고 상체를 대상자 쪽으로 향하는 자세가 대상자에 대한 관심의 표현이 된다. 대상자가 무슨 말을 하는지 잘 이해하고 싶다는 몸의 표현이기 때문이다. 적당하게 고개를 끄덕이는 자세는 대상자를 격려하고 대화에 주의를 기울인다는 것을 보여준다.

대상자와 대면하여 앉을 때 팔짱을 끼거나 다리를 꼬는 자세, 양팔을 목 쪽으로 넘기는 자세, 몸을 뒤로 젖히는 자세는 대상자에게 폐쇄적인 마음을 드러내는 것이다. "당신이 무엇을 표현하든지 간에 나는 당신의 말을 들을 준비가 되어 있습니다"라는 표현으로 대상자 쪽으로 머리를 약간 기울이는 자세가 바람직하다.

❹ 신체적 접촉

접촉은 대상자와의 관계 형성을 위한 일차적 방법이다. 신체적 접촉은 언어보다 개방적 관계를 촉진시켜 주며 편안함을 제공해 줄 수 있다. 대상자의 머리, 어깨, 팔에 가볍게 접촉하는 것은 대상자에게 따뜻함을 느끼게 하고 불안과 긴장을 감소시키고 용기를 주며 상호 작용을 촉진시킬 수 있다. 그러나 접촉은 대상자에 따라서 다르게 해석할 수도 있기 때문에 대상자에 대한 파악이 우선되어야 한다. 또한 불필요하게 과도한 접촉은 다른 의미로도 해석될 수 있어 자제해야 한다.

(2) 언어적 단서

언어적 단서로 음조(voice tone)는 소리의 높낮이와 강약, 빠르기의 정도를 말한다. 음조는 언어적·비언어적 의사소통을 강화하거나 감소시킬 수 있으므로 의사소통에서 중요한 요소라고 할 수 있다.

❶ 말의 속도

말의 속도는 대상자의 말의 속도와 어느 정도 일치시키는 것이 좋다. 말의 속도가 빠른 대상자에게 느리게 반응을 보이면 답답해하고 지루하게 느낀다. 반대로 말이 느린 대상자에게 너무 빠르게 말하면 대상자는 이해를 못할 수도 있고 배려가 없다고 느낄 수 있다. 따라서 말의 속도는 대상자의 속도와 감정을 고려해서 조절해야 한다.

❷ 말의 높낮이

말의 높낮이는 대상자의 말의 내용, 강조가 필요한 부분에 따라 변화되어야 하며 과장되어서도 안 된다. 말의 높낮이를 통해 대상자에 대한 존경, 개방, 주의 집중을 표현할 수 있다. 말의 높낮이 역시 말의 속도와 같이 대상자와 어느 정도 일치시키는 것이 좋다.

④ 환경 조성

환경 조성(structuring the environment)이란 대상자가 자기 노출을 하기에 편안하고 대상자의 문제를 공유할 수 있는 분위기를 만드는 것을 의미한다. 대상자의 관심과 흥미를 표현하도록 돕기 위해서는 대화하기에 적합한 장소와 시간이 필요하다.

(1) 안전한 독립 공간

대상자는 자신의 이야기를 타인이 엿듣는 경우에 심각한 문제를 의논하지 않는다. 개방된 장소나 다른 사람이 있는 곳에서 대상자에게 자기 노출을 하도록 하는 것은 바람직하지 않다. 오히려 적합한 장소가 준비될 때까지 기다리는 것이 좋다.

(2) 산만하지 않은 환경

대화하기에 적합한 장소가 준비된 후에 주위가 산만하지 않도록 환경을 조성해야 한다. 전화나 핸드폰을 받는 것은 대상자와의 대화를 단절시킬 수 있으며, 대화 중에 지속적으로 시계를 보거나 무엇인가를 적는 행위는 대상자를 산만하게 할 수 있다. 숨소리, 기계 소리, 기구 작동 소리 등도 대상자와의 의사소통을 방해할 수 있다. 소음이 있는 경우에는 대상자의 중요한 대화 내용을 지나칠 수 있으므로 조용한 환경을 조성하는 것이 중요하다.

(3) 적절한 공간

대상자에게 안정감을 주기 위해서는 큰 방보다는 작은 방이 좋고 의자를 준비하는 것이 좋다. 의자는 서로 마주 볼 수 있도록 배치하고 두 의자 간의 거리는 1.2~1.8m로 유지하는 것이 편안감을 줄 수 있다. 의자 사이에 책상이나 테이블은 놓지 않는 것이 좋으며 대상자가 침상에 머물러 있는 경우에는 눈 맞춤을 할 수 있는 높이를 유지하도록 한다.

Chapter
07

의사소통의 기술

🎯 학습목표

1. 효과적인 의사소통의 개념을 이해하고 표현할 수 있다.
2. 비효과적인 의사소통의 개념을 이해하고 효과적인 의사소통으로 표현할 수 있다.
3. 효과적인 의사소통 기술을 활용할 수 있다.

💡 개 요

우리 속담에 "말 한마디에 천 냥 빚을 갚는다", "가는 말이 고와야 오는 말이 곱다", "말이 고우면 비지 사러 갔다 두부 사 온다" 등 언어적 의사소통의 중요성을 나타내는 말이 있다. 의사소통을 잘하기 위해서는 상대방의 말을 잘 듣고 메시지 내용을 있는 그대로 받아들이는 것이 중요하다. 그리고 상대방을 존중하면서 자신의 의견을 분명히 전달할 수 있어야 한다. 효과적인 의사소통은 원만한 대인관계를 형성하고 사회에서 각자의 역할을 성공적으로 수행하기 위해 필수적이다.

이 장에서는 효과적인 의사소통의 개념을 이해하고 표현하는 방법을 연습한다. 또한 비효과적인 의사소통의 개념을 이해하고 효과적인 의사소통 기술로 바꾸는 연습을 통해 의사소통 기술 향상에 도움을 받을 수 있다.

1 효과적인 의사소통의 기술

의사소통은 인간의 의사나 감정의 소통으로 '가지고 있는 생각이나 뜻이 서로 통함'이라는 의미를 지니고 있으며 사회생활을 하기 위해서 가장 필수적으로 가지고 있어야 하는 능력이다. 상호 간 소통을 위해 사용되는 매체로는 구어(口語)와 문어(文語)는 물론 몸짓, 자세, 표정, 억양, 노래, 춤 등과 같은 비언어적 요소들까지 포함된다.

일상에서 소통이 된다는 것은 서로 간에 이해한다는 뜻이다. 사람들은 소통을 통해 인정받고 존중받는 느낌을 얻고 이 느낌을 충족함으로써 행복을 느끼게 된다. 반대로 소통이 안 될 때는 답답함과 분노를 느끼며 좌절감에 빠지게 되고 이해받지 못한다는 느낌을 받는다.

효과적인 의사소통이란 전달하고자 하는 메시지를 왜곡 없이 전달하는 것이다. 메시지를 얼마나 정확하게 전달하고 이해했는지가 의사소통의 본질이다. 메시지는 듣는 사람의 입장에서 볼 때 정확하게 이해되었는지가 중요하다.

효과적인 의사소통을 방해하는 요인은 개인적인 측면, 상대방의 측면, 환경적인 측면으로 구분할 수 있다. 개인적인 측면에는 개인이 가지는 인격적 특성, 심리적 복잡성, 선입견, 고정 관념, 평가하거나 비판적인 태도, 의사소통 기술의 결여 등이 있고, 상대방의 방해 요인으로는 과거의 경험, 자기 노출에 대한 두려움, 지적 장애나 표현 능력 및 이해 능력의 부족 등이 있다. 환경적인 측면에서는 소음, 기온, 분위기 등이 소통을 방해할 수 있는 요소이다. 따라서 효율적인 의사소통을 위해서는 타인의 이해에 방해가 되는 자신의 생각을 점검하고 이를 변화시킴으로써 보다 효과적인 의사소통을 할 수 있게 된다. 이 장에서는 개인적 측면의 의사소통 기술을 배워 활용할 수 있는 효과적인 의사소통과 비효과적 의사소통 기술에 대해 알아보고자 한다.

① 경청하기

경청하기는 적극적으로 상대방의 말을 잘 이해하며 듣는 것을 의미하지만, 듣기(hearing)와 차이가 있다. 경청은 상대방이 호소하는 언어적 메시지를 듣고 그 감정을 이해하는 것으로, 이때 상대방의 이야기를 잘 듣고 있다는 의미로 자세, 표정, 목소리 등의 비언어적 의사소통도 중요하다. 내가 상대방의 이야기를 존중하는 마음으로 들어주면 상대방은 '내 얘기를 집중해서 잘 경청하는구나'라고 느껴 효과적인 의사소통이 가능해진다.

경청은 세 단계를 거치면서 이루어진다. 첫째, 지각 단계에서는 상대방의 말을 오감으로 지각하면서 듣기 시작하는 단계이다. 둘째, 처리 단계에서는 지각된 내용을 인지적 사고 과정을 통해서 이해하고 해석한다. 이 두 단계에서는 상대방의 말을 건성으로 듣거나 또는 일방적 관점에서 이해하고 평가해서는 안 된다. 상대방의 말을 온전히 주의 집중하여 듣고 상대방의 생각과 감정의 세계로 들어가 그 말의 의미를 다양한 차원에서 이해하고 해석해야 한다. 셋째, 반응 단계에서는 이해하고 해석한 결과를 구체적 반응으로 표현하면서 듣기 행위를 완성한다.

경청은 상대방이 이야기하도록 기다려 주며, 비판하거나 평가하지 않고 상대방의 문제나 감정을 그대로 받아들이는 것이다. 적극적 경청은 주로 상대방의 주장에 동의하는 표현으로 상대방의 입장을 지지한다. 그러나 적극적 경청이 항상 상대방의 입장을 지지하는 것만은 아니다. 상대방의 주장에 동의하지 않을 때는 바로 반론을 제기하지 않고 우선 상대방의 입장을 존중하고 배려하는 언어적 표현을 사용하는 것이 좋다.

💬 상대방의 주장에 동의하는 적극적 경청의 예시

- 응, 그래!
- 맞아!
- 나도 그렇게 생각해!

💬 상대방의 주장에 동의하지 않을 때 적극적 경청의 예시

- 반대 측이 제시한 ○○ 방안은 충분히 이해되고 부분적으로는 그 타당성이 인정됩니다만, 저희는 그 문제를 다른 방법으로 생각하기도 합니다.

적극적으로 경청하는 방법

- 편안한 자세를 취한다.
- 시선을 적절하게 잘 맞춘다.
- 상대방의 말을 비판하며 듣지 않는다.
- 상대방의 이야기에 일관성이 있는지 파악한다.
- 상대방에게 잘 듣고 있음을 몸짓으로 알린다.
- 상대방의 메시지를 객관적으로 파악하려고 노력한다.
- 들은 후 잘 이해했는지에 대하여 간략하게 정리한다.
- 이해하기 어려울 때는 질문하여 명확하게 전달받는다.
- 상대방 메시지에서 언어적, 비언어적 표현이 일치하는지 파악한다.

©www.hanol.co.kr

💬 그림 7-1_ 적극적 경청 방법

경청을 방해하는 경우

- 대충 짐작한다.
- 끊임없이 비교한다.
- 미리 대답을 준비한다.
- 듣고 싶지 않은 말을 걸러낸다.
- 상대방의 말을 자신의 경험에 맞춘다.
- 충분히 듣지 않은 상태에서 조언하다.
- 상대방의 말을 반박하고 논쟁하기 위해서 듣는다.
- 마음에 들지 않을 경우, 슬쩍 넘어가며 대화의 본질을 회피한다.

©www.hanol.co.kr

💬 그림 7-2_ 경청의 방해

② 공감하기

국립국어원 표준국어대사전에 따르면 우리말에서 공감(empathy)은 "남의 감정, 의견, 주장 따위에 자기도 그렇다고 느낌 또는 그렇게 느끼는 기분"을 의미하며 동정(sympathy)은 "남의 어려운 처지를 자기 일처럼 딱하고 가엾게 여김" 또는 "남의 어려운 사정을 이해하고 정신적으로나 물질적으로 도움을 베풂"을 뜻한다. 사전적 의미로 볼 때 공감과 동정은 명확한 차이가 있다.

공감하기는 인지적 차원과 정서적 차원의 두 요소를 포함하고 있다. 인지적 차원은 이해를 증진하고자 정보를 얻고 처리하는 것에 관계된 정신 활동을 말하며, 정서적 차원은 주관적으로 경험한 감정을 공유하는 것을 말한다. 면담자는 대상자가 처한 상황을 이해하고 동일한 감정을 공유하며 그 상황을 잘 극복할 수 있도록 도와주어야 한다. 이때 인간 존중의 언어 사용 및 태도 유지, 인간관계의 유지, 수용적 대화 자세, 적극적인 대화 참여의 화법을 적용해야 한다.

동정은 대상자가 겪는 고통을 자기의 고통처럼 딱하고 가엾게 여기지만 대상자와 감정을 공유하기보다는 불쌍하게 여기고 물질적인 도움을 베푸는 것이다.

어	어떤 이야기인지 잘 들어준다.
기	상대방의 기분을 이해해 준다.
역	역지사지(易地思之)로 생각한다.
차	생각의 차이가 있음을 인정한다.

©www.hanol.co.kr

💬 그림 7-3_ 공감을 위한 전략

- **대상자** : 면접에서 자꾸 떨어져서 짜증 나 죽겠어요. 왜 나만 면접에서 떨어지는지 모르겠어요. 부모님도 면접에서 떨어지니 걱정하시네요. 제가 믿음을 드리지 못했나 봐요.
- **면담자** : 면접에 떨어져서 많이 속상했겠어요. 열심히 준비했는데 떨어지면 정말 짜증 나지요. ○○ 씨의 속상한 마음을 알기에 부모님이 더 걱정하시나 봐요. 조금 더 기다려 주시면 좋을 텐데요.

③ 수용하기

수용하기는 면담자가 대상자를 조건적으로 대하지 않고 전체적으로 수용함을 의미한다. 이야기의 옳고 그름을 판단하거나 대상자가 느끼는 감정에 동의하는 것이 아니라 대상자의 입장을 있는 그대로 받아들이는 것이다. 수용적인 태도는 신뢰 관계를 형성하고 대상자의 긴장감을 해소하는 유용한 기술이다.

- **대상자** : 조별 과제를 하는데 아무도 신경 쓰지 않고 내가 하기를 바라는 것 같아 화가 나요.
- **면담자** : 네, 그러셨군요. 혼자서 해야 한다는 생각이 들어 화가 났군요.

수용적 수준의 5단계는 다음과 같다.
- **1단계** : 의사소통자의 언어와 행동 표현에서 상대방에 대한 존중이 명백히 결여되어 있거나 부정적 배려만이 있는 수준으로, 자신이 평가의 유일한 기준이 된다.
- **2단계** : 상대방의 감정, 경험 및 잠재력에 대해 거의 존중하지 않는 수준으로 상대방의 감정에 대해 기계적으로 또는 수동적으로 반응하거나 상대방의 감정을 거의 무시한다.

- 3단계 : 상대방의 감정, 경험 및 잠재력에 대해 기본적으로 긍정적인 존중과 관심을 전달하는 수준으로 상대방의 자기표현 능력과 생활 환경을 건설적으로 다루는 능력에 대해 존중해 주고 관심을 보여준다.
- 4단계 : 상대방에 대한 깊은 긍정적 존중과 관심을 표명하는 수준으로 상대방에게 한 개인으로서 자유로움을 느끼도록 하며 자신이 가치 있는 인간임을 경험하도록 의사소통한다.
- 5단계 : 상대방에게 한 인간으로서의 가치와 자유인으로서의 잠재력에 대해 매우 깊은 긍정적인 존중을 전달하며 상대방에게 인간적인 잠재력에 대해 아주 깊은 관심을 쏟아준다.

④ 침 묵

침묵은 대상자가 자신의 감정을 표현할 수 있도록 안전하게 지원하는 환경을 조성하기 위해 면담자가 사용할 수 있다. 이때 면담자는 눈 맞춤, 안심할 수 있는 미소와 같은 비언어적 관심을 표현하며 대상자가 생각을 정리할 때까지 기다려준다. 대상자는 침묵 상태에서 불안감을 느끼고 피하려고 노력하는 모습을 보이기도 하지만, 면담자는 대상자가 자신의 감정을 표현할 수 있도록 기다리는 것이 필요하다.

🔍 예 시

- 대상자 : 저의 아버지는 매일 술을 마시고…….
- 면담자 : 관심 있는 표정으로 조용히 기다려 준다.

⑤ 개방적 질문과 폐쇄적 질문

면담자는 대상자와 원활한 소통을 위해서 질문을 해야 한다. 질문은 말한 내용에 대해서 알아볼 것이 있거나 문제를 좀 더 깊이 이해하기 위해서 사용한다.

질문을 어떻게 하느냐에 따라 상대방이 적극적으로 표현하기도 하고 불편감 때문에 대답을 회피할 수 있기에 질문을 효과적으로 하는 것은 의사소통에서 중요하다. 개방적 질문은 상대방의 관점, 의견, 사고, 감정까지 끌어내어 더 많은 정보를 파악할 수 있다. 상황에 따라서 개방적 질문이 필요한 때가 있고 폐쇄적 질문을 해야 할 때도 있다. 폐쇄적 질문은 "예" 또는 "아니오"라고 대답하는 것으로 대화하기 힘들거나 인지 장애 문제가 있는 대상이라면 폐쇄적 질문으로 시작하여 점차적으로 개방적 질문을 하는 것이 바람직하다.

🔍 **예시 1**　**개방형 질문**

· **면담자** : 오늘 불편한 곳은 어디인가요?

🔍 **예시 2**　**폐쇄적 질문**

· **면담자** : 불편한 곳은 다리인가요?

⑥ 초점 맞추기

초점 맞추기는 대상자가 여러 가지 복잡한 이야기를 하여 대화의 주제가 모호해질 때 면담자가 한 가지 초점을 분명히 하여 집중하게 하는 것이다. 대화의 흐름을 목표 지향적이고 구체적이며 확실하게 유지하기 위한 것으로 대상자의 혼돈이나 모호함을 줄여준다.

🔍 **예시**

· **대상자** : 요즘 저는 남자 친구랑 자주 싸우기도 하고, 성적도 떨어지고, 할 일을 제대로 못한다고 부모님에게 꾸중을 들어요. 제가 왜 이러는지 모르겠어요.

· **면담자** : 요즘 여러 가지 힘든 일이 있는데 가장 힘든 일이 무엇인가요?

· **대상자** : 모르겠어요. 남자 친구랑 자주 싸우는 것인 것 같아요.

· **면담자** : 그럼, 남자 친구랑 자주 싸우는 것에 관한 이야기를 먼저 나눠볼까요?

7 반영하기

반영하기는 면담자가 대상자에게 관심이 있음을 나타내는 방법으로 적극적 경청의 중요한 대화 기법이다. 반영은 대상자가 표현한 느낌, 태도, 가정, 신념 등을 면담자가 정리하여 보다 참신한 말로 표현해 주는 것이다. 면담자가 대상자의 말을 제대로 이해하고 있는지 판단할 기회를 제공한다.

반영은 내용, 생각, 감정 영역으로 구분된다. 내용 반영은 대상자의 말을 듣고 이해하고 있음을 알게 하는 것으로 상대방의 말을 간결하고 분명하게 다시 반복하는 것이다. 생각 반영은 대상자의 이야기에 담긴 생각을 다시 되돌려 주는 것이다. 감정 반영은 대상자의 감정에 대한 명확한 파악을 포함하여 진술을 반복하여 말하는 것이다.

🔍 **예시 1** 　내용 반영

• **대상자** : 조별 과제를 해야 하는데 아무도 신경 쓰지 않고 내가 하기를 바라는 것 같아 화가 나요.
• **면담자** : 조별 과제를 해야 하는데 아무도 도와주지 않는군요.

🔍 **예시 2** 　생각 반영

• **대상자** : 조별 과제를 하는데 아무도 신경 쓰지 않고 내가 하기를 바라는 것 같아 화가 나요.
• **면담자** : 조별 과제를 혼자 한다고 생각하는군요.

🔍 **예시 3** 　감정 반영

• **대상자** : 조별 과제를 하는데 아무도 신경 쓰지 않고 내가 하기를 바라는 것 같아 화가 나요.
• **면담자** : 혼자서 조별 과제를 해야 한다고 생각하니 화가 나는군요.

🔍 **예시 4** 　내용, 생각, 감정 반영

• **대상자** : 조별 과제를 하는데 아무도 신경 쓰지 않고 내가 하기를 바라는 것 같아 화가 나요.

• **면담자** : 조별 과제를 하는데 아무도 도와주지 않아 혼자서 해야 한다는 생각
이 들어 화가 나는 감정이 생기는군요.

⑧ 구체적 말하기

구체적 말하기는 면담자가 대상자의 세계를 잘 이해하기 위해서 대상자가 표현하는 내용을 정확히 파악하는 것이다. 대상자의 표현 내용을 정확히 알기 위해 필요한 것은 표현 내용이 의미하는 바를 구체적으로 질문하는 것이다. 구체적 말하기는 대상자가 사용한 언어의 내용을 명확히 하기 위한 의사소통에 초점이 있으며 논리적 흐름이 되도록 구체적으로 확인하는 기술이다. 구체적 말하기는 질문할 때, 정보나 피드백을 줄 때, 평가할 상황에 사용한다.

🔍 예시

• **대상자** : 저는 이제 그만하고 싶다는 생각이 들어요.
• **면담자** : 그만하고 싶다는 것은 어떤 것을 그만한다는 의미인가요?

⑨ 재진술

재진술은 면담자가 대상자의 말 중에서 어떤 단어나 구 또는 문장을 한 번이나 여러 번 반복하여 말하도록 대상자에게 요구하는 것으로, 단순한 단어를 반복하여 말하면서 동시에 정서적으로 무엇을 말하고 있는가를 스스로 느낄 수 있도록 하는 것이다. 그리고 면담자가 대상자 이야기를 반복하여 말하는 것은 면담자가 이해한 내용이 맞는지 확인하는 것이다.

🔍 예시

• **대상자** : 다리가 아파 아무것도 할 수가 없어요.
• **면담자** : 다리가 아파 아무것도 할 수 없다는 거군요.

⑩ 바꾸어 말하기

바꾸어 말하기는 면담자가 대상자의 말을 듣고 면담자가 이해한 말로 바꾸어 표현함으로써 대상자가 자신의 생각을 분명히 할 수 있고, 대상자가 전달하려는 내용을 이해했다는 확신을 갖도록 하는 것이다.

🔍 예시

- 대상자 : 나는 성공한 경험도 없고 돈을 많이 써서 지금은 일을 시작할 때가 아니에요.
- 면담자 : 많은 돈을 썼는데 성공한 경험이 없어 자신감이 없으시군요.

⑪ 요 약

요약하기는 면담자가 대상자의 이야기를 듣고 대상자가 표현한 내용 중에서 반복적으로 또는 일관성 있게 등장하는 주제를 찾아서 그 내용을 정리하고 확인하여 드러내는 대화 기술이다. 여러 상황과 장면들 속에 흩어져 표현된 이야기 주제들을 찾아내어 묶고, 이를 대상자에게 돌려주는 기술이다. 면담자가 요점을 명확하게 정리해 줌으로써 내용을 종결할 수 있고 다음 주제로 넘어가는 데 유용하다. 대상자는 자신이 표현한 것을 잘 듣고 있다고 느끼며 자신의 문제 해결에 도움을 받는다.

🔍 예시

- 면담자 : 지금까지 ~에 대한 이야기였군요. 지난 시간 우리는 ~에 대한 이야기를 했습니다.

⑫ 명료화

  명료화하기는 면담자가 대상자의 대화 내용을 분명히 하고 표현한 바를 정확히 지각했는지 확인하는 기술이다. 대상자가 전달한 내용을 잘 이해하지 못했을 때, 대상자가 표현한 내용을 정교하게 이해하려 할 때, 자신이 들은 내용의 정확성 여부를 직접 점검하고 싶을 때 사용하는 기술이다. 대상자의 대화 내용 중 전후 관계가 불명확한 경우, 대화 내용의 비약이 심해서 생략된 부분이 많은 경우, 다중 의미를 가진 어구, 뒤틀린 문법의 사용 등으로 혼란스러워질 때가 있는데 이런 경우 명료화 기술을 적용할 필요가 있다.

🔍 **예시**

- **대상자** : 내가 더 이상 살면 뭐 하겠어요?
- **면담자** : 더 이상 살기 싫다는 건 죽음을 말씀하시는 건가요?

⑬ 해 석

  해석은 면담자가 대상자 말의 의미를 파악하여 대상자가 인지하지 못하고 있는 부분을 새로운 시각으로 볼 수 있도록 하는 것이다. 해석은 대상자의 생각과 감정을 구체화하고 대상자가 의식하지 못하는 부분을 이해하도록 돕는다. 그러나 해석은 고도의 전문성이 요구되는 부분이기에 대상자가 받아들일 수 있는 신뢰적 관계가 형성되었을 때 사용한다.

🔍 **예시**

- **대상자** : 저는 집도 멀고 아르바이트도 해야 하고 경제적인 부담도 되어 일주일에 한 번 상담을 받는 것이 힘들어요.
- **면담자** : 지금까지 일주일에 한 번 상담을 받아왔던 이유는 무엇인가요? 상담을 받으면서 도움이 안 된다고 생각하신 것은 아닌지요?

⑭ 직 면

직면은 면담자가 대상자의 문제점, 말과 행동의 차이, 대상자가 얘기한 것과 관찰한 것과의 차이 등에 대해 직접적으로 대상자에게 인식시켜 주는 것이다. 대상자의 대화 속에 숨어 있거나 모르고 있는 혼란을 드러내 직면시킴으로써 대상자가 보다 효율적으로 기능하도록 도울 수 있다. 그러나 대상자의 힘든 상황이나 관계 수준을 고려해야 한다.

예 시

- **대상자** : 제가 어지럽다고 얘기해도 믿지를 않아요.
- **면담자** : 지난주 혈액 검사 결과 이상 소견이 없는 것으로 나타났는데 많이 어지러우신가요?

⑮ 유 머

유머는 자신이나 타인에게 불쾌한 감정을 느끼지 않게 하면서 자신의 느낌을 공개적으로 표현할 수 있는 효과적인 기술이다. 대상자의 불안을 감소시키고 어색한 관계를 부드럽게 해주면서 자연스럽게 치료 효과를 얻을 수 있도록 해준다. 그러나 대상자가 의심이 많고 망상이 있다면 오해할 수 있어 조심해야 한다.

예 시

- **대상자** : (우울한 상태로) 저에게 왜 이렇게 잘해주세요?
- **면담자** : 궁금해요? 궁금하시면 500원 주세요.

② 비효과적인 의사소통

① 판단하기

판단하기는 면담자가 대상자의 말이나 행동의 옳고 그름을 평가하는 것으로 면담자의 가치, 믿음, 생각 등을 대상자에게 전달하는 것이다. 이런 상황이 되면 대상자는 면담자에게 의존하게 되어 자신의 생각이나 감정, 느낌을 표현하지 못하게 된다.

🔍 예시

• **대상자** : 우리 엄마는 늘 약속을 안 지켜요.

• **면담자** : 엄마가 일 때문에 바빠서 그러시겠지요.

▶ 효과적 의사소통

• **면담자** : 엄마가 약속을 안 지킨다고 생각하고 있군요.

② 일시적 안심

일시적 안심하기는 실제로 문제가 있음에도 불구하고 대상자에게 모두 잘 해결될 것이라고 반응하는 것이다. 상담에서 위로하고 안심시키는 말은 필요하지만, 막연하게 "괜찮을 거야", "곧 좋아질 거야"라고 표현한다면 상대방은 면담자가 '내 문제를 잘 모르고 있구나'라고 생각할 수 있다. 그러나 사실에 근거하여 말하는 안심은 도움이 될 수 있다.

🔍 예시

• **대상자** : 취업 때문에 고민이에요.

• **면담자** : 너무 걱정 마세요. 잘될 거예요.

◐ 효과적 의사소통

- **면담자** : 지금까지 열심히 공부하고 다양한 활동을 하면서 준비했으니 조금 더 기다려 보아요.

③ 충고하기

충고하기는 상대방이 잘되기를 바라는 마음으로 하는 것이다. 하지만 충고를 받는 대상자는 면담자가 높은 위치에 있다고 느끼며 '너는 그런 일도 결정하지 못하는구나'라고 받아들일 수 있다. 따라서 대상자가 충고에 따를 준비가 되었는지를 잘 판단하여 적절한 시기에 하는 것이 효과적이다. 한번에 너무 많은 충고를 하는 것은 좋지 않지만, 충고를 받아들이면 실행 후 피드백을 받는 것이 도움이 된다.

🔍 예시

- **대상자** : 국가 고시 시험이 얼마 안 남았는데 공부가 안 되네요.
- **면담자** : 지금 열심히 하지 않으면 1년이라는 시간을 기다려야 해요. 그러니깐 조금만 더 힘내요.

◐ **효과적 의사소통**

- **면담자** : 시험이 얼마 남지 않았는데 공부가 되지 않아 힘들겠네요. 공부하는 중간에 잠깐씩 휴식 시간을 가지면 좋겠어요.

④ 비난하기

비난하기는 주로 면담자의 도덕적 판단으로 대상자에 대해 부정적인 평가를 다양한 방식으로 내리는 것이다. 충분한 신뢰가 형성된 사이라면 면담자가 진정성을 바탕으로 대상자에 대한 실망감, 안타까움을 숨김없이 표현하여 대상자를 깨닫게 함으로써 새로운 관계를 만들어 가는 기회가 될 수도 있다. 그러나 대상자가 받아들이기 힘든 정도로 강렬히 표현한다면 신뢰 관계가 깨질 가능성도 있고 대상자 자신의 행동이나 생각, 감정을 무시한다고 느낄 수 있다. 면담자가 비난을 사용하는 것은 바람직하지 않다.

🔍 예시

- **대상자** : 이번 생은 망했어요.
- **면담자** : 그래요 당신의 행동을 보니 틀렸어요.

▶ 효과적 의사소통

- **면담자** : 저는 당신의 생각에 동의하지 않지만, 당신이 그렇게 생각하는 것은 이해할 수 있어요

⑤ 방어하기

방어하기는 면담자가 대상자의 부정적인 견해와 느낌을 말로 표현하지 못하도록 하는 것으로 대상자는 자기표현을 거부당했다고 생각할 수 있어 관계를 단절시킨다.

🔍 예시

- **대상자** : 저 선생님 이상해요.
- **면담자** : 저 선생님은 우리 병원에서 외래 환자를 가장 많이 보고 계십니다.

▶ 효과적 의사소통

- **면담자** : 저 선생님이 이상하다고 생각되시는군요. 어떤 부분에서 이상하다고 느끼시나요?

⑥ 논쟁하기

논쟁하기는 면담자가 대상자의 판단에 논리적으로 반박하며 설득하려고 하는 것이다. 대상자는 열등감과 무력감을 느끼게 되어 더 이상 이야기하고 싶지 않게 된다.

🔍 예시

- **대상자** : 저는 이제 퇴원해야 해요.
- **면담자** : 퇴원하면 약을 혼자서 챙겨 먹어야 하는데 가능하겠어요?
- **대상자** : 네, 이제 혼자서 약을 챙겨 먹을 수 있을 것 같아요.
- **면담자** : 지난번에도 잘 챙겨 먹는다고 했는데 2주 만에 다시 입원하게 되었잖아요.

▶ 효과적 의사소통

- **면담자** : 지금 퇴원하고 싶으신 건가요?
- **대상자** : 네, 이제 퇴원해서 스스로 약을 먹을 수 있어요.
- **면담자** : 퇴원해서 약을 꾸준히 복용할 계획이 있으시군요.

⑦ 시험하기

시험하기는 면담자가 대상자의 지각 정도를 알기 위해 "여기는 어디인가요?", "잘 생각해 보세요"와 같이 마치 통과해야 하는 시험을 보듯이 물어보는 태도를 말하며 이러한 의사소통은 대상자의 자존감을 저하시킨다.

🔍 예시

- **면담자** : 오늘은 무슨 요일인가요?
- **대상자** : 몰라.
- **면담자** : 어제는 자녀분들이 다녀가셨잖아요. 잘 생각해 보세요.

○ **효과적 의사소통**

· 면담자 : 오늘은 무슨 요일인가요?

· 대상자 : 몰라.

· 면담자 : 오늘은 10월 10일 수요일입니다.

⑧ **상투적 조언하기**

상투적 조언하기는 면담자가 대상자의 말에 의미 없이 판에 박힌 진부한 대답으로 성의 없게 반응하는 것이다. 이는 대상자에 대한 개별성을 무시하고 형식적인 느낌을 전달한다.

🔍 **예 시**

· 대상자 : 늘 똑같은 일상이 재미도 없고 나를 지치게 만들어요.

· 면담자 : 힘내세요.

○ **효과적 의사소통**

· 면담자 : 똑같은 일상이 당신을 지치게 만드는군요. 좋아하는 것이 있으세요?

⑨ **문자적 반응**

문자적 반응은 면담자가, 대상자가 말하고자 하는 의미를 생각하지 않고 문자 그대로의 정보만을 갖고 답변하는 것으로 대상자에 대한 공감이 부족한 경우에 발생할 수 있다.

🔍 **예 시**

· 대상자 : 늘 똑같은 일상이 재미도 없고 나를 지치게 만들어요.

· 면담자 : 생활에 변화를 주세요.

▶ **효과적 의사소통**

• **면담자** : 똑같은 일상이 당신을 지치게 만드는군요. 변화를 줄 수 있는 것이 있을까요?

⑩ 지나친 동의하기

지나치게 동의하기는 면담자가 대상자의 관점에 대해 "나도 당신의 의견에 전적으로 동의합니다"와 같이 무조건적으로 동의하는 것으로 스스로 판단할 기회를 박탈하고 방어적 행동을 취하게 한다.

🔍 **예시**

• **대상자** : 늘 똑같은 일상이 재미도 없고 나를 지치게 만들어요.
• **면담자** : 저도 정말 그런 것 같아요.

▶ **효과적 의사소통**

• **면담자** : 똑같은 일상이 당신을 지치게 만드는군요. 저도 가끔은 그렇게 생각될 때가 있어요.

⑪ 주제 돌리기

주제 돌리기는 면담자가, 대상자가 말하고자 하는 주제를 피하거나 바꾸는 것으로 일반적으로 면담자가 대답하기 어려운 경우나 자신의 불안을 방어하기 위해 화제를 돌리는 것이다.

🔍 **예시**

• **대상자** : 죽고 싶을 만큼 힘들어요.
• **면담자** : 많이 힘드시군요. 저랑 기분 전환하러 산책이라도 나가실까요?

▶ **효과적 의사소통**

• **면담자** : 죽고 싶다고 생각한 적이 있으신가요?

대인관계와 소통의 지혜

Chapter 08

상황별 의사소통

🎯 학습목표

1. 감정 이해 및 감정 표현 방법을 단계별로 설명할 수 있다.

2. 사회 정서 능력 발달 모델(Social emotional ability development, SEAD)에 대해 설명할 수 있다.

3. 가까운 관계의 의사소통 기술을 이해하고 설명할 수 있다.

4. 설득의 의사소통 기술을 이해하고 설명할 수 있다.

5. 면접 상황에서의 의사소통 기술을 이해하고 설명할 수 있다.

💡 개 요

의사소통 과정에서 상황에 적절한 행동을 선택하도록 돕기 위해서는 자신과 타인의 감정을 이해하고 적절히 반응하며 감정을 조절하는 능력이 매우 중요하다. 이 장에서는 다양한 인간관계를 맺고 살아가는 사회 속에서 가까운 관계의 의사소통, 설득의 의사소통, 면접 상황 등에서의 건강한 의사소통 기술을 배워 효과적인 문제 해결력 향상을 도모하고자 한다.

1 ● 감정 이해 및 감정 표현

① 감 정

철학이나 과학에서 감정이 무엇인지에 대한 합의된 정의는 없다. 감정의 일부는 의식할 수 있지만 다른 일부는 실패에 대한 두려움과 같이 무의식적인 차원이기 때문에 설명하기 어렵다. 감정이 합리적인지 여부에 대한 질문도 연구자들의 관심의 초점이 되고 있으나 추상적인 감정을 이해한다는 것은 매우 복잡한 과정이다.

인간의 감정을 이해하기 위해서는 먼저 자신의 감정을 식별할 수 있는 인지적 능력이 필요하다. 여기서는 '감정에 주의 기울이기', '감정 식별하기', '감정 수용하기', '감정 조절하기'로 구분하여 4단계로 설명하고자 한다.

(1) 감정 이해

❶ 감정에 주의 기울이기

감정에 주의를 기울이는 능력은 자신의 감정에 가치를 부여하고 의식적으로 주의를 집중하는 능력으로 정의되며 감정을 식별하기 이전에 발생한다. 감정 신호에는 일반적으로 다른 사람과의 상호 작용에 대한 중요한 메시지가 포함되어 있기 때문에 사회적 기능을 잘하는 사람일수록 자신의 감정을 '경청'하며 감정을 더 신뢰하는 경향이 있다고 한다. 여러 사회 심리학자들은 정서적 역량 수준이 높은 사람일수록 사려 깊은 의사 결정을 촉진하고 상황에 맞게 적절한 행동 반응을 구현하기 위해 감정을 더 잘 사용할 수 있다는 데 동의한다. 감정에 주의 기울이기를 통해 감정에 대한 의미가 처리되고 부정적 감정인지 또는 긍정적 감정인지 인식할 수 있게 된다.

❷ 감정 식별하기

감정을 식별하는 능력은 감정 상태를 구별하는 능력으로 정의할 수 있다. 감정을 식별하는 것은 유아기부터 시작된 학습 과정의 결과이며 자신과 타인의 감정을 분류하고 식별하는 능력이 미숙할수록 사회적 의사 결정에 부정적인 영향을 미친다. 따라서 다양한 감정을 경험해보는 것이 사회성 발달을 뒷받침한다고 할 수 있으며 감정을 식별하는 능력 없이는 감정을 이해하는 것은 불가능하다고 볼 수 있다.

심리학적 구성주의자들은 사건의 흐름과 인간관계를 알려주는 일종의 바로미터인 핵심 정서 상태가 있다고 말한다. 기압계의 수치는 감정이며, 즐거움-불만족과 활성화-비활성화가 혼합된 것으로 이해한다. 이러한 결과는 '원형 구조'를 따라 감정이 점으로 표시되며 세로 축은 활성화-비활성화 정도를 나타내고 가로 축은 즐거움-불쾌의 정도를 나타낸다고 설명하고 있다.

❸ 감정 수용하기

감정을 받아들이는 능력은 감정을 식별하고 이해하는 능력에 달려 있으며, 이것은 정서적 경험을 부정하거나 회피하는 것이 아니라 감정의 메시지를 받아들이고 포용하는 인지적 능력이 필요한 부분이다. 감정을 이해하는 능력은 감정의 의미를 이해하고 감정의 본질과 강도를 아는 능력으로 정의된다. 자신의 부정적인 감정(예 두려움, 분노, 슬픔)을 수용하는 능력이 높을수록 건강 유지와 스트레스 적응력이 뛰어난 반면, 부정적 감정을 수용하는 능력이 떨어질수록 건강에 해로운 2차적 감정 과정이 발생할 가능성이 높다.

예를 들어, 분노는 종종 두려움, 고뇌, 질투, 좌절, 막막함에 대한 인식과 같은 1차 감정을 2차 감정으로 대체하면서 불필요한 감정 소진을 경험하게 한다. 분노가 상처받는 것에 대한 두려움이나 욕구의 좌절로 인한 2차 감정임을 이해하고 분노를 유효한 감정으로 받아들인 후 조절 가능한 대상으로 바라보아야 한다.

개인은 상처, 분노, 질투 또는 욕망과 같은 정서적 자극을 경험할 수도 있는데,

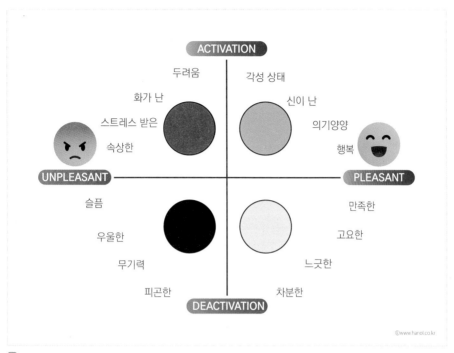

💬 그림 8-1_ 감정의 원형 모델(A circumplex model of affect)

이러한 감정을 거부하고 결과적으로 정욕의 표현과 같은 비효과적인 방식으로 반응할 수도 있다. 이러한 반응의 선택은 개인의 자유나 그 결과의 책임이 본인에게 있음을 인지하며 장기적 관점에서 자신에게 도움이 되는 효과적인 행동을 선택해야 한다.

❹ 감정 조절하기

감정을 조절하는 능력은 긍정적, 부정적, 정서적 경험을 의도적으로 조절하려는 노력을 의미한다. 감정 조절은 어린 시절부터 시작되며 감정을 관리하는 능력은 전 생애에 걸쳐 발달한다. 감정을 조절하고 관리하는 데는 재평가와 억제라는 두 가지 주요 방법이 사용된다. 적응적인 방식으로 감정을 재구성하고 재해석하고 반응하는 사람들은 긍정적인 감정을 더 많이 경험하고 대인관계에서 사회성

이 좋으며 삶의 질이 더 높다. 또한, 높은 수준의 감정 조절 기술을 가진 사람들은 자신을 사회 친화적인 인간이라고 생각한다. 반면에, 부적응적인 방식으로 자신의 감정을 억누르면 감정을 조절하기 어렵다. 따라서 자신과 타인의 감정을 이해하고 조절하기 위한 꾸준한 노력이 필요하다.

(2) 사회 정서 능력 발달 모델(SEAD)

사회 정서 능력 발달(Social Emotional Ability Development, SEAD) 모델은 다양한 상황별 의사소통에서 개인 간의 상호 작용을 개선하기 위해 활용되고 있다. SEAD 모델은

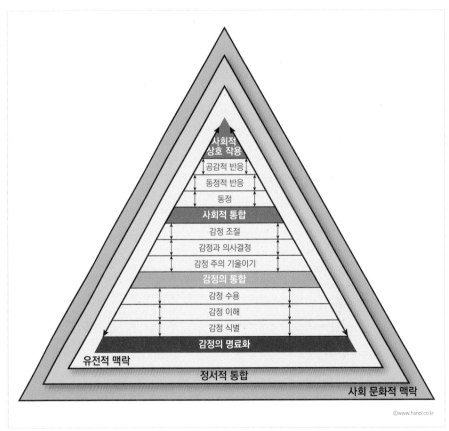

🗨 그림 8-2_ 해리스(Harris)의 사회 정서 능력 발달(SEAD) 모델

개인의 감정 조절과 공감 반응 행동의 역량 수준이 높을수록, 특히 삶의 만족도와 행복이 증가하면서 보다 긍정적인 사회적 상호 작용을 가져온다고 설명한다. SEAD 모델의 기본 구조에서 알려주는 것은, 인간은 어린 시절과 전 생애에 걸쳐 사회적, 정서적 능력이 발달한다는 것인데, 그것을 단계별로 설명하고 있다.

1단계는 감정의 명확성(emotional clarity)이다. 자기 인식을 통한 감정의 명확성(emotional clarity)은 감정을 식별하고 이해하고 받아들이는 능력을 통해 감정과 사고를 통합하는 것이라고 정의했다. 또한 감정의 명확성이 높은 사람들은 자신의 감정을 조절하는 능력도 더 높게 발달한다고 주장했다.

2단계는 감정 통합(emotional integration)이다. 감정 통합(emotional integration)은 개인 내 감정에 주의를 기울이고 감정 메시지를 의사결정 과정에 통합하며, 감정을 적응적으로 조절하여 감정, 사고, 행동을 통합하는 것으로 정의했다.

3단계는 사회 통합(Social Integration)이다. 사회 통합(social integration)은 타인의 감정 상태를 이해하고 공감적인 사회적 반응 행동을 통해 타인의 대인관계 감정에 주의를 기울이는 능력이며, 그것을 통해 감정, 사고, 행동, 사회적 상호 작용이 통합되어 표현되는 것으로 정의할 수 있다. 이러한 개념화는 사회 문화적 상황(sociocultural context) 속에서 개인의 정서적 능력을 이해하는 데 필수적이다.

② 상황별 의사소통

(1) 분노 상황의 의사소통

분노는 다양한 원인으로 생길 수 있고 누구나 매일 분노를 경험할 수 있다. 분노 상황에서 주의할 점은 먼저 상대방이 화를 내는 이유를 이해하고 인정해야 한다. 이때는 분노 상황을 언어로 표현함으로써 자신과 상대방의 분노 감정을 효과적으로 다루도록 돕는 의사소통 기술이 필요하다.

(2) 불안한 상황의 의사소통

불안은 앞으로 무엇이 일어날 것 같은 위험에 대한 정상적인 경고 반응으로 즉각적인 위험에 대한 신체의 방어 반응과 공포 및 공황 형태로 다양하게 나타난다. 불안 상황에서는 먼저 자신의 불안을 탐색할 필요가 있다. 자신이 안정된 상태라야 상대방의 불안을 수용하고 대처 방법을 함께 탐색할 수 있다. 이때는 불안해하는 상황을 인지한 후 심호흡이나 관심 전환을 통해 효율적으로 불안을 다루도록 돕는 의사소통 기술이 필요하다.

(3) 우울한 상황의 의사소통

우울은 살아가면서 누구나 느낄 수 있는 감정이다. 우울이 지속되면 일상생활에 흥미와 즐거움이 상실되며 불면증, 체중의 감소나 증가가 나타난다. 특히, 낮 동안에 과도한 졸음이 오고 초조하거나 지연된 정신 운동성을 보이기도 한다. 경미한 우울부터 심한 우울까지 단계별로 무기력 상태, 집중력 저하, 죽음이나 자살에 대한 생각 등 다양한 증상을 보인다. 일반적으로 사람들은 신체적인 문제에는 관심이 많지만 심리적인 문제를 경시하는 경향이 있다. 이러한 이유로 우울한 사람은 스스로 자신의 감정을 표현하는 데 주저하게 된다. 우울한 상황에서 주의할 점은 우울해하는 상대방의 말이나 행동에 보조를 맞추어 반응해야 한다는 것이다. 우울함을 경험하는 사람은 행동과 말이 느리고 목소리가 작아 잘 안 들리는 경우도 있다. 재촉하지 않고 기다려주는 온정적인 태도가 필요하다.

2 ─● 자율성 향상을 위한 의사소통 기법

자율성은 '자기 스스로의 원칙에 따라 어떤 일을 하거나 자기 스스로 자신을 통제하여 절제하는 성질이나 특성'이라고 정의한다. 자율성은 주어진 일에 대해 스스로 선택권을 가지고 통제함으로서 자기 존중감이 높은 주체적 삶을 살아가게 하는 주인 의식이라고 할 수 있다. 따라서 자율성은 자신이 선택한 행동에 대한 책임감과 관련이 있다.

자기 결정성 이론(self-determination theory)은 개인의 행동은 자율성 혹은 자기 결정적 수준에 따라 조절된다고 설명한다. 대부분의 사람은 인간이라면 당연히 해야 한다고 생각하고 그렇게 하지 않으면 죄책감을 느끼게 되어 스스로에게 강요하는 행동이 있는 반면에, 별로 흥미롭지 않지만 자신이 선택한 목표와 개인의 인생 계획을 위해 의미 있고 중요한 행동이 있다. 전자의 경우는 타인에 의해 통제되는 것과 상당히 유사하여 외부 통제라고 할 수 있고, 후자의 경우는 활동 자체의 즐거움 이외에도 진정한 내적 통제를 경험할 수 있다. 자율성을 향상시키기 위해서는 결국 다른 사람과 상호 작용을 유지하면서 자신을 돌보는 경험에 근거해야 하며 인간의 보편적인 욕구를 인식해야 한다. 본 장에서는 자율성 향상을 위한 의사소통 기법으로 칭찬하기, 격려하기, 감사하기, 거절하기의 개념과 실천 방안을 제시한다.

① 칭찬하기

칭찬이나 격려는 복잡하거나 어려운 상황에서 편안함을 제공하고 사회적, 정서적 연결을 유지하는 기능을 한다. 최근 심리학의 다양한 연구에서는 칭찬이 단순히 긍정적 의사소통의 방법일 뿐 아니라 감정 표현에 대한 동기를 강화시킨다는 것에 주목하고 있다. 앤더슨(Anderson, 2020) 등은 비난과 칭찬의 비대칭성을 설명하는데, 비난이 주로 처벌을 위한 것이고 도덕적 성격을 나타내는 반면 칭찬은 주로 관계 구축을 위한 것으로 보고 있다. 명확한 감정 표현과 의사소통을 위해서는 칭찬 뒤에 숨겨진 상대방의 의도를 이해하는 능력이 필요하다.

② 격려하기

격려는 다른 사람에게 용기를 북돋워주는 과정이라고 정의할 수 있다. 칭찬은 결과에 초점을 맞춘 조건적인 행위지만 격려는 다른 사람이나 자기 자신의 강점과 잠재 능력에 초점을 두고 내적 통제를 발달시키도록 돕는 방법이다. 격려는 조건부 인정이 아니라 인간 존재 자체를 있는 그대로 인정하고 존중하는 태도로 고난이나 역경을 견디어 낼 의지를 발달시킨다.

격려는 타인 격려와 자기 격려로 구분할 수 있다. 타인 격려는 다른 사람을 격려할 때 사용하는 방법인 반면 자기 격려는 스스로에게 확신과 자신감을 강화시켜 줌으로써 개인의 성장과 발달을 촉진한다. 격려 받은 사람은 스트레스를 적게 지각하며 적응적 행동에 참여할 경향성이 높아진다. 또한 열등감을 극복하고 자신의 가치와 능력을 깨닫고 용기 있게 자신의 삶의 과제를 수행해 나갈 수 있다. 격려를 통해 얻을 수 있는 용기와 깨달음은 대상자가 경험하는 수용과 안전함에 대한 지각에서 비롯된다. 이것은 부적응적인 행동을 스스로 수정하려는 노력을 하도록 한다는 점에서 중요하다. 진정성을 가진 격려를 위해서는 충고나 약점 지적하기와 같은 외적 통제를 자제하고 대상자의 실수에 초점을 맞추는 것을 중지해야 한다. 아들러(Adler)에 따르면 고통받는 사람에게는 격려하는 것만이 자신의 증상을 개선하도록 만든다고 했다.

③ 감사하기

인간은 감사함을 느끼거나 표현할 때 행복감을 느끼도록 되어 있다. 생물학적 기전으로 설명하면 감사함을 느낄 때 뇌의 보상 회로가 활성화되기 때문이다. 상대방에게 감사를 전할 때는 자신이 받은 이익에 대해 먼저 이야기하지 말고 상대의 성품이나 능력을 칭찬해야 긍정적인 반응을 이끌어낼 수 있다. 예를 들면 "당신 덕분에 내가 쉴 수 있어서 좋았다"라고 표현하는 것보다 "당신은 배려심 깊은 사람이다. 덕분에 내가 휴가를 잘 보내고 올 수 있어 감사하다"라고 표현하는 것이다.

④ 거절하기

거절할 때는 분명한 언어로 확실하게 의사를 전달해야 한다. 그래야 상대방의 불필요한 오해와 기대가 줄어든다. 가장 좋은 방법은 첫마디에 거절 의사를 밝히는 것이며 정중하게 부탁을 들어줄 수 없는 구체적인 이유를 설명하고 솔직한 마음을 전달하는 것이다.

집단주의가 강한 한국의 사회 문화적 특성상 개인적 사정으로 다른 사람의 부탁을 거절한다는 것이 어렵지만 거절은 본질적으로 상대방을 부정하는 것이 아니라 나의 감정을 전달하는 일이다. 그렇게 생각한다면 좀 더 자연스럽게 말을 꺼낼 수 있다.

3 욕구 갈등 해결

1 욕구의 의미

욕구는 인간이 태어나면서부터 가지고 있는 자연스러운 부분이다. 대상자의 바람과 관련된 욕구는 생존의 욕구, 사랑과 소속의 욕구, 힘의 욕구, 자유의 욕구, 즐거움의 욕구 등 다양하다. 인간은 각자 자신의 욕구를 충족시키려는 방향으로 선택한 최선의 행동을 하기 때문에 욕구가 다른 사람에 대해서는 부정적인 감정, 의견의 차이, 세대 차이 등을 느낄 수 있다. 이러한 욕구의 좌절은 인간관계에서 뭔가 잘못된 방향으로 가고 있음을 알려주는 경고일 수 있으므로 욕구 갈등에 주의를 기울여야 한다. 중요한 것은 욕구 갈등 상황에 처했을 때 자신의 감정에 주의를 기울이고 명확하고 직접적인 의사소통 기술을 통해 갈등 상황을 효과적으로 해결하는 것이다.

2 욕구의 기능

인간의 욕구는 조직의 생존과 성공에 혁신적인 변화를 일으키는 원동력, 즉 긍정적인 기능을 하기도 하고, 중요한 대상과의 결속을 위협하고 생산성을 저해하는 부정적 기능을 하기도 한다. 또한 욕구는 한 가지 이상이 동시에 작용할 수 있다. 특히 조직 내에서 욕구의 충돌은 효과적인 의사소통을 왜곡하여 조직의 목표 수행을 방해할 수 있다.

3 욕구 갈등의 해결 전략

욕구 갈등을 효과적으로 해결하기 위해서는 갈등의 문제를 근본적으로 해결하는 것이 가장 좋다. 갈등 관리 및 해결 전략은 학자들마다 제시하는 기준이 다르다. 다양한 상황에서 갈등을 조절하고 해결하기 위해서는 우선적으로 효과적인 갈등 해결 방안이 무엇인지를 인식할 수 있어야 한다. 본 장에서는 갈등 해결을 위한 윌리엄 글래서(William Glasser)와 우볼딩(Wubbolding)의 현실 치료 상담 기법인 WDEP 시스템을 적용한 바람(Want), 행동(Doing), 평가(Evaluation), 계획(Planning)에 대해 알아보고자 한다.

(1) 긍정적 변화를 위한 WDEP 상담

긍정적 변화를 이끄는 절차(procedures that lead to change)를 사용할 때 기억해야 할 것은 자기(self)가 주체가 되어 행동(total behavior)을 선택한다는 사실이다. 우리는 갈등이 생겼을 때 효과적인 해결을 위해 최선이라고 생각하는 행동을 선택했다는 사실을 알고 있어야 한다. 다른 사람에게는 비록 무모해 보이고 비효과적인 행동일지라도 그 사람은 자신이 처한 상황에서 할 수 있는 최선의 행동을 선택했다는 것을 인정해야 한다. 이 장에서는 우볼딩(Wubbolding)이 현실 치료에 근거하여 체계화시킨 바람(Want) 탐색, 행동(Doing), 평가(Evaluation), 계획(Planning)에 대해 구체적으로 알아보고자 한다.

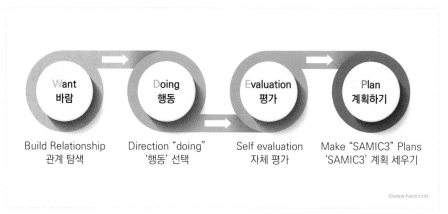

💬 그림 8-3_ 갈등 해결을 위한 WDEP 시스템

❶ 바람(Want) 탐색

갈등 해결을 위해 어떤 변화가 필요하다고 인지하는 상황에서 현재 어떻게 활동하고, 생각하고, 느끼고, 신체 반응하는지에 초점을 두고 원하는 것이 무엇인지 묻는다.

❷ 행동(Doing) 선택

지금 무슨 행동을 선택하고 있는지 묻는다.

❸ 행동 평가(Evaluation)

자신이 원하는 방향으로 연결한 후 자신이 하고 있는 행동을 평가하는 질문을 한다.

"당신이 하고 있는 행동은 지금 당신이 원하는 것을 얻도록 할 가능성이 높은가요?"

"지금 하는 행동은 당신이 원하는 방향으로 가는 데 도움이 될까요?"

❹ 계획(Planning)

"아니요."라고 답한 경우, 새로운 행동을 계획하도록 도와야 한다.

예를 들어 "친구들과 잘 지내고 싶어요"라고 하면 "친구와 잘 지낼 수 있는 방법이 있다면 뭘까요?"라고 질문할 수 있다. 만약에 "친구들에게 아무리 잘해주어도 여전히 친해질 수는 없어요. 휴학을 해야 할까 봐요."라고 말한다면 계획수립은 행동을 변화시키기보다는 학생이 하고자 하는 바람을 탐색하여 방향을 바꾸는 데 초점을 두어야 한다. 대상자가 스스로 변화하고 싶다는 의지를 보일 때는 긍정적인 행동 계획을 세운다. SAMIC3 Plan은 효율적인 계획을 세울 때 고려해야 할 사항 일곱 가지를 알려준다.

- Simple : 단순하고 이해하기 쉬울 것
- Attainable : 대상자의 동기와 능력을 고려할 때 성취할 수 있는 것
- Measurable : 성취 여부를 측정할 수 있도록 구체적으로 설정할 것

- Immediate : 즉각적으로 실행할 수 있는 것
- Controlled : 다른 사람에게 의지해서는 안 되고 자신에 의해 통제 가능한 것
- Consistent : 일관성이 있는 것
- Committed : 계획은 확고한 의지를 가지고 수행되어야 하며 실천을 약속할 것

우볼딩(Wubbolding, 1988)은 변화가 필요한 대상자의 참여 수준을 5단계로 구분했다. 효과적인 의사소통을 위해 대상자 스스로 변화의 필요성을 느끼고 스스로 동기화된 내적 통제를 통해 욕구 충족을 하도록 도와야 한다. 이를 위해 대상자의 참여 수준을 평가하고 상위 단계로 자연스럽고 부드럽게 전환하도록 유도해야 한다.

변화가 필요한 대상자의 참여 수준 5단계는 다음과 같다.

❶ 저항 단계

대상자가 "나는 여기에 있고 싶지 않다. 당신은 나를 변화시킬 수 없다."는 마음을 지니는 단계이며 변화 시도에 협력하지 않으며 저항한다.

❷ 지향 단계

"변화하길 원하지만, 너무 어려울 것이다."라는 상태로 변화를 원하지만 책임 있는 노력을 기울일 의사가 없으며 실제로 아무런 노력을 하지 않기 때문에 행동 변화가 일어나기 어렵다.

❸ 노력 단계

"아마도 할 수 있을 것이다. 한 번 시도해보겠다."와 같은 중간 수준의 참여를 뜻한다.

❹ 실행 단계

"최선을 다해보겠다."는 상태로 변화를 위한 적극적 노력이 이루어지는 단계 이지만 지속적인 노력에 대한 확신이 부족하다.

❺ 전념 단계

"나는 필요한 것이라면 무엇이든 다 하겠다."는 상태로 어떤 경우이든 변명의 여지 없이 적극적인 헌신이 이루어지는 단계이며 가장 바람직한 동기 수준이다.

요약하면 상황별 의사소통은 자신과 타인의 감정을 명확하게 식별하는 것으로부터 시작된다. 이러한 감정 이해와 감정 조절을 통해 얻은 지혜를 활용하여 다른 사람들과 상호 작용을 하는 것이 사회적 통합 단계다. 자신의 감정 상태와 자신에게 필요한 선택이 무엇인지 전혀 이해하지 못하는 사람이 타인을 이해하고 공감하는 것은 불가능한 일이다. 자신이 힘들었을 때 칭찬이나 격려와 같은 도움이 필요했던 것처럼 타인의 감정을 자신의 것처럼 정확히 이해하려는 공감 능력이 상황별 의사소통에서 요구된다. 아울러 이론에 근거한 단계별 훈련이 필요하다.

4 친구, 동료와의 의사소통

친구 및 동료 관계가 불편해질 때 소통이 되고 있지 않다는 느낌을 받게 된다. 소통이 된다는 것은 서로 간에 깊은 이해가 일어난다는 뜻이다. 여기서 깊은 이해란 서로의 관계에서 인정받고 존재 자체로 존중받는다는 느낌을 얻는 것을 말하는데, 인간은 이러한 정서적 충족을 통해 행복감을 느끼게 된다. 따라서 친구와 동료 관계에 있어서 소통을 위한 의사소통은 매우 중요하다.

① 친구, 동료와의 의사소통 개념

친구의 사전적 의미는 '오랜 시간 정답게 사귀어 온 벗'이다. '벗'은 '마음이 서로 통하여 친하게 사귀어 지내온 사람'이나 '뜻을 함께하는 사람'이라고 정의할 수 있다. 즉, 친구는 친밀감과 상호 존중을 기반으로 일상의 즐거움을 함께 나누며 삶의 여러 측면에서 유사점을 지녀 서로 공유하는 영역이 넓다. 친구 관계는 대등한 위치의 인간관계, 가장 순수한 인간 지향적 대인관계, 가장 자유롭고 편안한 인간관계 등의 관계적 특성을 지닌다. 즉, 서로 동등한 자격으로 관계에 임하게 되고, 관계를 시작하고 유지함에 있어 특별한 목표나 목적, 형식 등이 필요하지 않은 비교적 자유로운 형태의 관계로 볼 수 있다. 다음은 친구와 동료 간의 상호 소통을 위한 의사소통 기법이다.

② 친구, 동료와의 의사소통 방법

(1) 경청하기

일상적으로 다른 사람의 말을 잘 듣는 것은 사실 쉽지 않다. 그러나 친구의 의

견을 끝까지 잘 듣는 것은 관계 증진에 매우 큰 도움이 된다. 경청은 그 사람을 존중하는 태도이며, 상대방에게 이해받는 느낌을 갖도록 하고 신뢰감을 형성하며 대화의 핵심을 잘 파악하게 하여 의사소통을 원활하게 해준다. 고민을 털어놓는 친구와 동료의 이야기를 있는 그대로 들어주는 것만으로도 치유 받는 느낌이 들게 하고 관계의 질을 향상시킬 수 있다. 상대방과 대화하는 동안 내 머릿속에 스쳐 지나가는 생각, 판단, 느낌을 잠시 내려놓고 상대에게 진심을 다하여 집중해보는 연습을 해보자.

친구와 동료에게 집중하는 방법

우리는 상대방과 대화할 때 상대의 이야기를 온전히 듣고 있는 것 같지만, 그와 동시에 머릿속에 떠오르는 스스로의 감정과 생각들에 사로잡혀 상대의 이야기에 집중을 하지 못하는 경우가 많다. 이 연습을 통해 상대와 소통할 때 무의식중에 떠오르는 자기만의 생각과 감정을 인지하고 이러한 생각과 감정에서 벗어나도록 의도적으로 노력한다면 상대에게 더욱 집중할 수 있게 될 것이다. 구체적인 방법은 다음과 같다.

❶ 두 친구가 서로 얼굴을 마주보고 앉는다.
❷ 아무런 대화 없이 서로의 눈을 바라본다.
❸ 1분 여간 상대의 눈을 피하지 말고 지그시 쳐다본다.

만약 이 연습을 하는 1분 동안 나도 모르게 웃음이 터지거나 겸연쩍은 혹은 민망하다는 생각이 든다면 상대에게 집중하지 못하고 민망하고 당황스럽다는 스스로의 생각에 빠진 것이다. 따라서 활동하는 동안 이러한 생각에 빠졌다면 내가 상대방에게 집중하지 않았다는 것을 알아차리고 의도적으로 다시 상대방에게 집중해야 한다.

위의 활동을 통해 친구나 동료에게 집중할 준비가 되었다면 이제 경청을 위한 구체적인 말과 행동에 대해 알아보는 것이 필요하다.

다음은 친구나 동료와의 관계에서 경청에 도움이 될 수 있는 언어적, 비언어적 소통 기술이다.

- 친구, 동료에게 내 몸이 향하도록 자세를 변경하는 등 상대의 말에 귀 기울일 준비가 되어 있다는 제스처를 취한다.
- 친구, 동료의 말을 중간에 끊지 않고 끝까지 듣는다.
- 친구, 동료가 이야기할 때 고개를 끄덕이고 눈 맞춤을 지속한다.
- 친구, 동료가 이야기할 때 "그랬구나", "저런", "그럴 수도 있겠다" 등의 언어적 반응을 한다.
- 친구, 동료의 말에 답을 주려고 하는 행동이나 충고하고자 하는 말을 지양한다.
- 친구, 동료의 말을 끝까지 듣고 "그러니까 네가 ~라고 느꼈구나"라고 상대의 경험을 요약해주며 온전히 경청하고 있다는 사실을 알린다.

(2) 자신의 의사를 분명히 전달하기

상대를 잘 알지 못하는 상황, 성격상 자신을 잘 주장하지 못하거나 상대에 대해 부정적인 감정을 가지고 있는 상황이라면 솔직한 이야기를 잘 하지 못한다. 그러나 친구에게 내가 어떤 생각을 가지고 있는지 말하지 않으면서 내 심정을 헤아려 줄 것을 기대할 수는 없다. 따라서 상대의 반응이 우려된다면 내 의견을 분명하고 적절하게 전달하는 것이 중요하다. 다만 이때에도 "네가 잘못했잖아"와 같은 '너'를 주어로 하는 대화는 상대를 비난하거나 충고 혹은 명령하는 말투로 이어지기 쉬우며 상대방의 감정을 상하게 하고 관계를 멀어지게 한다. 따라서 '나'를 주어로 차분하지만 분명한 어조로 나의 의사를 전달하고 상대방에게 기대하는 행동에 대한 바람까지 표현하는 것이 필요하다. 다음 상황은 '너'를 주어로 하는 너-메시지(You-message)를 '나'를 주어로 하는 나-메시지(I-message)와 비교한 의사소통 상황의 사례이다.

친구와 동료에게 자신의 의사를 전달하는 방법

💬 상 황

조별 과제를 하기 위해 모였는데, 한 명의 학생이 반복적으로 30분 이상 늦게 온다.

너-메시지(You-message)

• 네가 모임에 늦게 오니까 과제를 제때 못했어. 너는 왜 매번 그러니?

나-메시지(I-message)

• 네가 모임에 30분 이상 늦었을 때 나는 속상하고 섭섭했어. 나도 모임을 마치고 할머니한 테 가기로 했는데 늦을까 봐 화가 났어. 다른 사람 시간도 너의 것처럼 소중하다는 것을 알 아주면 좋겠구나.

너-메시지(You-message)를 사용할 때는 동료에게 죄의식을 갖게 하거나 자존심을 상하게 할 수 있으며, 상대에게 문제가 있다고 일방적으로 이야기함으로써 상호 관계를 파괴할 수 있다. 상대는 배려받지 못한다고 생각하여 오히려 공격이나 방어, 변명을 할 수 있다. 반대 로, 나-메시지(I-message)를 사용할 때는 느껴지는 감정을 상대가 아닌 나에게 돌려 상대에 게 부정적인 평가를 하지 않기 때문에 방어, 변명 등이 일어날 가능성이 적으며, 나의 진솔 한 감정을 전달함으로써 상호 간의 이해를 도모할 수 있다.

---

(3) 공감하기

친구, 동료와 대화를 나눌 때 상대방이 나의 입장과 상황을 잘 이해해주고 내 기분을 함께 느껴준다면 대화는 진실하게 이어지고 상대방에게 지지받고 있다 는 확신을 갖게 된다. 공감하는 반응으로는 고개를 끄덕이는 비언어적인 방법과 상대가 느끼는 감정에 대해 공감을 표현하는 언어적 방법이 있다.

친구와 동료에게 공감하는 방법

친구와 동료가 자신의 슬픔이나 고민을 털어놓을 때 나의 의견이나 경험에 비추어 충고하고 구체적인 행동을 강요하는 것은 공감에 반하는 소통 방법이다. 친구와 동료의 이야기를 경청을 통해 끝까지 듣고 난 뒤, 친구가 스스로 표현한 것보다 더 깊고 유사한 감정을 유추하여 표현해준다면 상대방은 온전히 이해받은 느낌이 들면서 공감하게 된다.

비공감적 반응의 예
- 친구 : 어젯밤 남자친구와 크게 싸우고 헤어질 결심까지 하게 되었어. 너무 우울하다.
- 나 : 뭐가 우울해? 세상에 반은 남자야. 빨리 잊어버리고 훌훌 털고 일어나!

공감적 반응의 예
- 친구 : 어젯밤 남자친구와 크게 싸우고 헤어질 결심까지 하게 되었어. 너무 우울하고 속상하다.
- 나 : 남자친구와 크게 싸워서 많이 힘들겠구나. 남자친구와 즐겁게 지내온 시간들이 그립기도 하고, 허전하고 쓸쓸할 것 같기도 해.

---

(4) 관계의 변화를 위한 의사소통 방법

누군가와의 관계에서 불편함을 경험하고 갈등을 겪고 있다면 이는 관계의 변화가 필요하다는 신호이다. 최근 나와 가까운 관계에 있는 가족이나 친구와의 대화에서 속상했던 일을 떠올려 보고 나와 가족 혹은 친구와의 대화를 적어 생각해 보자.

매번 10분씩 지각하는 직장 동료가 있다고 상황을 가정해보자. 다음에 소개되는 순서에 따라 관계 변화를 위한 의사소통법을 시도해볼 수 있다.

- 상대방과 충분한 대화를 나눌 수 있는 시간과 공간을 확보한다. 가능하다면 동료들 다수가 지켜볼 수 있는 상황과 공간이 아닌, 둘만이 조용히 대화를 나눌 수 있는 공간과 시간을 확보하는 것이 적절하다.

🔍 **예시**
- ○○ 씨, 잠깐 드릴 말씀이 있는데 오늘 근무 마치고 잠깐 시간을 내주실 수

있나요? 30분 정도만 시간을 내주시면 좋겠는데……. 6시 30분경 ** 카페에서 잠시 보는 것이 어떠신가요?

ㄴ 갈등의 원인이 되는 문제를 판단, 해석 등을 배제하고 관찰된 사실에 기반하여 상대에게 전달한다.

🔍 예시

• ○○ 씨가 이번 주 월요일부터 금요일까지 총 4번 10분씩 지각하는 것을 보고 이 부분에 대해 같이 이야기를 나누고 싶었습니다.

ㄷ 문제 상황에 대한 발화자의 감정을 진솔하게 표현한다. 이때 '당신 때문에 ~게 느꼈다'가 아닌, '내가 ~ 감정을 느꼈다'와 같이 나-메시지(I-message)로 이야기하는 것이 중요하다.

🔍 예시

• 제가 ○○ 씨를 기다릴 때 혹시 좋지 않은 일이 일어나서 늦는 것은 아닌지 걱정이 되고, 한편으로는 제 시간을 존중받지 못하는 것 같아 속상합니다. 또 우리 팀의 일이 제 시간에 진행되지 않아서 걱정도 됩니다.

ㄹ 변화를 구체적으로 제안한다. 이때 '~해야만 한다' 등의 강요, '~하지 않으면 불이익이 있을 것입니다'와 같은 위협, '~ 씨는 10분씩 일찍 오던데'와 같은 비교의 표현을 쓰지 않도록 주의한다. 즉, 발화자가 바라는 바를 구체적이고 긍정적인 방식으로 표현하며 부탁하는 것이 중요하다.

🔍 예 시

• 앞으로는 출근 시간인 9시까지 도착할 수 있도록 할 수 있나요? 만약 그렇지 못할 상황이 발생하면 적어도 30분 전에는 미리 알려주었으면 좋겠습니다.

🔲 갈등의 원인이 해결되었을 때 나타날 수 있는 긍정적인 변화에 대해 이야기한다.

🔍 예 시

• ○○ 씨가 제시간에 회사에 오면 ○○ 씨와 더욱 즐겁게 근무할 수 있게 될 것 같아요. 늦어질 경우 미리 연락을 준다면 저도 제 시간을 허비하지 않을 수 있게 되어 효율적으로 일할 수 있을 것이고 ○○ 씨를 걱정하지 않아도 되니 편안한 마음일 것 같네요.

⑤ 면접 상황에서의 의사소통

현대 사회에서 우리는 다양한 종류의 면접이나 상담, 인터뷰 등을 경험한다. 면접(面接)의 사전적 의미는 '얼굴을 보며 교차한다'이며, 입학이나 취업과 같은 공식적인 절차에서 평가자가 지원자와 직접 만나 언행이나 인품을 평가하는 과정이다. 면접의 요인은 지원자의 특성, 면접자의 특성, 상황적 특성 세 가지로 나뉜다.(Arvey & Campion, 1982) 이 세 가지 요인들은 복잡하게 얽혀 서로 영향을 미치며, 궁극적으로 의사결정을 할 수 있도록 한다. 상황적 특성이나 면접자의 특성은 지원자가 제어할 수 없지만, 지원자의 특성은 일부 변화가 가능하므로 지원자는 면접 시에 적절한 의사소통 기술을 개발하는 것이 중요하다.

이러한 면접의 중요성에 비추어 볼 때 면접을 하나의 화법으로 다루는 것이 바람직하다. 제7차 국어 교육 과정에서는 담화 유형을 '대화, 면접, 토의, 토론,

협상, 발표, 연설'의 일곱 가지로 제시하고 있다. 이는 최근 기업이 사원을 채용함에 있어서 필기시험이나 적성 검사는 생략해도 면접 시험은 생략하지 않을 정도로 면접에 대한 인식이 높아진 것을 반영한다고 할 수 있다.

의사소통은 언어적 표현, 반언어적 표현, 비언어적 표현과 같이 세 가지로 구분된다. 언어적 표현은 언어(말)를 사용하여 어휘나 문장 등의 형태로 정보를 전달하는 것을 의미하고, 비언어적 표현은 언어 외의 요소로 의사소통하는 것이다. 이는 언어적 표현과는 독립적으로 얼굴 표정, 시선, 몸짓, 손짓, 자세, 눈 맞춤, 옷차림 등을 포함한다. 반언어적 표현은 언어에 따른 음성적 특징으로 억양, 말의 빠르기, 강약, 높낮이, 어조 등을 말한다. 면접 시 응시자가 면접자에게 어떤 인상을 줄지에 영향을 미치는 것에는 주로 비언어적 표현이 많은데, 이는 첫인상을 형성하는 데 중요한 역할을 하기 때문이다.(Imada, 1977)

현대를 살아가는 우리들에게 의사소통 영역은 더욱더 다양해지고 있다. 그중에서도 면접의 중요성에 대한 인식은 높아지고 있으며 필기시험의 보조적 역할에서 점차 실질적이고 독자적인 형태로 진행되고 있다. 아울러 우수 인재를 선발하기 위해 면접 유형이 다양하게 개발되고 있다.

면접은 크게 구조화 면접과 비구조화 면접이 활용되고 있다. 비구조화 면접은 면접관이 자유롭게 직무 능력을 질문하고 평가하는 방식이고, 구조화 면접은 사전에 평가하고자 하는 직무 능력을 정해진 질문과 평가 기준에 따라 면접하는 방식이다. 여기서는 면접관의 의도를 제대로 이해하고 상황에 맞게 대응할 수 있는 면접 전략을 제시하고자 한다.

① 대면 면접 상황에서의 의사소통

현대 사회에서 취업을 위해 거쳐야 하는 단계 중 하나가 면접이다. 면접(job interview)은 응시자를 평가하기 위한 목적으로 기업이나 회사가 원하는 인재상과 종합적 사고력 및 문제 해결 능력, 지적 능력, 표현력, 인성 및 가치관 등을 질의와 응답을 통해 파악하는 공식적 말하기이다. 면접에서 질문하는 면접관과 응시자는 서로의 말에 적절히 반응할 수 있어야 한다. 응시자는 면접관의 의도를 파악하여 응답할 수 있어야만 의사소통이 원활하게 이뤄질 수 있다. 면접은 제한된 시간 동안 응시자가 자신을 최대한 어필하고 소개할 수 있는 기회이기 때문에 첫인상과 태도가 중요하다. 이것은 처음 제시된 정보가 나중에 제시된 정보보다 더 강한 효력을 미치는 초두 효과(primacy effect) 때문이다.

최근에는 직무 관련 역량을 평가함에 있어서 블라인드 채용이 많아졌다. 블라인드 채용은 채용 절차에서 선입견이나 편견이 개입될 수 있는 학력, 출신지, 성별 등과 같은 요소를 배제하고 직무 능력 자체를 중점적으로 평가하여 인재를 채용하는 방식을 의미한다. 또한 면접 위원에게 지원자의 출신 지역, 가족 관계, 학력 등 인적 사항에 관한 정보를 제공하지 않는다.

직무 능력이란 특정 직무를 수행하는 데 필요한 조건으로 지식, 기술, 태도, 경험이나 경력, 자격 등으로 구성된다. 그리고 해당 요소가 해당 직무를 수행하는 데 필요한지 여부를 확인하는 것을 스펙이라고 한다. 직무와 관련된 스펙은 간호사 직무 채용에서 간호사 면허증, 해외 영업 직무 채용에서는 어학 성적을 말한다.

(1) 면접의 기본

❶ 인사

면접관과 눈 맞춤을 하면서 미소를 짓는다. 이때 눈을 마주치기가 불편하다면 면접관의 코나 입 사이를 바라보면 된다.

'눈 맞춤'과 '미소'는 비언어적 표현으로 눈을 바라보면서 밝은 표정을 짓는 것이다. 이때 미소는 치아를 보이지 않게 하고 편안하고 자연스러운 웃음을 지으면 된다. 입 모양만 웃는 모습을 연출한다면 가식적으로 보일 수 있으므로 얼굴 전체의 근육을 이용하여 밝은 표정을 짓는다. 미소는 서로의 기분을 좋게 하고 상대방에게 긍정적인 인상을 줄 수 있다. 눈 맞춤을 피하는 것은 자신감이 없다는 것을 나타낼 수 있다.

💬 인사법

"안녕하십니까, 수험 번호 ○번 ○○○입니다."라고 말하고 정중례한다. 정중례는 허리를 굽히고 약 2초 동안 멈춘 다음 천천히 허리를 들면 된다.

"안녕하십니까, ○○○입니다."는 언어적 표현이고, 말의 빠르기나 높낮이는 반언어적 표현이다. 면접에서 반언어적 표현은 중요하다. 너무 크거나 작은 목소리는 면접관을 불편하게 할 수 있고 자신감이 없어 보일 수 있다. 인사나 자기소개 시 또는 질문에 대답할 경우 목소리에 너무 힘을 넣어 말하거나 말의 속도가 너무 느리거나 빠르지 않도록 연습해야 한다.

'정중례'는 비언어적 표현으로 인사 중 가장 정중한 인사법이다. 그런데 인사를 하자마자 고개를 든다면 참을성이 없거나 인사 예절을 모른다고 생각할 수 있다.

💬 인사 예절

- 인사가 끝났으면 다시 마주 보고 미소 짓는다.
- 면접관이 앉으라고 하기 전까지는 서 있는다. 앉으라고 하면 "감사합니다."라고 밝은 표정으로 말한 뒤 단정하게 앉는다.

'안녕하세요'와 '안녕하십니까'의 차이점★1

'안녕하세요'는 '해요체'가 쓰인 문장이다. 해요체는 상대편을 보통으로 높이는 뜻을 나타내는 종결형으로 '하십시오체(합쇼체)'를 쓸 자리에 두루 쓰는 비격식체이다.
'안녕하십니까'는 '하십시오체'가 쓰인 문장으로 상대편을 아주 높이는 종결형 형식이다. 격식을 갖춰야 하는 상황에서는 '하십시오체'를 쓰는 것이 적절하다.

❷ 자기소개

면접 시 가장 먼저 질문받는 부분이 자기소개이다. 자기소개 전에는 외모만으로 면접관에게 첫인상을 준다. 첫인상은 그 사람의 생김새나 표정, 말투 등 외양에 의해서 주로 결정되는 경향이 있는데 이것을 초두 효과라고 한다.

명료하면서 진실되고 자연스러운 자기소개는 면접관에게 더 좋은 인상을 줄 수 있다. 만약 첫인상이 좋지 않았다면 자기소개를 통해 자신을 긍정적으로 알릴 수 있는 좋은 기회로 활용할 수 있다.

💬 자기소개법

• 면접관을 바라보며 자신 있게 자기소개를 한다.

'자신 있게'는 비언어적 표현으로 자신 있는 시선과 표정을 사용하는 경우를 말한다. 반언어적 표현인 목소리와 어조는 상대방에게 호감을 주는 데 영향을 미친다. 말을 더듬거나 말끝 흐리기 또는 '음~'. '아~' 이런 추임새 넣기 등은 자신감이 없어 보이거나 준비성이 부족해 보인다.

• 너무 과장해서 자신을 소개하지 않는다.

과장한다는 것은 언어적 표현으로 잘 보이려고 과장해서 포장하거나 쓸데없이 많은 미사여구를 사용하는 경우를 말한다. 예를 들면, 증명할 수 없는 '열정',

★1 국립국어원

'책임감', '성실함' 등의 단어를 사용했을 때이다. 또한, 자기소개 시 주어진 시간은 지키는 것이 좋다.

• **질의응답에 침착하고 간단명료하게 답변한다.**

준비한 예상 질문이 나왔다 하더라도 급하게 대답하지 않고 2~3초 생각하는 모습을 보이면서 간단명료하게 답변한다. '급하게 대답하지 않음' 또는 '생각하는 모습'은 비언어적 표현으로 생각하는 얼굴 표정과 몸짓에서 신중함을 느낄 수 있게 한다. 만약 부족한 부분이 있다면 솔직하게 표현한다. '솔직함'은 언어적 표현으로 진실성을 내포하고 있다. 질문을 잘못 알아들었을 경우에는 당황하지 말고 정중하게 다시 묻는다. '당황하지 않는 모습'은 비언어적 표현으로 응급 상황에서도 침착성을 보이는 모습으로 보일 수 있다.

• **정중히 퇴실한다.**

면접이 끝나면 "감사합니다."라고 정중하게 인사한다. 만약 앉아서 면접을 보았다면 자리에서 일어난 다음 "감사합니다."라고 인사한다.

문을 열기 전 문 앞에서 다시 가벼운 목례를 한다. '가벼운 목례'는 비언어적 표현으로 면접이 끝날 때까지 예의 바른 모습을 면접관에게 각인시킬 수 있다. 면접 초기 정보보다 마지막 예의 바른 인사가 더 잘 기억되고 인상 효과에 큰 영향을 미칠 수 있는데, 이것을 '최신 효과'라고 한다.

❸ 면접 시 주의할 점

• 면접관이 긴장을 풀어주기 위해 농담할 경우가 있는데 같이 농담하지 않는다.

'농담'은 언어적 표현이나 사전적 정의를 보면 '실없이 놀리거나 장난으로 하는 말'이기 때문에 반언어적 표현에도 해당된다. 진지한 자리에서의 농담은 가벼워 보이는 이미지를 줄 수 있다.

• 천장이나 바닥을 보지 않는다.

'본다'는 것은 시선에 해당되는 비언어적 표현으로 자신감이 결여된 모습으로 보이기 쉽다.

• 바람직한 화법을 구사한다.

　'바람직한 화법'은 언어적 표현으로 부정적인 면보다는 긍정적인 면을 표현하도록 한다. 상대방의 의견에 다른 의견을 말할 경우 먼저 동의를 표하는 것이 좋다.

• 질문에 대해서는 두괄식으로 답변한다.

　'두괄식 답변'은 말하고자 하는 핵심 내용을 먼저 말하고 부연 설명을 나중에 하는 것으로 면접관이 답변의 요점을 빨리 알아차릴 수 있게 한다. 말하고자 하는 핵심은 간단하고 논리적으로 설명하되, 요점 없이 너무 장황하게 말하는 것은 삼간다. 또한 말끝을 흐리거나 '~것 같습니다.'와 같은 확신 없는 말투를 사용하는 것은 전문성이 부족해 보일 수 있다.

면접관이 뽑으려는 인재[2]

• 인성 : 면접관은 지원자가 기업(관)과 직무에 어울릴 만한 성품과 기질이 있는지 그리고 사고와 태도(열정적, 긍정적, 성실성 등)가 직무에 적합한지를 관찰한다.
• 직무 적합성 : 직무 수행에 필요한 역량을 갖추었는지 평가한다.
• 조직 접합성 : 팀워크 능력, 사교성, 리더십, 장기 근속 등을 평가한다.

[2]　고용노동부 한국고용정보원

❹ 질문 예시[3]

🔳 지원 동기

- 우리 회사에 지원한 이유는 무엇인가?
  - 지원 분야와 직무에서 필요한 역량과 경험을 단계적으로 준비했다는 것을 강조하면 된다.
- 이 직무를 하고 싶은가?
  - 자신의 전공 분야와 다른 경우 지원 동기는 더욱 중요하다.
- 경쟁사가 아닌 우리 회사를 선택한 이유는 무엇인가?
  - 조기 퇴사율이 높은 분야라면 장기 근속할 수 있는 인재라는 것을 보여주는 것이 중요하다.

🔳 직무 역량

- 직무 관련 경험에서 가장 어려웠던 점은 무엇인가?
  - 직무에 대한 이해와 그에 따라 필요한 역량이 무엇인지 정리한다.
- 최근의 성공 경험과 그 결과가 어떠했는가?
  - 직무에 적합한 특성 중 자신과 부합하는 부분이 있으면 근거 사례를 제시한다.
- 이 업무를 잘하기 위한 요건은 무엇이고 당신은 그 요건을 갖추고 있는가?
  - 자신이 직무에 관심을 가졌던 사건, 전공 수업이나 직무와 관련된 아르바이트 등에서 찾는다.

🔳 조직 적응력

- 직장 생활에서 가장 중요한 덕목은 무엇이라고 생각하는가?
  - 지원하는 기업의 인재상에 대해 파악한다.
- 조직의 목표와 개인의 목표가 충돌하는 상황에서 어떤 결정을 할 것 같은가?
  - 자신의 경험(교내외 활동, 아르바이트 등)에서 어려움을 극복했던 사례를 중심으로 준비한다.

ㄹ 발전 가능성

• 10년 후 당신은 어떤 모습으로 있을 것 같나요?

- 지원 분야의 경력 단계에 따른 업무의 변화를 이해해야 한다.

• 목표를 세우고 달성했던 경험을 말해주세요.

- 과거의 성공 경험을 활용하여 발전적인 모습으로 성장할 수 있음을 어필한다.

• 직무 전문성을 어떻게 높일 것인지 계획을 말해 주세요.

- 지원 분야에서 전문가로서의 목표와 단계적인 계획을 세워서 준비한다.

면접의 기본과 주의 사항을 학습했다면 학습 활동의 '모의 면접 자기 점검'을 활용하여 상대방과 번갈아 가며 서로의 면접관이 되어 모의 면접을 진행해보자. 또한 모의 면접 점검표를 활용하여 실전 면접 전에 스스로를 점검해 보자.

② AI 면접 상황에서의 의사소통

인공 지능(artificial intelligence, AI)은 4차 산업 혁명의 핵심으로 떠오르는 분야로 1956년 존 매카시(John McCarthy)에 의해 최초로 언급되었다. AI는 기계에 인간의 지적 능력인 지식, 기억, 학습, 판단, 사고력 등을 구현하는 기술을 의미한다. 이러한 발전으로 인해 현재 우리나라에서도 로봇, 무인 자동차, 챗봇과 같이 AI를 활용한 기술 개발이 산업 전반에 걸쳐 활발하게 이루어지고 있다. 조직에서는 인재 선발에 활용하고 있는데, 바로 AI 면접이다.

코로나19(COVID19)로 인해 취업 시장에도 새로운 변화가 찾아왔다. 우수한 인재를 선발하기 위해 코로나 시대에도 면접의 필요성이 강조되었다. 대면 접촉을 최소화하기 위해 많은 기업이 대면 및 비대면 면접을 병행했으며, AI 면접 및 역량 검사에 대한 관심이 증가했다. AI 면접은 지원자의 성향과 직무 적합성을

★3 고용노동부 한국고용정보원

분석하기 위해 수집된 데이터를 활용한다. 우리나라에서는 2020년 기준으로 320개 기업이 AI 역량 검사를 도입했으며, 도입 기업 수는 계속해서 증가할 전망이다.

AI 면접은 지원자의 목소리 톤이나 크기, 눈동자의 움직임 등을 모두 기록하고 분석하기 때문에 언어적 의사소통과 비언어적 의사소통의 중요성이 더욱더 강조되고 있다.

(1) AI 면접이란

AI 면접은 최근에는 'AI 역량 검사'로도 불리며 인공 지능을 활용하여 지원자의 직무 관련 역량을 평가하는 기술을 의미한다. AI 역량 검사는 뇌신경 과학을 기반으로 하여 긍정성, 적극성, 전략성, 성실성과 같은 성과 역량을 측정한다.

평가 방법은 주로 뇌신경 과학, 인지 심리학 분야의 인지 기능과 심리적 특성을 측정하는 패러다임을 활용하여 이루어진다. 기존 면접은 대면으로 질의응답을 통해 지원자의 역량, 표정, 태도 등을 평가한다. 반면, AI 역량 검사는 다특질-다방법(Multi-Trait Multi-Method, MTM)의 관점에서 다양한 측정 방법을 사용하여 지원자의 특성을 분석하고 설명력을 높이는 데 중점을 둔다. 이를 위해 게임 형식이나 자기 보고 등의 다양한 방법을 복합적으로 활용하여 지원자의 사고와 행동 등을 과학적으로 분석해 지원자의 성향과 역량이 해당 기업의 문화와 직무에 부합하는지를 평가한다.

(2) 면접 영상 평가 요소

❶ 표정 분석

표정(visual) 분석은 심리 변화에 따른 표정, 감정 표현, 안구의 움직임, 안면 근육의 움직임 등을 분석한다. 이는 지원자가 면접에 임하는 자세나 답변에 대한 안정성 등과 연관되어 있기 때문에 안정적인 시선 처리가 무엇보다 중요하다. '표정'은 비언어적 표현이므로 AI 면접 시 시선을 카메라에 응시하여 분산시키지 말아야 한다. 보통 질문에 마땅한 답변이 떠오르지 않아 시선을 이리저리 움직이는 경우가 많은데, 이때 시선 처리가 불안정해질 수 있으므로 유의한다.

❷ 음성 분석

음성(voice 또는 vocal) 분석에는 음색, 목소리의 높낮이, 크기 변화, 속도, 발음을 분석한다. '음성'은 반언어적 표현으로 답변 시 자신감이나 안정성, 진정성 등에 대한 평가와 직접적으로 연결되기 때문에 정확하고 안정적인 음성 전달이 중요하다. 음성의 높낮이는 목소리 톤을 의미하며 대체로 일정한 것이 좋다. 음성의 높낮이 변동이 클 경우, 답변의 진정성을 의심받을 수 있으며 지나친 긴장 상태로 인식될 수도 있다. 반면, 목소리의 강약은 응답하는 내용의 중요도에 따라 변화가 있는 것이 좋다.

❸ 언어 분석

언어(verbal) 분석은 음성 인식 기술을 통해 단어의 의미를 파악한다. '언어'는 언어적 표현으로 어휘 사용 횟수, 즉 긍정 및 부정 단어를 파악하여 지원자의 응답 능력을 분석한다.

❹ 안면 분석

안면(vital) 분석은 맥박과 혈류량 같은 생리적 데이터를 측정한다. '안면'은 비언어적 표현으로 지원자의 정서나 감정 변화를 확인하여 답변의 신뢰도를 평가하는 데 사용한다.

(3) AI 면접 단계

❶ 검사 환경 세팅

- 편한 시간, 편한 장소에서 웹캠이 구비된 노트북을 준비한다.
- AI 면접 시작 전 키보드, 마우스, 웹캠, 마이크 등의 상태를 점검한다. 키보드의 기능 및 조작에 이상이 없는지 확인하기 위해 엔터, 스페이스 바, 문자나 숫자 키 등의 기능을 확인한다. 또한 가급적 터치패드 사용은 지양하며 마우스 감도를 적절히 조정한다.
- 웹캠의 높이는 얼굴 전체가 화면에 들어오도록 너무 높거나 낮지 않게 조정하고, 마이크 음성 크기가 적당한지 점검하여 명확한 음성 전달을 사전에 확인한다.

❷ 안면 등록

- 부정 행위 방지와 원활한 검사 진행을 위해 안면 등록과 음성 인식을 진행하므로 안면 등록 시 최대한 자연스럽고 안정된 표정으로 등록한다. 재촬영이 가능하므로 필요 시 활용한다.
- AI 면접은 크롬에 최적화되어 있는 시스템이므로 가급적 크롬을 이용한다.

❸ 기본 질문

- 초반 기본 질문은 자기소개, 지원 동기, 장단점 등 공통 문항으로 준비한다.
- AI 면접 시 내용의 분석은 핵심 키워드 위주로 분석되므로 지원자의 직무 역량을 나타낼 수 있는 키워드를 적절히 넣어 답변을 준비하는 것이 도움이 된다.
- 이때 시선은 카메라를 바라보고, 목소리는 톤과 속도를 일정하게 유지하고 밝은 표정으로 대답한다.
- 하나의 질문당 답변 준비 시간은 대략 30초이고, 답변 시간은 90초이다. 20초 이내에 '다시 시작하기'를 클릭하여 답변할 수 있으나 질문마다 한 번만

사용 가능하다는 점을 유념한다.

- 답변 시 카메라에 시선을 고정하고 밝은 표정으로 말한다.

❹ 성향 체크

- 지원자의 성향을 체크하는 객관식 문제가 나온다.
- '매우 그렇다'에서 '전혀 그렇지 않다'의 6점 척도로 한 페이지마다 60초의 제한 시간이 있다.
- 제시되는 문장에 동의하면 답을 솔직하고 즉각적으로 선택한다.
- 응답에 대한 신뢰성을 확인하는 문항이 포함되어 있어 의도적으로 답변을 선택하는 경우 '응답 왜곡'으로 처리되어 신뢰 불가로 나올 수 있다. 다른 단계의 결과와 함께 종합적으로 일관된 분석 결과가 도출되므로 최대한 진솔하고 일관성 있게 답변하는 것이 중요하다.

🔍 **문항 예시**

- 안타까운 이야기를 들어도 마음이 동하지 않는 편이다.
- 나는 마음이 맞지 않는 사람을 만나도 내색하지 않는 편이다.
- 해야 할 일은 마감 전에 미리미리 해두는 편이다.

❺ 상황 대처 질문

- 이 단계에서는 특정 상황이 제시된다.
- 실제 사람과 만나 대화하는 상황을 가정하는 것이므로 제시된 상황에 맞는 적절한 표정과 어투를 사용하고 실제로 대화하듯 답변한다.
- 하나의 질문에 답변 준비 시간은 30초이고 답변 시간은 60초이다. 이때 제한 시간은 모두 채우지 않아도 되나 질문에 충실히 답변하도록 한다.

🔍 **문항 예시**

- 친한 친구가 중고 거래 사이트에서 사기를 치고 용돈벌이를 했다며 자랑한다. 당신이라면 어떻게 말할 것인가?

- 지연된 버스를 30분 넘게 기다리고 있는데, 내 앞으로 누군가 새치기를 했다. 당신이라면 어떻게 말하겠는가?
- 사수가 지시한 급한 업무 처리를 하고 있는데, 팀장이 와서 다른 일을 주며 이 일을 먼저 처리하라고 한다. 당신이라면 뭐라고 말할 것인가?

❻ 역량 분석 게임

- 역량 분석 게임이란 지원자의 무의식적 행동과 반응의 분석을 통해 지원자의 의사 결정 패턴, 정보 활용 패턴, 집중력 변화 패턴 등을 분석하여 직무 역량을 확인하는 절차이다.
- 게임을 수행하는 과정 자체가 평가이므로 문제가 어려워지더라도 도중에 포기하지 않고 끝날 때까지 집중하는 것이 중요하다. 게임의 점수 자체는 중요한 것이 아니다.
- 카드 뒤집기, 공 무게 맞추기, 도형 위치 기억하기 등 제시되는 게임은 직군마다 다르게 설정될 수 있다.
- 게임마다 소요 시간은 각각 다를 수 있다.
- 방법을 제대로 이해한 상태로 게임에 참여하는 것이 중요하므로 안내 사항을 충분히 숙지하도록 노력한다.

성과 역량 검사의 전략 게임 과제[4]

공 탑 쌓기(계획 능력)
- 이동 가능 횟수 내에서 공을 이동시켜 제시된 상태와 동일하게 만드는 과제

공 무게 맞히기(추론 능력)
- 제시되는 공의 무게를 저울로 비교하여 무거운 순서대로 정렬하는 과제

감정 맞히기(정서 파악)
- 제시된 사진 속 인물을 보고 인물이 느끼는 감정을 맞히는 과제

글자-숫자 분류하기(동시 처리)
- 주어진 글자-숫자 조합이 제시된 기준에 맞는지 판단하는 과제

색-단어 일치 판단(인지 제어)
- 왼쪽 단어의 의미가 오른쪽 단어의 색상과 일치하는지 판단하는 과제(의미에 응답하려는 자동화 반응을 억제하고 색상에 대해 응답하는 과제)

도형 위치 기억하기(정보 처리)
- 제시된 도형/위치가 N번째 전의 도형/위치와 동일한지 판단하는 과제

카드 뒤집기(위험 관리)
- 보상/손실 확률 정보를 활용하여 카드를 선택 또는 종료하고 주어진 전체 라운드에서 최대 이익을 얻는 과제

날씨 맞히기(학습 능력)
- 기상 정보에 있는 카드를 단서로 내일 날씨를 예측하는 과제(패턴을 파악하여 예측하고 피드백을 확인하며 패턴을 학습해 가는 과제)

❼ 심층 질문

- 심층 질문 단계에서는 앞 단계의 결과에 따라 개인 맞춤형 심층 질문이 제시된다. 따라서 앞 단계에서 솔직하게 반응해야 자신에게 적합한 질문을 받을 수 있다.
- 단답형 질문 후 구술형의 후속 질문이 주어지는 방식으로 진행된다.

---

[4]   마이다스인 AI 역량 검사 백서

- 단답형 질문은 5초 이내에 대답하고, 구술형 질문은 답변 준비 시간은 30초, 답변 시간은 60초이다.
- 예상치 못한 질문이 나오더라도 당황하지 말고 일정한 목소리 톤과 속도를 유지하도록 한다.

🔍 심층 질문 예시

- 지원자는 일의 능률이 중요하다고 생각하나요, 아니면 일할 때의 순서나 체계가 더 중요하다고 생각하시나요? (단답형 질문)
- 함께 일할 팀을 하나만 선택할 수 있다면 업무 능률을 중요하게 여기는 팀을 선택하시겠어요, 아니면 업무 체계가 명확한 팀을 선택하시겠어요? (구술형 질문)

(4) AI 면접 시 유의 사항

- AI 면접은 녹화가 되므로 깔끔한 복장과 단정한 외모로 준비한다.
- 목소리가 녹음되어야 하므로 시끄럽지 않은 환경을 준비한다.
- 앞머리가 있을 경우 얼굴 인식이 어려울 수 있으므로 앞머리를 넘기는 것이 좋고, 모니터보다는 카메라를 응시한다.
- AI 면접에서 감정 표현이 드러나는 것이 더욱 유리하므로 미소를 유지한다.
- 게임 도중 잘 안 될 경우 무의식적으로 비속어를 사용하거나 표정 관리가 안 될 수 있으므로 조심한다.

(5) 면접 10계명★5

❶ 리드로 포인트를 잡자

"헌책방에서 인생의 꿈을 발견했습니다. 제가 고2 때 헌책방에서 아르바이트를 한 적이 있습니다. 그곳에서 눈에 띈 책이 바로 ……."

위와 같이 리드는 긴 내용을 흥미로운 한 마디로 정리하는 표현이다. 리드를 말의 첫 부분에 배치하면 짧은 말로 면접관의 이목을 끌어 핵심 내용을 더 선명하게 전달할 수 있다.

❷ 결론부터 말하자

두괄식 화법으로 말한다. 상대의 물음에 에둘러 말하지 않고 결론부터 말한 다음 부가 설명하는 것이다. 이와 반대로 상황을 설명한 후 마지막에 결론을 말 하면 이야기가 끝날 때까지 핵심이 무엇인지 알 수 없어 지루하다.

❸ 나열하지 말고 구조화하자

면접에서는 주어진 시간 안에 여러 가지 말을 해야 하므로 전체 내용을 2~3개 로 항목화한 후 그 안에 세부 내용을 2~3개 정리하는 것이 좋다. 아래 예시를 살 펴 보자.

㉠ 실무 경험
  a. 현장 실습
  b. 아르바이트

㉡ 관련 경험
  a. 봉사 활동
  b. 체험 활동

❹ PREP를 활용해 논리를 더하자

PREP는 하고 싶은 말을 Point(주장의 요점), Reason(이유), Example(사례), Point again(결론, 요약)순으로 표현하는 화법이다. 추천하고 싶은 책, 즐겨하는 운동, 여가 시간을 보내는 방법 등을 PREP을 통해 열거해 보면 면접 질문에 대한 체계적인 답변이 된다.

★5 신길자(2013), 뽑히는 면접

❺ 숫자를 활용하여 설득하자

지원자가 수년 동안 쌓아온 노력을 '최선을 다해, 열심히, 성실하게'와 같은 진부한 표현으로 모두 전달하기는 어렵다. 지원자가 경험한 것이 몇 년간, 몇 회에 걸쳐, 몇 시간이 누적되어 유의미해진 것인지 숫자를 통해 구체화하는 것이 전달력을 높인다.

❻ "네, 하지만"으로 압박 질문에 대응하자

면접관은 지원자의 상황 대처 능력을 파악하기 위해 약점을 지적하거나 빈틈을 짚을 때가 있다. 이때 유용한 것이 "네, 하지만"으로 말하는 방식이다. 우선 면접관의 부정적 의견에 수긍한 다음 자연스럽게 자신의 의견 또한 이어서 제시하는 것이다.

❼ 1인칭 화법을 사용하자

㉠ 팔로우십과 리더십의 조화가 사원에게 필요한 능력입니다.

㉡ 저는 입사 후 리더십을 발휘하면서도 팔로우십을 놓치지 않고 공동의 목표 달성에 기여하겠습니다.

㉠과 ㉡ 중에 면접관이 선호하는 말은 무엇일까? 바로 ㉡다. 3인칭 화법보다는 자신의 각오와 직무 수행 의지를 분명하게 보여줄 수 있는 1인칭 화법을 사용하는 것이 적합하다.

❽ 5단계 프로세스로 조리 있게 말하자

조리 있게 말하고자 한다면 내용을 체계적으로 구성해야 한다. 말하기 전 다섯 가지 상자에 생각을 넣어 정리한 후 순서대로 내용을 꺼낸다. 그러면 흩어진 생각을 깔끔하게 정리할 수 있다.

• 소개하기 → 전체 스케치 → 세부 스케치 → 나의 생각 → 마무리

❾ 기업이 정한 표준을 살펴보자

• 만일 당신이 채용되지 않는다면 어떻게 하겠습니까?

　-그럴 리 없다고 생각합니다. 본 회사 채용 설명회에서 인사 업무 담당자는 "적극적이고 열성적인 사람을 결코 탈락시키지 않는다"고 말씀하셨기 때문입니다.

　무언가를 주장할 때 상대가 정한 표준을 활용하면 설득력이 높아진다. 상대의 표준을 이용하는 법은 사람들이 잘 모르는 뛰어난 협상 도구이다. 여기에서 말하는 표준은 상대 스스로가 정한 표준이다. 사람들은 자신이 말을 어기는 모습을 다른 사람에게 보이기 싫어하기 때문에 대부분 이를 따르고자 한다.

❿ 과거형 진술에 미래형 진술을 더하자

　스펙이 훌륭한데도 불합격하는 사람들에게는 공통점이 있다. 바로 과거의 성과만 구구절절 이야기한다는 점이다. 면접관이 알고 싶은 것은 미래의 모습이다. 그것을 예측하기 위해 지원자의 과거 경험을 묻는 것이다. 답변을 구성할 때는 과거형 진술과 미래형 진술을 적절히 조화시키는 것이 현명하다.

Chapter 09

갈등 다루기

🎯 학습목표

1. 갈등의 의미와 유형을 설명할 수 있다.
2. 갈등의 과정과 기능을 설명할 수 있다.
3. 갈등의 관리 및 해결 전략을 설명할 수 있다.

💡 개 요

여러분은 요즘 누구와 갈등을 겪고 있습니까? 어떤 사람은 부모님을 비롯한 사랑하는 사람과 갈등을 겪고 있을 것이다. 만약 여러분이 기숙사에 살고 있다면 전혀 모르던 사람과 함께 생활하는 것에 적응하느라 갈등 중일 것이다.

이 세상 모든 사람은 갈등을 경험한다. 가족을 얼마나 사랑하는지, 친구를 얼마나 소중하게 생각하는지는 전혀 중요하지 않다. 갈등은 어디에서나 생기기 마련이다. 갈등에 빠져 있으면 좌절, 분노, 불안과 같은 정서적 고통을 느낄 뿐만 아니라 다른 중요한 문제를 다루는 집중력이 감소하여 개인이나 조직에 부정적인 영향을 가져온다. 이 장에서는 갈등의 개념을 소개하고 갈등을 이해하고 관리하는 방법을 설명하고자 한다.

1 갈등의 정의 및 의미

갈등(Conflict)은 라틴어 'confligere'에서 유래되었다. 'Confligere'는 'con(함께)'과 'fligere(때리다 또는 돌진하다)'의 합성어로 'confligere'는 '함께 공격하다' 또는 '충돌하다'를 의미한다. 갈등이란 양립할 수 없는 이익, 목표, 가치, 자원 또는 행동에 대해 둘 이상의 당사자 간 의견 불일치, 대립 또는 충돌 상태를 말한다. 이것은 인간관계의 일반적이고 자연스러운 부분이지만 누구나 힘들어하는 경험이다. 갈등의 심각도는 거의 인지할 수 없는 미미한 긴장부터 매우 명백한 분출에 이르기까지 다양하며 언어적 또는 비언어적으로 표현될 수 있다. 학자들이 제시한 갈등의 특징은 다음과 같다.[*1]

- 갈등은 불가피하다. 우리의 가치관, 신념, 목표 등이 다른 사람과 동일하지 않기 때문에 갈등은 자연스러운 것이다.

- 갈등 그 자체는 좋지도 나쁘지도 않다. 갈등은 중립적이기 때문에 갈등을 어떻게 관리하느냐에 따라 좋은 결과나 나쁜 결과가 따라온다. 해결되지 않거나 비효율적으로 해결된 갈등은 나쁜 결과로 이어질 수 있으나 갈등 해결을 위해 열린 의사소통을 한다면 좋은 결과로 이어질 수 있다.

- 갈등은 한 순간이 아니라 과정이다. 우리는 갈등 속에서 상대방에게 대응할 때마다 선택을 하는데 그 선택이 다음에 일어날 일들을 결정한다.

- 갈등은 에너지를 소비한다. 우리는 갈등 때문에 정서적·정신적 에너지를 소모한다. 하지만 우리 대부분은 갈등과 직면하기보다는 우리와 마찰을 겪고 있는 사람들을 피하는 데 익숙하다.

[*1] 1. Dudley Weeks, 남궁은정 이현정 역(2011), 갈등종결자, 커뮤티케이션북스, p. 3~68
    2. Jennifer Goldman-Wetzler, 김현정 역(2022), 패턴 파괴, 흐름출판, p. 18~34
    3. Jim Murphy, 박대제 역(1997), 업무상의 갈등관리, 21세기북스, p. 11~38

- 갈등은 갈등의 내용과 그에 따른 감정을 포함한다. 때때로 우리는 갈등이 무엇 때문에 생겼는지(내용)보다는 그와 관련된 감정 때문에 힘들어할 때가 더 많다. 예를 들어 기숙사에 함께 사는 두 사람이 누가 청소를 하느냐에 대해 반복적으로 논쟁을 한다면 그 논쟁은 아마도 청소보다는 자신의 의견이 무시당하고 있다는 느낌 때문일 가능성이 높다.
- 마지막으로 우리는 갈등 상황에서 능동적일지 수동적일지 선택할 수 있다. 우리는 갈등이 곪아 터지기 전 갈등을 감지했을 때 바로 적극적으로 행동할 수 있다.

2 갈등의 유형

갈등은 일반적으로 4가지 유형에서 발생한다. 각 유형별 갈등의 특성을 이해하면 갈등의 해결 및 관리를 위한 효과적인 전략을 개발하는 데 도움이 된다.[2]

1 개인 내 갈등

개인 내 갈등(intrapersonal conflict)은 한 개인 안에서 자신의 목표, 가치 또는 역할이 충돌할 때 발생하는 갈등이다. 개인 내 갈등에는 목표 갈등, 역할 충돌 및 역할의 모호성 등이 포함된다.

(1) 목표 갈등

목표 갈등은 서로 다른 목표 사이에서 하나를 선택해야 할 때 겪게 되는 심리적 어려움이다. 목표 갈등은 다음 세 가지 유형으로 구분할 수 있다.

💬 그림 9-1_ 갈등의 유형

💬 **접근-접근 갈등**(Approach-Approach Conflict)

접근-접근 갈등은 개인이 둘 이상의 긍정적인 대안들 중에서 하나를 선택해야 할 경우 발생한다. 개인은 여러 대안들을 동시에 가질 수 없기 때문에 스트레스나 우유부단함을 느낄 수 있다. 예를 들어 어떤 사람이 좋은 급여와 다양한 복지 혜택을 제공하는 두 직장에 동시에 합격한 경우를 상상해보자. 바람직한 선택이 여러 개 있어 다행이긴 하지만 하나를 선택하고 다른 기회를 포기해야 하기 때문에 불안이 유발된다.

💬 **접근-회피 갈등**(Approach-Avoidance Conflict)

접근-회피 갈등은 개인이 긍정적인 측면과 부정적인 측면이 함께 있는 선택에 직면할 때 발생한다. 이런 경우 개인은 상충되는 목표로 인해 스트레스를 경험한다. 예를 들어 직장에서 지방 파견 근무를 전제로 한 승진을 고려하는 사람이 있다고 하자. 승진은 경력과 소득 증가의 기회를 제공하지만 사랑하는 가족과 떨어져 지내야만 한다. 개인은 승진에 대한 열망과 그것에 수반되는 도전 사이에서 상당한 내면적 갈등을 경험할 것이다.

★2 1. 정순영 외 (2021), 인간관계와 의사소통, 다온출판사, p. 179~184
2. 권인아, 오정주 (2020), 대인관계능력 의사소통능력, 한올출판사, p. 30~48
3. Laura Westmaas (2022), Conflict management, Fanshawe College Pressbooks

💬 회피-회피 갈등(Avoidance-Avoidance Conflict)

회피-회피 갈등은 둘 이상의 대안들이 모두 바람직하지 못한 상황에서 하나를 선택해야만 할 때 발생한다. 예를 들어 기말고사 시험공부를 미루고 있는 학생을 상상해 보자. 지루하고 재미없는 공부가 하기 싫어 시간을 끌고 있지만 시험에 실패하여 F 학점을 받는 것도 싫다. 어떻게 해야 할까?

(2) 역할 충돌

역할 충돌은 한 개인에게 서로 다른 책임을 요구하는 여러 역할들이 동시에 부여되어 개인이 모든 역할을 충족시키기 어려운 상황에서 발생한다.

💬 역할 간 갈등(Inter-Role Conflict)

역할 간 갈등은 개인이 맡은 서로 다른 역할의 기대와 요구가 충돌할 때 야기된다. 예를 들어 어린 자녀가 있는 직장 여성에게 있어 부모 역할과 직원 역할은 모두 상당한 시간과 노력이 필요하기 때문에 두 역할의 균형을 맞추기가 어려울 수 있다.

💬 역할 내 갈등(Intra-Role Conflict)

역할 내 갈등은 단일 역할 내에서 상충되는 기대가 있을 때 발생한다. 예를 들어, 개인이 서로 다른 상사로부터 상반되는 지시를 받았을 때 어떤 지시를 우선순위로 정해야 할지 갈등하게 된다.

💬 개인-역할 갈등(Person-Role Conflict)

개인-역할 갈등은 개인의 가치, 신념 또는 특성이 역할의 요구와 일치하지 않을 때 발생한다. 예를 들어, 변호사는 제기된 혐의에 대해 유죄임을 알고 있는 피고인을 변호해야 할 때 가치 충돌을 경험할 수 있다.

💬 역할 과부하(Role Overload)

역할 과부하는 기대되는 역할이 너무 많아 모든 역할을 효과적으로 수행할 수 없는 경우에 발생한다.

② 개인 간 갈등

개인 간 갈등(Interpersonal Conflict)은 상호 작용이 필요한 둘 이상의 사람들 간의 가치, 의견 및 관점의 차이로 인해 생긴다. 이것은 상대방이 알지 못한 채 발생할 수도 있다. 개인 간 갈등은 실질적 갈등과 감정적 갈등으로 구분할 수 있다.

💬 실질적 갈등(Practical conflicts)

실질적 갈등은 특정 주제에 대해 상반되는 관점을 가지고 있거나 상황에 접근하는 방식에 대한 의견이 일치하지 않을 때 나타난다. 실질적 갈등은 합리적인 토론이나 협상, 공통점 찾기 및 제3자의 조정 등을 통해 해결될 수 있다.

💬 감정적 갈등(Emotional conflicts)

감정적 갈등은 실제 문제보다는 감정과 연관된 것이다. 이것은 종종 개인적인 문제, 과거 경험 또는 상호 작용에서 유발된 정서적 마찰에 의해 발생한다. 실질적 갈등이 감정적 갈등으로 변하는 경우도 많다. 정서적 갈등의 원인이 되는 감정을 해결하기 위해서는 공감, 적극적인 경청 및 상대에 대한 이해가 필요하기 때문에 실질적 갈등보다 해결하기가 더 어려울 수 있다.

③ 집단 간 갈등

집단 간 갈등(Intergroup Conflict)은 조직 내 여러 집단 사이에서 일어나는 갈등으로 목표나 관심의 차이, 자원 경쟁, 집단 간 힘의 불균형 등에 의해 나타난다. 집단 간 갈등에는 다음과 같은 유형들이 있다.

💬 **계층적 갈등((Hierarchical Conflicts)**

계층적 갈등은 지위, 권한, 의사결정 및 보상의 배분에 대한 서로 다른 이해관계로 인해 발생한다. 기업체를 운영하는 데 있어 경영진과 근로자 사이의 갈등이 이에 해당한다.

💬 **기능적 갈등(Functional Conflicts)**

기능적 갈등은 여러 기능 부서 간의 갈등으로, 한 집단이 목표를 성취하는 데 다른 집단의 방해를 받을 때 발생한다. 예를 들어 한 기업체 내 생산 부서와 영업 부서 간의 갈등이 있다.

💬 **경쟁적 갈등(Competitive Conflicts)**

경쟁적 갈등은 집단들이 제한된 자원이나 보상을 놓고 서로 경쟁할 때 발생한다. 이러한 갈등은 조직의 목표 성취를 위한 동기를 강화할 수 있지만 파괴적인 경쟁으로 확대되면 오히려 부정적인 결과를 초래할 수 있다. 예를 들어 성과급을 차지하기 위해 특정 고객에 대해 영업A 팀과 영업B 팀이 동시에 판매 활동을 할 경우이다.

💬 **공식-비공식 조직 간의 갈등(Conflicts Between Formal and Informal Organizations)**

공식 조직은 역할, 규칙 및 절차가 정의된 구조화된 집단인 반면, 비공식 조직은 공식 조직 내에서 자발적으로 사회적 상호 작용을 통해 구성된 집단이다. 이 갈등은 주로 비공식 조직이 공식 조직의 공식적인 권한이나 결정에 도전하거나 저항할 때 발생한다. 예를 들어 비공식 조직인 직장 내 동호회가 파벌을 조성하고 왜곡된 정보를 확산시킬 경우 공식-비공식 조직 간의 갈등이 발생할 수 있다.

(4) 조직 간 갈등(Interorganizational Conflict)

마지막으로 조직 간 갈등은 둘 이상의 개별 조직 간의 충돌이다. 이 갈등에는 같은 산업에 속한 경쟁업체 간의 마찰이나 다른 산업 부문에 있는 회사 간의 분쟁 등이 있다.

(3) 갈등의 과정

갈등의 과정은 갈등이 초기 단계부터 해결 또는 확대에 이르기까지 거치는 단계를 의미한다. 갈등의 기간과 복잡성은 다양하지만 일반적으로 유사한 과정을 따르는 경우가 많다. 갈등의 과정은 잠재적 갈등, 갈등의 인지, 행동, 결과의 네 단계로 요약할 수 있다.[3]

💬 그림 9-2_ 갈등의 과정

★3   1. Cathy Bruce. et. al, Knowledge management and communication of research, Fanshawe College Pressbooks, 2022
     2. Laura Radtke, Principles of leadership & management, Fanshawe College   Pressbooks, 2022
     3. Laura Westmaas, Conflict management, Fanshawe College Pressbooks, 2022

❶ 1단계 : 잠재적 갈등

갈등 과정의 첫 번째 단계인 잠재적 갈등은 갈등이 야기될 수 있는 잠재적 상황이나 조건을 의미한다. 잠재적 갈등 유발 변수들에는 불충분한 정보 교환, 오해, 역할 모호성, 목표의 다양성, 개인의 성격 또는 가치관 등이 있다.

❷ 2단계 : 갈등의 인지

이 단계는 잠재적 대립이 현실로 나타나는 단계이다. 한편이든 양편이든 갈등 당사자가 갈등을 인지하고 이것에 의해 영향을 받기 시작한다. 갈등을 인지한다는 것이 반드시 갈등의 개인화를 의미하지는 않는다. 갈등을 인지한다는 것은 둘 이상의 당사자 사이에 서로 다른 관점이 있다는 것을 단순히 인정하는 것이다. 반면 갈등의 개인화란 단순한 인식을 넘어 갈등을 개인적으로 받아들여 자신의 정체성, 신념 또는 가치에 대한 직접적인 공격으로 해석하며 불안, 불만, 분노 심지어 적대감 같은 격한 감정을 느끼는 것이다.

❸ 3단계 : 행동

갈등 행동은 갈등이 공개적으로 표출되는 단계이다. 이 단계에서 의도적으로 상대방의 목표 달성을 방해하거나 이익의 획득을 저해하는 행동들이 나타난다. 표출 행동은 간접적이고 고도로 통제된 방식에서부터 직접적이고 공격적인 형태에 이르기까지 다양하다. 또 이 단계에서는 갈등을 감소시키기 위한 행동들도 취해진다. 여기에는 회피, 순응, 설득, 타협, 문제 해결 등이 있다.

❹ 4단계 : 결과

표출된 갈등 행동과 갈등 처리 행동들 간의 상호 작용은 여러 가지 결과들을 도출시킨다. 그 결과는 순기능적일 수도 있고 역기능적일 수도 있다.

4 갈등의 기능

갈등의 기능은 개인, 집단, 조직, 사회 등 다양한 맥락에서 관찰될 수 있는 복잡하고 다면적인 개념이다. 과거에는 갈등을 인간관계를 파괴하고 조직의 통합성을 저해하는 소모적인 것으로 바라보는 시각이 지배적이었다. 그러나 최근에는 개인이나 조직의 근본적인 문제나 차이점을 드러내 가시화하고, 가시화된 것들이 혁신되고 개선되도록 유도한다는 점에서 긍정적인 것으로 보는 시각이 확대되고 있다.

[그림 9-3]은 갈등과 조직 성과 간의 관계를 보여준다. 갈등이 너무 낮거나 높을 때는 조직 내부의 동기가 저하되고 환경 변화에 대한 적응력이 떨어져 조직

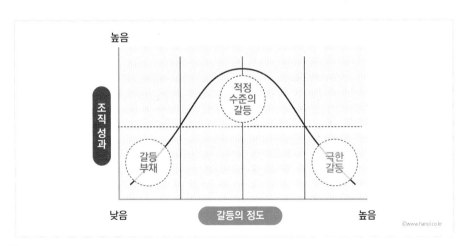

💬 그림 9-3_ 갈등과 조직 성과의 관계

성과가 낮아지게 된다. 반면 갈등이 적정 수준일 때 조직 내부의 의욕이 상승하고 문제 해결 능력이 발휘되어 조직 성과가 높아지는 갈등의 순기능이 나타난다.[4]

① 갈등의 순기능

- 갈등은 문제를 표출시킨다. 갈등은 근본적인 문제나 해결해야 할 차이점을 식별하는 계기가 될 수 있다.
- 갈등은 이해관계를 일깨운다. 갈등은 명확한 경계와 기대치를 설정하는 기회가 될 수 있다.
- 갈등은 변화를 촉구한다. 갈등은 신념, 행동 또는 전략을 재평가하도록 자극하여 변화와 성장을 도모할 수 있다.
- 갈등은 창의력을 촉진한다. 갈등은 그것을 해결하는 과정에서 새로운 아이디어, 관점 및 해결 방법을 탐색하게 함으로써 창의력, 진취성, 적응성 및 융통성을 향상시킬 수 있다.
- 갈등은 관계를 돈독하게 한다. 갈등이 합리적으로 해결되면 깊은 이해와 신뢰를 키워 관계를 강화하는 계기가 될 수 있다.
- 갈등은 회복력을 향상한다. 갈등을 성공적으로 해결하면 탄성력이 구축되어 미래의 도전에 더 대처할 수 있는 회복력을 향상시킬 수 있다.
- 갈등은 결속력을 강화한다. 갈등은 종종 다양한 관점, 배경 및 경험으로 인해 발생한다. 이러한 차이점을 수용하고 관리하면 보다 포용적이고 관용적인 환경을 조성할 수 있다.

그러나 갈등의 긍정적인 기능은 갈등이 건설적으로 관리될 때만 실현될 수 있다는 점에 유의해야 한다. 해결되지 않았거나 잘못 처리된 갈등은 관계의 단절, 적대감 증가, 심지어 폭력과 같은 부정적인 결과로 이어질 수 있다.[5]

② 갈등의 역기능

- 신체적·정신적 소진을 유발하여 다양한 건강 문제를 야기할 수 있다.
- 스트레스와 불안을 유발하는 환경을 만들어 동기 부여와 직무 만족도를 감소시킬 수 있다.
- 효과적인 의사소통을 방해하여 정보의 공유를 어렵게 만들 수 있다.
- 갈등이 지속되면 조직 문화가 악화되어 부정적인 작업 환경이 조성될 수 있다.
- 갈등으로 인한 적대적인 작업 환경은 창의성을 억누르고 자유로운 아이디어 교환을 방해할 수 있다.
- 종종 팀 내 분열로 이어져 협력 정신과 공동 목표를 약화시켜 조직의 응집력을 감소시킬 수 있다.
- 집중력과 조직 내 협력을 방해하여 생산성을 저하시킬 수 있다.
- 갈등으로 인한 스트레스와 불만으로 인해 결근이 높아지고 이직률이 증가할 수 있다.

이러한 부정적인 영향을 완화하고 건강하고 생산적인 업무 환경을 조성하기 위해서는 건설적인 갈등 해결 전략을 선택하는 것이 중요하다.

★4　1. 이재희, 임영수, 김경진(2018), 대인관계능력과 의사소통능력, 양성원, p. 178~180이
　　2. 한국간호연구학회(2022), 건강한 인간관계를 위한 의사소통 기술, 퍼시픽북스, p. 50~58
　　3. Lisa Feldman Barrett, 변지영 역(2021), 이토록 뜻밖의 뇌과학, 더퀘스트, p. 221-227
★5　1. 한금선(2022), 의사소통과 인간관계론, 고문사, p. 148~149
　　2. 천대윤(2001), 갈등관리전략론, 선학사, p. 241~243
　　3. 이재규(1998), 조직갈등관리론, 박영사, p. 113~116

5 갈등의 관리 및 해결 전략

갈등 관리 및 해결 전략은 심리학, 경영학, 행정학, 간호학을 포함한 다양한 분야의 학자들에 의해 광범위하게 연구되고 제안되었다. 이러한 전략은 갈등과 대립 현상을 긍정적인 방향으로 해결하며 개인 또는 집단 간의 더 나은 관계를 촉진하는 것을 목표로 한다. 일반적인 갈등 관리 및 해결 전략은 다음과 같다.

1 토마스와 킬만의 갈등 해결 전략

여러분이 어떤 갈등 관리 유형을 주로 사용하는지 설문지를 활용하여 확인해 보자.(학습 활동 참고)

토마스(Kenneth W. Thomas)와 킬만(Ralph H. Kilmann)은 개인이 갈등을 처리하는 데 선호하는 접근 방식을 분석하기 위해 Thomas-Kilmann의 갈등 관리 유형 검사(Thomas-Kilmann Conflict Mode Instrument, TKI)를 개발했다. TKI는 갈등 상황에서 자신의 목표를 충족시키려는 독단성(assertiveness)과 다른 사람과의 관계를 중요시하는 협력성(cooperativeness)의 두 가지 차원을 기반으로 갈등 관리 유형을 회피, 경쟁, 순응, 타협, 협력의 5가지로 구분한다. 이 검사를 통하여 우리는 자신이 가장 자주 사용하는 갈등 관리 유형을 파악할 수 있다. 또한 갈등 상황에 적합한 유형을 적용하는 훈련을 통해 갈등 해결 역량을 개발하여 갈등 상황을 효과적으로 관리할 수 있다.[6]

- **회피형**(avoiding) : 목표와 관계에 대한 관심이 모두 낮은 경우로 상황이 나아질 때까지 문제를 덮어두거나 위협적인 상황을 피하는 유형이다. 이것은 갈등을 부정적으로 보는 사람들이 갈등을 다루는 가장 일반적인 방법이다.
- **경쟁형**(competing) : 목표에 대한 관심은 높으나 관계에 대한 관심은 낮은 경우이다. 이 유형을 사용하는 사람들은 상대방의 목표를 희생시키면서까지 자신의

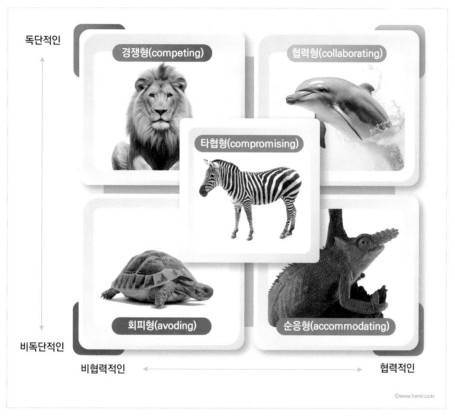

그림 9-4_ 토마스(Thomas)와 킬만(Kilmann)의 갈등 관리 유형

목표를 이루기 위해 전력을 다한다.

- **순응형**(accommodating) : 목표에 대한 낮은 관심과 관계에 대한 높은 관심을 가지고 있어 자신의 목표보다 다른 사람과의 관계를 우선시하는 유형이다. 이 유형을 사용하는 사람들은 상대방의 목표를 충족시키기 위해 기꺼이 자신의 목표를 양보하고 조정한다.

★6　1. 김희숙 외(2021), 인간관계와 의사소통의 이론과 실제, 학지사메디컬, p. 181~186
　　　2. 박종화(2008), 갈등관리론, 경북대학교출판부, p. 207~210
　　　3. 정순영 외(2012), 인간관계와 의사소통, 다온출판사, p. 187~188

- **타협형**(compromising) : 목표에 대한 관심과 관계에 대한 관심이 균형을 이루는 유형이다. 일반적으로 갈등 당사자들이 자신의 목표를 조금씩 양보하고 중간 정도의 지점에서 해결점을 찾는다. 그러나 갈등 당사자 간에 불신이 클 경우 이 방식을 사용하는 것은 어렵다.
- **협력형**(collaborating) : 목표와 관계에 대한 관심이 모두 높은 경우이다. 이 접근 방식이 효과적이려면 상대방에 대한 신뢰감과 위험을 감수하고자 하는 의지가 필요하다. 협력형이 가장 이상적인 해결 유형이라고 할 수 있다.

협력형이 가장 긍정적인 해결 유형이라고 일컬어지긴 하지만 모든 상황에서 적용될 수 있는 방식은 아니다. 또한 대부분의 사람은 상황에 따라 적절한 관리 유형을 선택하기보다는 자신이 가장 편안하다고 느끼는 유형을 모든 상황에서 지배적으로 사용하는 경우가 대부분이다. 그러므로 갈등을 효과적으로 다루기 위해서는 직면한 상황을 분석하고 어떤 관리 유형이 가장 적절한지 결정하는 능력을 갖추는 것이 중요하다. 갈등 상황별 권고되는 관리 유형은 [표 9-1]과 같다.

표 9-1_ 상황별 갈등 관리 유형

유 형	제 목
회피형	• 논의하는 문제 자체가 사소하거나 더 중요한 사안이 있을 때 • 사람들을 일단 진정시키고 난 후 새로운 관점에서 논의가 필요할 때
경쟁형	• 신속하고 결단력 있는 행동이 요구될 때 • 새로운 규정의 도입 등 특수한 조치를 취해야 할 때
순응형	• 자신의 입장에서 착오가 있었거나 잘못이 있다는 것을 알았을 때 • 나보다는 다른 사람에게 더 중요한 문제일 때
타협형	• 상대방이 강하게 주장하거나 힘을 소진할 만큼 가치가 없을 때 • 시간 제약으로 인해 신속하게 해결 방안을 찾아야 할 때
협력형	• 갈등 당사자 모두에게 너무나 중요하여 타협할 수 없고 통합적인 해결 방안을 찾아야 할 때 • 관계성에 장애를 줄 수 있는 감정의 앙금을 해소시켜야 할 때

② 원-윈 관리법

원-윈(Win-Win) 관리법은 자신의 이익뿐만 아니라 상대방의 이익도 함께 고려하는 방식으로 갈등 관계에 있는 사람들이 모두 승리자가 될 수 있도록 서로 협력을 꾀하는 전략이다. 원-윈은 원래 두 곳에서 동시에 전쟁이 벌어질 경우를 대비하여 미국이 세운 군사 전략인데 갈등 해결을 위한 협상에서도 폭넓게 사용된다. 이것은 문제의 본질적인 해결을 통해 서로가 원하는 것을 얻을 수 있으므로 성공적인 대인관계를 유지하는 데 매우 효과적이다.

미국의 거대 항공사인 사우스웨스트(Southwest)와 작은 항공사인 스티븐슨 항공(Stevenson Airlines) 사이에 광고 문구 사용과 관련하여 분쟁이 일어났다. 사우스웨스트가 'Just Plane Smart'란 표현을 광고에 썼는데 'Plane Smart'란 문구를 먼저 사용한 스티븐슨 항공이 이의를 제기한 것이다. 법정 소송을 앞둔 긴장 상황에서 스티븐슨 항공 CEO인 커트 허왈드(Hewald)가 사우스웨스트 CEO 켈러허(Kelleher)에게 법정 소송 대신 팔씨름으로 담판을 짓자고 제안했다. 팔씨름에서 3판 2승을 한 쪽이 문구에 대한 법적 권리를 갖고 진 쪽은 이긴 쪽이 지명한 자선 단체에 기부하는 조건이었다.

37세의 역도 선수 출신 허왈드와 61세 변호사 출신 켈러허의 팔씨름 소식이

©www.hanol.co.kr

💬 그림 9-5_ 커트 허왈드와 켈러허의 팔씨름

미디어에 보도되자 두 항공사는 일약 언론의 집중 조명을 받게 되었다. 예상대로 결과는 허왈드의 승리로 끝이 났고 켈러허는 근육위축병협회에 10만 달러를 기부했다. 그러나 이게 끝이 아니었다. 허왈드는 사우스웨스트가 광고 문구를 계속 사용할 수 있도록 양보해주었다. 이 일이 있은 후 두 회사의 이미지는 엄청나게 좋아졌고 두 회사 모두 승리자가 되었다.

원-윈의 7단계 관리법은 다음과 같다.★7

❶ 1단계 : 충실한 사전 준비

· 비판적인 관점을 전환한다.

· 자신의 위치와 욕구를 확인한다.

· 상대방의 요구와 드러내지 않은 내면의 욕구를 찾아본다.

❷ 2단계 : 긍정적인 접근 방식

· 상대방이 필요로 하는 것에 대해 생각해 보았다는 것을 말한다.

· 자신의 원-윈 의도를 말한다.

· 상대방이 원-윈 절차에 임할 자세가 되어 있는지 알아본다.

❸ 3단계 : 두 사람의 입장을 명확히 하기

· 서로 동의하는 부분을 인정한다.

· 기본적으로 다른 부분을 인정한다.

· 자신이 이해한 바를 점검한다.

❹ 4단계 : 원-윈에 기초한 기준에 동의하기

· 상대방에게 중요한 기준을 명확히 한다.

· 자신에게 중요한 기준을 명확히 한다.

❺ 5단계 : 해결책 생각해내기

· 해결책을 함께 브레인스토밍한다.

❻ 6단계 : 해결책 평가하기

• 앞서 생각해낸 해결책을 평가한다.

❼ 7단계 : 해결책 선택 및 동의하기

• 최종 해결책을 선택하고 실행하는 것에 동의한다.

갈등 상황에서 자신의 주장만을 밀고 나간다면 표면적으론 승리자가 될지 모르지만 대인관계에 부정적인 영향을 미쳐 결국에는 실패한 결과를 얻게 된다. 윈-윈 전략이 성공하려면 분노의 감정을 절제하는 동시에 자신의 필요를 직시하고 상대방의 입장에 깊이 공감하며 상호 만족할 만한 해결책을 모색하려는 침착하고 인내심 있는 자세가 요구된다.

③ 갈등 관리 방법 종합

위 학자들 외에도 여러 학자가 갈등 감소 또는 해결 방법에 대해 제안했다. 마치(J. G. March), 사이몬(H. A. Simon), 톰슨(J. Thomson)은 갈등에 대한 일반적인 해결 방법으로 문제 해결, 설득, 협상, 정치를 제시했으며, 세퍼드(H. A. Sheppard)는 집단 간 갈등을 해소하는 방법으로 억압, 제한된 투쟁, 협상, 문제 해결 등을 보고했다. 그 외에도 리터러(J. A. Letterer), 힉스(H. Hicks), 디프(S. D. Deep) 등의 주장이 있다. 학자들 사이에 공통되는 방법을 제시하면 다음과 같다.[8]

★7　1. 성철재 외(2011), 의사소통장애, 학지사, p. 219~221
　　　2. 이경순, 이미경, 김경희(2012), 인간관계와 의사소통, 현문사, p. 205~207
　　　3. Karl Berkel, 문용갑 이남옥 역(2019), 갈등 트레이닝, 학지사, p. 197~200
★8　1. Linda Mintle, 이상은 역(2017), 대화가 필요해, 봄봄스토리, p. 107~128
　　　2. 김두열(2014), 갈등관리, 공동체, p. 219~240
　　　3. 양창삼(1997), 인간관계와 갈등관리, 경문사, p. 212~230
　　　4. 천대윤(2001), 갈등관리전략론, 선학사, p. 189~218

❶ 문제 해결(problem solving)

갈등의 근본적인 문제를 파악하며 협력과 개방적인 의사소통을 통하여 모든 관련 당사자들이 만족할 수 있는 해결책을 찾는 것을 목표로 한다.

❷ 상위 목표(super-ordinate goals) **제시**

갈등 당사자들에게 개인적인 목표 대신 협력을 통해 달성할 수 있는 보다 큰 이익을 가져오는 공동 목표를 제시함으로써 갈등을 완화시키는 방법이다.

❸ 자원 증대(expansion of resources)

사용 가능한 자원을 늘림으로써 희소 자원의 획득을 위한 경쟁에서 초래된 갈등을 해소하는 방법이다.

❹ 완화(smoothing)

일시적으로 갈등 당사자들 사이의 차이점을 완화하는 것을 목표로 한다. 이것은 근본적인 해결을 이끌어내지는 못하지만 상황이 더 악화되는 것을 방지하는 데 유용하다.

❺ 권위적인 명령(authoritative command)

권위를 가진 상사가 명령으로써 부하들의 갈등을 해소하는 방법이다. 이것은 빠른 해결을 이끌어낼 수 있지만 갈등 당사자들의 합의를 전제로 하지 않기 때문에 당사자들의 불만과 추후 갈등을 초래할 수 있다.

⑥ 협상(bargaining)

각 당사자가 자신의 입장을 부분적으로 양보하여 모두에게 적절한 중간 지점을 찾는 것을 목표로 하는 타협 형식이다.

⑦ 대면(confrontation)

갈등 당사자들이 상호 대면하여 자신의 관심과 시각을 솔직하게 표현하고 진솔한 의사소통을 통해 서로의 입장을 깊이 이해하며 해결책을 찾기 위해 노력하는 방법이다. 이것은 개인 간의 오해를 푸는 데 가장 효과적인 방식이다.

⑧ 공동의 적 설정(identifying a common enemy)

때로는 갈등 당사자들이 공통적인 외부 위협이나 적을 찾음으로써 함께 결합할 수 있다. 서로에 대한 의견 충돌을 떠나 공통된 문제에 초점을 맞추어 연대와 해결책을 찾을 수 있다.

⑨ 인적 변수 개선(altering the personal variables)

개인의 태도와 행동을 개선하기 위해 자기 인식, 감정 지능, 의사소통 기술, 공감력 및 유연성 등을 개발하는 방법이다. 이를 위하여 교육 훈련, 그룹 훈련, 팀 빌딩 등이 활용된다.

⑩ 구조적 변수 개선(altering the structural variable)

갈등을 유발하는 조직적 또는 구조적 요소들을 수정하는 것이다. 이는 정책, 절차, 업무 및 책임 할당 방식 등을 변경함으로써 갈등을 최소화한다.

효과적인 갈등 관리를 위해서는 갈등의 성격을 이해하고 갈등 당사자들에게 적합한 방법을 선택하도록 하는 것이 중요하다. 또한 개방적인 의사소통, 상호 존중, 그리고 모든 이해관계자에게 이익을 가져다주는 해결책을 찾는 데 주안점을 두어야 한다.

Chapter

10 비폭력 대화(NVC)

🎯 학습목표

1. 비폭력 대화의 개념을 이해할 수 있다.

2. 비폭력 대화의 4가지 요소를 이해할 수 있다.

3. 비폭력 대화 기법을 이해하고 활용할 수 있다.

💡 개 요

비폭력 대화(Nonviolent Communication, NVC)는 연민의 대화(Compassionate Communication)라고 불리기도 한다. 우리의 본성인 연민이 우러나는 방식으로 스스로를 이해하고 타인과 관계를 맺을 때 도움이 되는 말하기·듣기의 구체적 대화 방법이다. NVC를 통한 자기 이해가 깊어지면 스스로가 관찰한 것과 그것을 통해 자신이 무엇을 느끼고 원하는지를 인식하게 되면서 솔직하고 명확한 의사 표현을 할 수 있게 된다. 즉, NVC의 주요 요소인 관찰, 느낌, 욕구, 부탁을 활용하면 누군가의 비판이나 평가에 대해 저항과 방어, 공격이나 폭력적 대응보다 경청과 존중, 배려와 공감의 마음으로 소통하는 것이 자연스러워지게 된다.

1 비폭력 대화란

비폭력 대화(Nonviolent Communication, NVC)는 임상 심리학 박사이자 평화 운동가인 마셜 로젠버그(Marshall B. Rosenberg, 1934~2015)가 창시했으며 연민의 대화(Compassionate Communication), 삶의 언어(Language of Life), 기린(Giraffe) 언어라고도 한다. 사람의 본성인 연민의 마음으로 관찰하면서 느끼고 그 속에서 필요로 하는 것을 스스로 인식하고 부탁하는 방식의 대화 방법으로, NVC를 2003년 한국에 처음 소개한 사람은 캐서린 한(Katherine Hahn Singer)이다.

비폭력이란 세계적인 인권 운동가인 간디의 아힘사(ahimsa) 정신에서 나온 것이며 살아 있는 모든 생물을 죽이거나 해치지 않는다는 불살생, 동정, 자비를 뜻한다. 이는 우리가 살아가면서 마음속에서 일어나는 폭력이 가라앉고 타고난 본성인 연민으로 돌아가는 자연스러운 상태를 말한다.

비폭력 대화를 하면 자기 자신과의 연결을 경험하게 되는데, 스스로에게 향하는 폭력을 멈추고 자신을 더 잘 이해하면서 자기 공감을 하게 된다. 이러한 자기 공감 경험은 타인과의 관계에서 상대도 나와 똑같은 느낌과 욕구가 있다는 것을 존중하도록 하여 타인 공감으로 발전하게 된다. 자기 공감을 통해 의식적으로 나의 관찰, 느낌, 욕구, 부탁을 솔직하게 말하고, 상대의 관찰, 느낌, 욕구, 부탁을 공감함으로써 자신과 타인에 대해 편안해지고 관계가 향상되는 경험을 할 수 있다.

1 NVC의 상징적 동물

(1) 기린

기린(giraffe)은 포유 동물 중 키가 가장 큰 동물이며 키는 보통 5.5m에 달하고 높고 넓은 시야를 가지고 있다. 이 때문에 3~3.5m나 되는 경동맥을 통해 뇌로

혈액을 밀어내야 하므로 육상 동물 중 가장 심장이 큰 동물로 알려져 있다. 초식 동물로 평화롭게 무리지어 살지만 공격을 받아 방어할 때는 무거운 발굽으로 차며 자신과 가족을 지켜낸다. 주로 아카시아 나무의 잎을 주식으로 하며 날카로운 가시를 자신의 침으로 녹여가며 먹는다. 비폭력 대화에서 기린처럼 듣는다는 것의 의미는 타인이 가시 돋친 말을 건네도 그 날카로움 뒤의 마음을 공감으로 듣는다는 것을 의미한다.

(2) 자칼

자칼(jackal)은 스스로 사냥하기보다는 죽은 동물의 사체를 먹는 청소 동물로 알려져 있다. 또한 기린에 비해 상대적으로 작은 동물로 시야가 넓지 못하다. 갈등 발생 시의 해결책은 잘못에 대한 응징이며 여기에는 서열 사회에서 치열한 경쟁을 통해 살아남아야 하는 특성이 반영되어 있다. 이러한 특성으로 인해 비폭력 대화에서는 사람들이 성장하면서 배운 습관적인 말을 자칼 언어로 설명한다. 자칼 언어는 타인과의 관계에서 평가하고 경쟁하고 강요하고 명령하면서 수단과 방법에 집착하는 것이다. 결국 모두가 상처를 주고받으며 외로워지게 된다. 따라서 비폭력 대화는 자칼 언어로 말하는 자신 안에 있는 기린의 본성을 찾는 것이라고 할 수 있다.

② NVC의 효과 및 방법

(1) 효 과

비폭력 대화는 단순히 대화 기술이나 방법이 아니라 생각과 의식을 바꾸는 패러다임의 전환이며 간단한 모델이지만 매우 효과적인 변화를 이끄는 힘이 있다.

비폭력적으로 말하고 듣고 생각하고 행동하는 방법을 배운다면 스스로 선택하면서 살아갈 힘이 생긴다. 또한 의사소통 시 서로 분명하고 구체적인 부탁을 하게 되므로 갈등을 예방하고 해결할 수 있다.

(2) 방 법

말할 때는 상대를 비판하거나 비난하지 않으면서 온전히 내 마음 안의 움직임을 객관적으로 관찰하고 가슴의 느낌과 그 뒤의 욕구를 인식한 후 강요나 명령이 아닌 부탁으로 솔직히 표현한다. 들을 때는 자신의 생각, 선입견, 기대, 조언하고 싶거나 가르치고 싶은 충동을 버리고 상대방이 지금 경험하는 관찰, 느낌, 욕구, 부탁을 공감으로 듣는다.

무엇보다 상대가 나를 힘들게 하는 비판적인 말로 표현했어도 그것은 상대의 충족되지 않은 욕구의 비극적 표현이지 결코 나에 관한 것은 아니라는 것(It's not about me)을 의식한다.

대화 시에는 관찰과 평가, 느낌과 생각, 부탁과 강요의 구별이 필요하다.

③ NVC의 주요 개념

❶ 사람은 가슴에서 우러나서 주는 것을 즐긴다.

관계 속에서 우리는 누구나 진심으로 우러나서 대해주길 원한다. 그러나 때로는 진심으로 우러나서 대했음에도 상대가 부담이나 불편을 느낄 수도 있다. 그러므로 자신의 욕구와 상대의 욕구를 충분히 의식하면서 누군가의 강요나 의무

감 때문이 아닌 스스로의 선택으로 상대의 삶에 기여할 수 있도록 한다. 이럴 때
비로소 우리는 진정한 기쁨을 느끼게 된다.

❷ **모든 사람은 같은 욕구(need)를 공유하고 있고 그 에너지로 서로 연결되어 있다.**

    욕구는 누구에게나 다 있는 보편적인 것으로, 욕구 충족을 위해 자신만의 수
단이나 방법을 고집할 때 갈등이 생기는 것일 뿐 욕구 차원에서는 갈등이 없다.

❸ **세상에는 모든 사람의 기본적인 욕구를 충족하기에 충분한 자원이 있다.**

    누구나 자신이 필요로 하는 것을 얻을 수 있는 충분한 자원이 있음에도 사람
들이 결핍을 경험하게 되는 것은, 우리 사회의 구조적 한계뿐만 아니라 연민을
기본으로 유대 관계를 형성하고자 하는 의식과 그를 위한 훈련이 부족하기 때문
이다.

❹ **우리의 모든 행동은 의식적이든 무의식적이든 어떤 욕구를 충족하려는 시도이다.**

    지금 내가 진정 필요한 것, 원하는 것, 중요한 것이 무엇인지에 대한 의식이
없으면 충족할 수 있는 효과적인 방법을 찾기 어려우므로 오히려 폭력적인 행동
을 선택하여 자신과 타인의 욕구를 충족할 수 없게 된다.

❺ **느낌은 충족되거나 충족되지 않은 욕구를 알려주는 신호이다.**

    타인의 행동을 통해 자극된 자기 느낌의 원인은 그 순간 자기의 내면에 있는
욕구에서 비롯된 것이다. 느낌은 한 개인이 어린 시절 경험한 정신적 충격이나
자라면서 배우게 된 사회적 조건화에서 오는 개인적 신념 등의 영향을 받기도
한다. 따라서 욕구가 충족되었을 때는 평화스러움, 만족함, 행복감을 느끼게 되
고, 욕구가 충족되지 않으면 슬픔, 두려움, 분노 등의 느낌을 갖게 된다.

❻ 모든 사람에게는 사랑과 연민의 능력이 있다.

사람은 자기가 선택하며 사는 것에 대해 존중과 사랑을 받을 때 자신도 다른 사람에게 사랑과 존중의 마음이 우러나게 된다. 그러나 대부분의 사람은 사랑할 수 있는 능력을 가지고 태어났음에도 이를 활용하여 사랑을 주고받는 것에 서툴고 미숙하다. 따라서 대인관계 시 스스로 두려움에서 벗어나 서로 사랑을 주고받는 능력을 길러야 한다.

❼ 우리는 항상 선택할 수 있다.

나의 외부에서 어떠한 자극이 오든지 내부에서 어떠한 생각이 일어나든지 그 반응의 원인인 자신의 욕구를 의식하고 스스로 선택함으로써 개인의 자율성을 지킬 수 있다.

④ NVC의 4가지 요소

(1) 관 찰

❶ 관찰(observation)은 말하는 사람, 듣는 사람이 서로 같은 이해를 바탕으로 대화를 하게 하므로 많은 갈등과 오해를 방지할 수 있다.

❷ 관찰 시에는 현재 상황에서 나의 느낌을 자극하는 어떤 일이 일어나고 있는지를 '있는 그대로' 묘사하되 객관적이고 구체적으로 표현한다.

❸ 나의 생각, 추리, 선입견, 추측 등과 같은 평가나 판단은 배제하고 보고 들은 사실 그대로를 진행형으로 표현한다.

∘ 너는 나를 한심해했어.

▶ 내가 얘기할 때 한숨 쉬는(고개를 절래절래 흔드는) 너를 봤을 때 나를 한심해하는 것 같았어.

❹ 관찰에는 상대방의 잘못을 들춰내거나 비판하려는 의도가 없다. 관찰하면서 느끼는 강한 감정은 다음 단계(느낌)에서 충분히 표현할 수 있다.

• 이게 돼지우리지?

▶ 식탁 위에 치우지 않은 음식 찌꺼기를 보니 돼지우리 같네.

❺ 애매모호한 표현보다 구체적인 행동이나 보고 들은 것을 표현한다.

• 잘했어 굿잡!

▶ 보고서 정리를 꼼꼼하고 깔끔하게 잘했더라.

(2) 느 낌

❶ 느낌(feeling)은 자신의 욕구 충족에 대한 몸과 마음의 반응으로 현재 나에게 무엇이 필요한지 알려주는 경보기와 같다. 그러므로 긴장된, 위축된, 떨리는 등과 같은 신체적 느낌과 슬픈, 외로운, 좌절감 등의 정서적 느낌 등을 잘 알아차리는 것이 중요하다.

❷ 내면의 욕구가 충족되면 긍정적인 느낌을, 충족되지 않았을 때는 부정적인 느낌을 가지게 된다.

❸ 대부분은 느낌과 생각을 구별하여 표현할 때 어려움을 경험하게 된다. 느낌을 표현할 때 생각이 섞인 말을 하면 내 느낌에 대한 책임이 상대에게로 전가된다. 따라서 생각이나 평가가 섞인 말들의 진정한 느낌을 찾아 표현하지 못할 때는 오해와 갈등이 생길 수 있다.

• 내가 얘기하고 있는데 딴 데 보니까 무시하는 느낌이 들어.

▶ 내가 얘기하고 있는데 딴 데 보니까 서운하다.

(3) 욕구 / 필요

❶ 욕구/필요(need)는 사람이 하는 모든 행동의 원인으로 삶에 생동감을 갖게 하는 에너지이자 삶을 풍요롭고 행복하게 하는 필수 조건이다.

ᴗᐟᐣ 표 10-1_ 느낌을 표현하는 말

구 분	내 용
욕구 충족 시 (긍정적)	감동받은, 벅찬, 황홀한, 감사한, 고마운, 즐거운, 유쾌한, 기쁜, 행복한, 포근한, 사랑하는, 친근한, 만족스러운, 편안한, 느긋한, 안심이 되는, 가벼운, 평화로운, 누그러지는, 들뜬, 고요한, 여유로운, 희망에 찬, 활기찬, 생기가 도는, 흥분된, 긴장이 풀리는, 신나는, 용기 나는, 당당한, 자신감 있는
욕구 미충족 시 (부정적)	걱정되는, 암담한, 신경 쓰이는, 무서운, 겁나는, 두려운, 진땀나는, 막막한, 불안한, 떨리는, 초조한, 불편한, 멋쩍은, 쑥스러운, 괴로운, 답답한, 서먹한, 어색한, 찜찜한, 슬픈, 그리운, 서글픈, 서러운, 비참한, 속상한, 서운한, 외로운, 공허한, 허탈한, 쓸쓸한, 우울한, 무기력한, 피곤한, 따분한, 귀찮은, 실망스러운, 힘든, 지친, 심심한, 지루한, 당혹스러운, 부끄러운, 화나는, 분한, 억울한, 짜증나는
느낌으로 혼용되기 쉬운 표현들	강요당한, 거절당한, 공격당한, 배신당한, 따돌림당한, 무시당한, 버림받은, 오해받은, 의심받은, 이용당하는, 조정당하는, 학대받은, 인정받지 못하는

❷ 욕구는 이념, 언어, 지역, 나이, 문화를 넘어서 누구나 가지고 있는 보편적인 것이지만 그것을 충족시키는 '수단과 방법'은 저마다 다를 수 있다. 그러므로 자신만의 방법을 주장한다면 갈등이 발생하게 된다.

• 재미/놀이의 욕구 : 모처럼 공강인데 같이 힐링타임 어때?

▶ 수단/방법 : A - 농구 한판 하며 땀 흘리자.
　　　　　　　 B - 휴게실에서 요즘 새로 뜬 You Tube 보자.

❸ 욕구의 충족 여부는 느낌을 통해서 알 수 있는데 동일한 환경이나 상황에서도 그 당시 자신의 욕구에 따라 다른 느낌을 경험하게 된다.

❹ "다른 사람에 대한 비판은 충족되지 않은 자기 욕구의 비극적인 표현이다"(Marshall B. Rosenberg)

❺ 대화 시 느낌과 욕구를 같이 말하지 않고 느낌만 말하면 불편할 수 있다.

• 니가 안 먹으면 엄마 속상해.

▶ 속이 불편해도 먹는다.(조종당함)

• 니가 안 먹으면 엄마 속상해. 엄마는 네가 튼튼해졌으면 좋겠어.

▶ 나 속이 조금 안 좋아. 밥보다 ~였으면 좋겠어.

(4) 부탁

❶ 부탁(request)은 자신의 욕구를 인식한 후 다른 사람이 내가 원하는 것을 해줄 수 있도록 명확하게 요청하는 것을 말하며, 긍정적이고 구체적으로 부탁함으로써 상대에게서 긍정적인 반응을 얻을 수 있다. 부탁에는 크게 연결 부탁과 행동 부탁이 있다.

❷ 연결 부탁은 내가 한 말에 대한 상대의 반응을 알고 싶거나 상대가 내 말을 어떻게 들었는지 확인하고 싶을 때 상대를 대화에 초대하는 방법이다.

• 내가 이렇게 말하니까 넌 어떤 생각이나 느낌이 드는지 말해줄 수 있니?

▶ 내가 오해 없이 잘 전달했는지 궁금해서 그러는데 내 말을 어떻게 들었는지 말해주겠니?

▶ 제 말이 그렇게 들리셨군요? 솔직한 느낌으로 얘기해 주셔서 고맙습니다.

표 10-2_ 욕구 표현

구 분	내 용
자율	• 꿈, 목표, 가치를 선택할 수 있는 자유 • 꿈, 목표, 가치를 이루기 위한 방법을 선택할 자유
놀이/재미	• 즐거움, 재미, 유머, 흥
삶의 기여	• 기여, 능력, 도전, 발견, 보람, 의미, 깨달음, 자극, 참여, 회복, 효능감, 희망, 열정
진실성	• 정직, 진실, 성실성, 존재감, 일치, 개성, 자기 존중, 비전, 꿈
아름다움/평화	• 아름다움, 평탄함, 홀가분함, 여유, 평등, 조화, 질서, 평화, 영성
자기 구현	• 성취, 배움, 생산, 성장, 창조성, 치유, 숙달, 전문성, 목표, 자각, 가르침, 자기 표현, 자신감, 자기 신뢰
신체적 생존	• 공기, 음식, 물, 주거, 휴식, 수면, 안전, 스킨십, 성적 표현, 운동, 따뜻함, 부드러움, 편안함, 보호받음, 자유로운 움직임
사회적/정서적/상호 의존	• 주는 것, 봉사, 친밀한 관계, 유대, 소통, 연결, 배려, 존중, 공감, 이해, 수용, 지지, 협력, 도움, 감사, 인정, 승인, 사랑, 애정, 호감, 관심, 우정, 나눔, 소속감, 공동체, 위안, 신뢰, 예측 가능성, 정서적 안전, 자기 보호, 일관성, 안정성

❸ 행동 부탁은 자신의 의도가 상대방에게 강요가 아님을 확인해야 하므로 막
연한 말보다는 구체적인 행동을 통해 긍정적인 언어를 사용하여 명령하기보
다는 권유형이나 의문형으로 하는 것이 중요하다.

 • 우리 앞으로 잘 지내자.

▶ 학교 안이나 강의실에서 마주치면 인사하며 지내자.

 • 밥 먹기 전에 숙제 끝내! 알았지?

▶ 밥 먹기 전에 시간이 많으니 숙제를 끝내는 것은 어떨까?

⑤ 공 감

나의 의견이나 느낌을 내려놓고 마음을 비운 채 온전히 상대방에게 집중하여
상대가 하는 말 뒤의 느낌과 욕구에 귀 기울이는 것을 말한다.

공감(empathy)은 현재에 있도록 하는 것이 중요하므로 상대가 과거의 상황이나
미래로 앞서나가는 말을 할 때에는 현재 그러한 생각으로 발생하는 느낌을 표현
하도록 하여 현재로 돌아오도록 한다.

관계 시 타인에게 공감하며 듣는 것도 중요하지만 먼저 자기를 돌보며 스스로 자기 공감을 할 수 있어야 한다. 따라서 타인을 공감하는 것이 어렵거나 싫은 기분이 든다면 먼저 자신을 돌보며 자기에게 집중하는 것이 필요하다. 그러나 자기에게 공감하든 타인에게 공감하든 공감한다는 것이 동의나 수용의 뜻은 아니다.

공감을 방해하는 것은 여러 가지가 있다. 그중 소통과 관련된 것은 충고/조언하기, 분석/진단하기, 조사하기/심문하기, 평가/빈정대기, 위로하기, 동정/애처로워하기, 바로잡기, 내 얘기 들려주기/맞장구치기, 한방에 딱 자르기 등이다.

> "공감이란 다른 사람이 경험하는 것을 존중하는 마음으로 이해하는 것이다."
>
> 마셜

⑥ 소통에 도움이 되지 않는 말

(1) 도덕적 판단/당연시하기

사람마다 가치관이 다른 상황에서 내 생각이나 가치관에 타인이 동의하지 않을 때 그 사람이 나쁘거나 잘못했다고 암시하는 말은 관계에서 유대감 형성에 걸림돌이 된다.

- 부모한테는 존댓말을 해야지.(친구냐? 맞먹냐?)
- 그 정도는 당연한 거 아니니?(기본이다. 기본도 못하냐?)

(2) 강요

강요는 타인의 욕구를 공감하거나 배려하지 않으면서 나의 요청을 당연히 들어주길 바라는 말들이다.

내 요구를 들어주지 않으면 비난이나 벌을 받게 됨을 암시적으로 또는 직접적으로 말하는 것이므로 듣는 사람은 복종이나 반항을 선택하게 되면서 분노나 우울을 느끼게 된다.

• 밥 먹기 전에 숙제 끝내! 알았지?

▶ 밥 안 먹어.

(3) 책임을 부인하거나 부정

자신의 생각이나 느낌, 행동에 대한 책임에 대해 막연하고 일반적인 이유를 대거나 다른 사람들의 행동이나 권위자의 지시, 집단의 압력, 제도상의 규칙, 자제할 수 없는 충동 등을 이유로 부인하는 것이다.

• 사는 게 다 그렇지요.

• 걔가 먼저 시비조로 얘기하니까 나도 그런 거지.

• 규정이 그렇게 되어 있으니 봐줄 수가 없지.

(4) 비 교

비교는 비판의 다른 형태이다. 그러므로 긍정적이든 부정적이든 비교를 당하면 자기도 모르게 경쟁하게 되고 비참해하거나 두려움을 느끼기도 하면서 정서적 안정감이 깨어질 수 있다.

• 우리 팀은 왜 ~보다 못할까?

• 우리 가족은 왜~?

• 아빠 친구 딸은 ~하던데….

⑦ 비폭력 대화의 두 가지 측면

(1) 자기 공감 : 솔직하게 말하기

명확하고 긍정적으로 말한다.

❶ '맞다', '틀리다'처럼 평가나 판단 없이 보고 들은 것만 말한다.
"내가 ~를(을) 보았을 때/들었을 때~"

❷ 즉시 떠오르는 생각 말고 내면의 느낌을 찾아서 말한다.
"나는 ~을(라고) 느껴/느꼈다."

❸ 느낌의 원인인 욕구를 의식하고 말한다.
"왜냐하면 나는 ~가(이) 중요하기 때문에~"

❹ 상대를 존중하면서 강요가 아닌 부탁(연결/행동)의 형태로 말한다.
"~을 (말)해줄 수 있겠니?"

(2) 타인 공감 : 공감으로 듣기

상대방의 욕구를 알아차리고 그를 존중하고 이해하는 것이다.

❶ 대화 상대를 관찰 : 당신이 ~을(를) 보았을 때
"발표 자료를 준비하는 네 손이 떨리는 것을 보았어."

❷ 대화 상대의 느낌 : 당신은 ~라고 느껴?
"너 지금 많이 떨리고 긴장되지?"

❸ 대화 상대의 욕구 : 왜냐하면 당신은 ~가 중요하기 때문에
"이번 발표가 네 장학금에 영향을 줄 수 있어서 실패 없이 잘하고 싶잖아."

❹ 대화 상대의 부탁 : 당신은 ~을 원해?
"니가 잘 발표할 수 있도록 기자재 준비는 내가 해줄게, 괜찮지?"

대인관계와 **소통의 지혜**

🌿 참고문헌

· 권순복(2012), 의사소통 상황에서 목소리의 준언어학적 요소, 언어치료연구 제21권 제2호

· 권연진(2000), 컴퓨터 통신 언어의 유형별 실태 및 바람직한 방향, 언어과학 7권 2호, 한국언어학회 동남지회

· 권인아, 오정주(2020), 대인관계능력 의사소통능력, 한올출판사

· 권희경(2020), 인간관계와의사소통, 양서원

· 김경희 외(2019), 팀 활동 기반의 인간관계와 의사소통, 현문사

· 김두열(2014), 갈등관리, 공동체

· 김민 외 공저(2021), 인간관계와 의사소통론, 은학사

· 김민수(2004), 리치미디어 콘텐츠 구현에 있어 상호작용 모델, 디자인학연구 제55권 vol. 17 no. 1

· 김봉환(2020), 진로상담의 이론과 실제, 학지사

· 김상남 외 공저(2024), 정신건강간호학 제3판, 정문각

· 김성재(2023), 정신간호총론 제9판, 수문사

· 김은희(2014), 한국 대학생의 21세기 생애역량 준비도, 석사학위 논문, 이화여자대학교 대학원

· 김정숙, 위휘, 김덕진, 정명실 공저(2021), 인간관계와 의사소통, 수문사

· 김정숙, 위휘, 김덕진, 정명실(2021), 인간관계와 의사소통 워크북, 수문사

· 김정택 & 심혜숙(1995), MBTI 성장프로그램 안내서, 서울: 한국 심리검사 연구소

· 김정택, 심혜숙(2015), MBTI 16가지 성격유형의 특성, 어세스타

· 김주엽 외 공저(2012), 조직행위론(제3판), 경문사

· 김태훈(2015), 공감(Empathy)에 관한 연구, 초등도덕교육

· 김항중, 남승규(2014), 공감 커뮤니케이션 모형, 광고학연구, 25(7)

· 김희수(2009), 초등교사가 지각한 교감의 의사소통 유형에 따른 교사 집단 응집력 비교, 이화여자대학교 대학원 석사학위 논문

· 김희숙 외(2021), 인간관계와 의사소통의 이론과 실제, 학지사메디컬

· 나옥희(2017), 비폭력대화와 감정코칭을 통합한 청소년정서조절프로그램개발과 효과, 목포대학교 박사 학위 논문, 전라남도

· 돈 리처드 리소, 러스허든슨 지음, 주해명 옮김(2022), 에니어그램의 지혜, 한문화멀티미디어

· 레니 바론. 엘리자베스 와겔리 지음, 주혜명, 한병복, 김재원, 염지선 옮김(2021), 나를 찾는 에니어그램 상대를 아는 에니어그램, 연경문화사

· 마셜 로젠버그(2016), 삶을 풍요롭게 하는 교육, 캐서린 한 옮김, 한국NVC센터

· 마셜 로젠버그(2018), 비폭력대화 : 일상에서 쓰는 평화와 공감의 언어, 캐서린 한 옮김, 한국 NVC센터

· 마이다스인(2021), AI 역량 검사 백서

· 문화체육관광부 국립국어원

· 민병배, 오현숙, 이주영 공저(2007), TCI 기질 및 성격검사 매뉴얼. 마음사랑

· 박미현 외 공저(2023), 대학생활설계, Boon Companion

· 박연경 외(2020), 인간관계와 의사소통, 양서원

· 박종화(2008), 갈등관리론, 경북대학교출판부

· 박지희(2015), 공감(empathy)과 동정(sympathy) - 두 개념에 대한 비교 고찰, 수사학

· 박춘란(2017), 중년기 부모와 청소년기 자녀의 의사소통 특성과 자아존중감의 관계: 사티어 이론을 중심으로, 고려대학교/상담심리교육전공

· 박현숙 외 공저(2022), 실무중심의 정신건강간호학, 현문사

· 방경숙(2021), 서울대학교 간호대학 BK '미래 간호인재 양성사업단', Perspectives in Nursing Science

· 봉미란 외 공저(2021), 진로탐색 및 자기개발, 양성원

· 성기원, 최영임, 황승숙 공저(2022), MBTI와 함께하는 대인관계 능력, 다온출판사

· 성철재 외(2011), 의사소통장애, 학지사

· 손미라 외 공저(2024), 인간관계와 의사소통, 다온출판사

· 신길자(2013), 뽑히는 면접, 서울문화사

· 신성만, 박권생, 박승호 역(2922), 심리학과의 만남, 시그마프레스

· 신승용(2005), 사회방언으로서의 통신언어의 위상 재정립, 한민족어문학 vol no. 46

· 신재욱 외(2013), 자아존중감과 사회적 지지가 대인관계 의사소통 및 모바일 커뮤니케이션 서비스 중독 경향성에 미치는 긍정적 영향의 연구, 사회과학연구 vol. 29 no. 3

· 안인숙(2013), 비언어적 의사소통의 의미 강화 양상 연구, 국어문학, 54집, 국어문학회

· 안효자 외(2022), 인간관계와 의사소통, 수문사

· 양경희 외(2019), 의사소통기술, 한국간호연구학회, 퍼시픽

· 양경희 외(2021), 건강한 인간관계를 위한 의사소통 기술, 한국간호연구학회 편, Pacific Books
· 양정운(2017), 알코올 중독자를 위한 비폭력대화 기반 의사소통 훈련 프로그램의 효과, 서울대학교 박사 학위 논문, 서울
· 양창삼(1997), 인간관계와 갈등관리, 경문사
· 오은정(2015), 간호 대학생의 자기 인식, 타인 인식 및 의사소통 능력, 간호행정학회지 vol. 21 No. 4
· 오창영(1993), 한국동물원80년사 창경원 편, 서울특별시
· 이경순, 이미경, 김경희(2012), 인간관계와 의사소통, 현문사
· 이광자(2013), 의사소통과 간호, 신광출판사
· 이광자(2019), 인간관계와 의사소통의 실제, 신광출판사
· 이미형, 김희경, 이윤주, 이은진(2022), 인간관계와 의사소통, 현문사
· 이소현(2016), 대학생 말하기 향상을 위한 준언어적 구성 요소와 교육 방법에 대한 모색 발표를 중심으로, 언어과학 연구 제79집
· 이재규(1998), 조직갈등관리론, 박영사
· 이재희, 임영수, 김경진(2018), 대인관계능력과 의사소통능력, 양성원
· 이주섭(2005), 듣기, 말하기 교육에서의 비언어적 표현 지도 방안, 청람어문교육학회 2005, vol. no. 31
· 이창덕, 임칠성, 심영택, 원진숙(2007), 삶과 화법, 박이정 출판사
· 이태연(2021), 인간관계 심리학, 신정
· 이태연, 이인수, 정기수 등 공저(2006), 인간관계의 이해, 신정
· 이태현 외 공저(2018), 성공할 수밖에 없는 대학생활과 진로설계, 양성원
· 이희영, 성형림, 김은경 등 공저(2022), 인간심리의 이해, 시그마프레스
· 임숙빈 외(2018), 의사소통의 실제, 현문사
· 임숙빈(2006), 간호학의 커뮤니케이션 교육 : 자기 인식의 증진, 의료 케뮤니케이션 제1권 제1호
· 장영희(2006), 비언어적 행위 표현에 대한 연구, 국어문학, 41집, 국어문학회
· 전성숙, 변은경, 김미영(2020), 인간의 이해와 의사소통, 수문사
· 정문자(2007), 사티어 경험적 가족치료, 학지사
· 정순영 외(2021), 인간관계와 의사소통, 다온출판사

- 제7차국어교육과정 – 초중학교 국어과 교육 과정 해설
- 조경덕, 장성화(2012), 대인관계와 커뮤니케이션, 동문사
- 조성진(2020), 인성 함양과 자기계발 이해와 실천, 양성원
- 조성진·지희진(2016), 인성함양과 자기계발, 양서원
- 조용길(2012), 건설적 상담대화와 '적극적 경청', 독어학
- 조태윤(2003), 루만의 커뮤니케이션이론과 교육, 한국교육철학회
- 주혜주 외(2023), 성찰을 통한 인간관계와 의사소통, 정문각
- 주혜주, 고희성, 김수미 등 공저(2022), 성찰을 통한 인간관계와 의사소통, 정문각JMK
- 천대윤(2001), 갈등관리전략론, 선학사
- 천성문, 이영순, 박명숙 등 공저(2021), 상담심리학의 이론과 실제, 학지사
- 최영실(2005), 융의 심리유형론의 관점에서 본 사티어 의사소통 유형 이론의 재고찰. 이화여자대학교/기독교학과
- 최원호(2022), 영화에 나타난 심리적 거리와 공간의 인지, 영상기술 연구 vol.1, no. 40
- 캐서린 한(2014), 인간관계와 의사소통을 위한 비폭력대화 NVC, 한국NVC센터
- 한국간호연구학회(2022), 건강한 인간관계를 위한 의사소통 기술, 퍼시픽북스
- 한금선 외(2015), 의사소통과 인간관계론, 고문사
- 한금선(2022), 의사소통과 인간관계론 제5판, 고문사
- 한도완(2021), 분노조절프로그램이 규율위반수용자의 공격성 감소에 미치는 효과-교류분석이론을 중심으로-, 신라대학교/상담치료학과
- 허버트 팬스터하임, 진 베어(2009), 당돌한 심리학, 말글빛냄
- 허상희(2016), 대학생의 카카오톡 언어 사용 분석, 한글학회 vol. no. 314
- 홍경자(2014), 자기주장의 심리학, 이너북스
- 황승숙(2016), 자기이해와 리더십, 양성원
- Isable Briggs Myers, Mary H. McCaulley Naomi L. Quenk, Allen L. Hammer 지음, 김정택, 심혜숙 역(2015), MBTI Form M 매뉴얼, 어세스타
- Jennifer Goldman-Wetzler, 김현정 역(2022), 패턴 파괴, 흐름출판
- Jim Murphy, 박대제 역(1997), 업무상의 갈등관리, 21세기북스
- Jung의 심리유형론, ㈜한국MBTI연구소
- Karl Berkel, 문용갑 이남옥 역(2019), 갈등 트레이닝, 학지사

· Dudley Weeks, 남궁은정 이현정 역(2011), 갈등종결자, 커뮤니케이션북스

· Linda Mintle, 이상은 역(2017), 대화가 필요해, 봄봄스토리

· Lisa Feldman Barrett, 변지영 역(2021), 이토록 뜻밖의 뇌과학, 더퀘스트

· MBTI 전문자격교육과정, ㈜한국MBTI연구소

· Mohandas K. Gandhi(2018), 간디의 편지, 이현주 옮김, 원더박스

· Satir, V., 사람 만들기, 성문선 역(2004), 홍익제

· Satir, V., 사티어모델: 가족치료의 지평을 넘어서, 한국버지니아사티어연구회 역(2000), 김영 애가족치료연구소

· Abelin, Å. (2007). Anger or fear? Cross-cultural multimodal interpretations of emotional expressions. Emotions in the Human Voice, Volume 1 : Foundations, 1, 65.

· Abramson, Z. (2015). The meaning of neurosis according to Adler. The Journal of Individual Psychology, 71(4), 426-439.

· Alberti RE, Emmons ML. (2008). Your perfect right : assertiveness and equality in your life and relationships(9th ed). Atascadero, CA : Impact.

· Anderson, N. C., Hendricks, M. P., Choi, J. J., & Owen, J. S. (2013). Ligand exchange and the stoichiometry of metal chalcogenide nanocrystals : spectroscopic observation of facile metal-carboxylate displacement and binding. Journal of the American Chemical Society, 135(49), 18536-18548.

· Arvey, R. D., & Campion, J. E. (1982). The Employment Interview : A Summary and Review of Research. Personal Psychology, 35, 282-283.

· Bienvenu, Sr. M. J. (1970). Measurement of marital communication. Fam Coord, 26-31.

· Boden, M. T., Westermann, S., McRae, K., Kuo, J., Alvarez, J., Kulkarni, M. R., ... & Bonn-Miller, M. O. (2013). Emotion regulation and posttraumatic stress disorder : A prospective investigation. Journal of social and clinical psychology, 32(3), 296-314.

· Cathy Bruce. et. al, Knowledge management and communication of research, Fanshawe College Pressbooks, 2022

· David C Mc Clelland(1973) Testing for Competence Rather than for Intelligence. American Psychologist.

· Deci, E. L., & Ryan, R. M. (2000). The" what" and" why" of goal pursuits : Human needs and the self-determination of behavior. Psychological inquiry, 11(4), 227-268.

· Deci, E. L., Ryan, R. M., Deci, E. L., & Ryan, R. M. (1985). Conceptualizations of intrinsic motivation and self-determination. Intrinsic motivation and self-determination in human behavior, 11-40.

· Denham, S. A., Bassett, H. H., Way, E., Mincic, M., Zinsser, K., & Graling, K. (2012). Preschoolers' emotion knowledge : Self-regulatory foundations, and predictions of early school success. Cognition & emotion, 26(4), 667-679.

· Fazio, R. H., Blascovich, J., & Driscoll, D. M. (1992). On the functional value of attitudes : The influence of accessible attitudes on the ease and quality of decision making. Personality and Social Psychology Bulletin, 18(4), 388-401. https://doi.org/10.1177/0146167292184002

· Fischer, A. H., & Manstead, A. S. (2016). Social functions of emotion and emotion regulation. Handbook of emotions, 4, 424-439.

· Glasser, W. (1998). Choice theory.New York : HarperCollins.

· Glasser, W. (1999). Choice theory : A new psychology of personal freedom. HarperPerennial.

· Harris, V.W., Anderson, J. & Visconti, B. Social emotional ability development (SEAD) : An integrated model of practical emotion-based competencies. Motiv Emot 46, 226–253 (2022). https://doi.org/10.1007/s11031-021-09922-1

· Hendricks, M. A. (2013). An exploration of the relationship between emotional and cognitive control (Doctoral dissertation, Saint Louis University).

· Hersen, M., Bellack, A. S., Turner, S. M., Williams, M. T., Harper, K., & Watts, J. G. (1979). Psychometric properties of the Wolpe-Lazarus assertiveness scale. Behaviour Research and Therapy, 17(1), 63-69.

· Imada, T. (2008). Self-Organization and Society -Agent Based Social Systems. Springer Verlag, CA. USA.

· Kujawa, A., Proudfit, G. H., & Klein, D. N. (2014). Neural reactivity to rewards and losses in offspring of mothers and fathers with histories of depressive and anxiety disorders. Journal of abnormal psychology, 123(2), 287.

· Laura Radtke, Principles of leadership & management, Fanshawe College Pressbooks, 2022

· Laura Westmaas, Conflict management, Fanshawe College Pressbooks, 2022

· Lempert, K. M., & Phelps, E. A. (2016). The malleability of intertemporal choice. Trends in cognitive sciences, 20(1), 64-74.

· Lerner, J. S., Li, Y., Valdesolo, P., & Kassam, K. S. (2015). Emotion and decision making. Annual review of psychology, 66, 799-823.

· Lopes, P. N., Salovey, P., Côté, S., Beers, M., & Petty, R. E. (2005). Emotion regulation abilities and the quality of social interaction. Emotion, 5(1), 113.

· Luft, J.; Ingham, H. (1955). "The Johari window, a graphic model of interpersonal awareness". Proceedings of the Western Training Laboratory in Group Development. Los Angeles: University of California, Los Angeles.

· Mackie, D. M., & Smith, E. R. (2016). Beyond prejudice : Moving from positive and negative evaluations to differentiated reactions to social groups. In From Prejudice to Intergroup Emotions (pp. 1-12). Psychology Press.

· Maslow, A. H. (1968). Toward a psychology of being(중 ed.). New Yotk : Van Nostrand.

· Mayer, J. D., Salovey, P., & Caruso, D. R. (2012). The validity of the MSCEIT : Additional analyses and evidence. Emotion review, 4(4), 403-408.

· Patricia Noller and Mary Anne Fitzpatrick (1990). Marital Communication in the Eighties, Journal of Marriage and Family, 52(4), 832-343.

· Rosenberg, M. B., & Chopra, D. (2015). Nonviolent communication : A language of life : Life-changing tools for healthy relationships. PuddleDancer Press.

· Russell, J. A. (1980). A circumplex model of affect. Journal of personality and social psychology, 39(6), 1161.

· Satir, V., Banmen, J., Gerber, J. & Gomori, M., The Satir Model: Family therapy and beyond, Palo Alto CA: Science and Behaviour Books, 1991

· Scarantino, A., &De Sousa, R. (2018). Emotion. https://plato.stanford.edu/archives/sum2021/entries/emotion/

· Shallcross, A. J., Troy, A. S., Boland, M., & Mauss, I. B. (2010). Let it be : Accepting negative emotional experiences predicts decreased negative affect and depressive symptoms. Behaviour Research and Therapy, 48(9), 921-929.

· Silvia, Paul (2006) Exploring the Psychology of Interest. University of Oxford.

· Slocum, J. W. & Helliegel, K. (2007). Fundamentals of organizational behavior, Inter student edition, China: Thomson South-western. p. 4

· Spencer, L.M. and Spencer, S.M. (1993) Competence at Work: Models for Superior Performance. John Wiley & Sons, New York.

· Strong Vocational Interest Blanks manual. Stanford, CA: Stanford Univ. Press.

· Wubbolding, R. E. (1988). Using reality therapy. Harper & Row Publishers.

· Wubbolding, R.E., Brickell, J., Imhof, L. et al. Reality Therapy : A Global Perspective. International Journal for the Advancement of Counselling 26, 219–228 (2004). https://doi.org/10.1023/B:ADCO.0000035526.02422.0d

참고 사이트

· ㈜ 마음사랑, https://maumsarang.kr/maum/

· http://jinhak.or.kr/uat/uia/main.do

· http://www.career.go.kr/cnet/front/main/main.do

· http://www.laborplus.co.kr/news/articleView.html?idxno=21190

· http://www.sigmapress.co.kr/shop/shop_image/g13224_1470119654

· http://www.work.go.kr/consltJobCarpa/jobPsyExam/jobPsyExamIntro.do

· http://www.work.go.kr/consltJobCarpa/jobPsyExam/jobPsyExamIntro.do

· https://blog.naver.com/an11778/60206661515

· https://blog.naver.com/chbaek1207/220977637196

· https://blog.naver.com/hi2040/191692902

· https://brunch.co.kr/@syh8981/2

· https://ko.wikihow.com/개인의-가치관을-정의하는-방법

· https://ko.wikipedia.org/wiki/%EC%9D%98%EC%82%AC%EC%86%8C%ED%86%B5

· https://ko.wikipedia.org/wiki/가치관

· https://plato.stanford.edu/archives/sum2021/entries/emotion/

· https://www.korean.go.kr/front/onlineQna/onlineQnaView.do?mn_id=216&qna_seq=255946

· https://www.krnvc.org/page/sub2_1

· https://www.psychologytoday.com/us/blog/changepower/201811/6-ways-discover-and-choose-your-core-values

찾아보기

대인관계와 소통의 지혜

Interpersonal and communication wisdom

대인관계와 소통의 지혜

초판 1쇄 인쇄 2024년 7월 10일
초판 1쇄 발행 2024년 7월 15일

저　자　　성미라·김경미·김진주·박미현·연영란
　　　　　윤정숙·김윤영·남수현·신경숙·안은선
　　　　　유미진·유시연·윤영주·윤재연·조현나
　　　　　김승미·김희현·박민희·이요나
펴낸이　　임 순 재
펴낸곳　　(주)한올출판사
등　록　　제11-403호
주　소　　서울시 마포구 모래내로 83(성산동 한올빌딩 3층)
전　화　　(02) 376-4298(대표)
팩　스　　(02) 302-8073
홈페이지　www.hanol.co.kr
e-메일　　hanol@hanol.co.kr
ISBN　　979-11-6647-459-0

대인관계와 소통의 지혜

대인관계와 **소통의 지혜**

대인관계와 소통의 지혜